マイナスの待遇表現行動
対象を低く悪く扱う表現への規制と配慮

Minus treatment expressions:
Direct or restrained use of verbal behavior that "lowers" or denigates

西尾純二
Junji Nishio

まえがき

　敬語や人称詞などは、対人関係のあり方を形式の対立に反映する言語形式として関心を集める。また、敬語を含めた、対象に配慮する言語表現には、学術上、待遇表現、敬意表現、配慮表現などの用語が与えられ、盛んに研究がなされている。研究以外のシーンでも、対象を配慮する言語表現は、ことばのマナーや適切さについての一般書や、学校の国語科教育で取り上げられ、家庭内では子どもにしつけるべき事柄にもなる。
　いっぽう、本書が研究対象とする対象を低く・悪く扱う表現（マイナスの待遇表現）が、一般書や学校教育で取り上げられることは、敬語や配慮表現に比べると格段に少ない。対象を低く・悪く評価する言語表現というと、まず「バカ」や「アホ」、「～シヤガル」などの卑罵表現が思い起こされ、品が悪く、社会的に好ましくないものとして評価されやすい。
　マイナス待遇表現の研究量も、敬語などのプラス待遇表現に比べると少ない。対象をマイナスに評価する言語表現には、ことばとしての体系性を認めにくい。とりわけ、感情的に対象をマイナスに待遇する場合は、話し手の事態把握のあり方や、ものごとの良し悪しについての価値観といった、客観的に捉えにくい要素が、言語使用に大きな影響を与える。
　このため、上下、親疎、ウチソトなど社会的制度としての対人関係によって使い分けられる敬語などよりも、感情的にマイナス待遇する場合は、ことば（遣い）の規則性が弱いものとなってしまう。このことが、マイナス待遇表現の研究量が多くないことの理由であると推察する。
　さらに、相手を低く悪く扱う表現行動そのものが、一般社会での評価が低いことと、学術的にマイナスの待遇表現が研究対象として取り上げられにくいこととは、無関係ではないだろう。端的にいえば、下品なことば（遣い）だ

から研究に値しない、と考えられた時代もあったのではないだろうか。しかしながら、研究対象の社会的な評価と学術的意義とは別のものである。

　また、一般社会において、相手を低く悪く待遇する言語行動は、日常生活の中で不必要なものではない。むしろ必要な場合も多い。対象をマイナスに待遇する言語行動が、モラルに沿うものとして認められ、称賛される場合もある。

　親や先輩、上司など上の立場にいるものは、しばしば「子や後輩、部下の面倒見が良い」といった称賛混じりの評価を受けることがある。面倒見が良いとされる上位者は、子供や後輩、部下を「下位者」として扱いながら（マイナスに待遇しながら）、しつけ・庇護・教育などの配慮を目的とした対人行動を行っているだろう。

　そのような「子ども扱い、目下扱い」の対人的な振る舞いは、様々な社会行動に現れるであろうが、当然ながら言語行動の面においても現れているはずである。そして、その言語行動は必ずしも反社会的ではなく、相手に悪い感情を与えないことも多い。マイナスの待遇表現行動は、良好な対人関係の維持を脅かすことがある半面、家庭・職場・学校など様々な生活領域で、秩序ある対人関係や集団を構築することに貢献している。

　たとえば「子供を叱れない親」「生徒を叱れない教師」などが問題視されるが、これは、親や教師がマイナス待遇の言語行動に対して過度に抑制的であり、問題を解決できない状況が生じているということであろう。必要に応じたマイナス待遇を「しない」ことが、社会問題となっているのである。

　一部の極端なマイナス待遇表現行動をもって全体を評価し、研究する意義の有無を判断することは、この研究対象の学術的な、あるいは言語生活上の重要な側面を見逃してしまいかねない。社会に暮らす人々は、対象を「上手く」マイナスに待遇することを求められているのである。

　このことは、筆者が大学で担当しているゼミナールを担当していても感じることである。学生が発表した研究内容について、議論を活発化、深化させるために、否定的なコメントをすることは有益である。しかし、筆者が十数年間担当してきたゼミナールでは、年々、学生同士が、批判的にコメントす

ることを避ける傾向が強くなってきているように感じられる。

　学生の発表が優秀で、批判の余地がないというのなら素晴らしいことだし、発表者の準備や提案そのものに、敬意を払うことは必要である。しかし、それ以外の部分で、問題を感じることが多い。発表者と質問者との間で、対人関係が崩れることを恐れて、批判することをお互いに避けて、議論が深まらないことが多いように思える。そして、少しでも質問者に批判されようものなら、発表者はすぐさま自らの分析や発表の不備を認め、懸命に詫びる。

　これはアカデミックな議論だから批判は必要だと説いても、あまり効果はない。現在の日本における大学生の対人関係は、必要以上に対人関係の維持にとらわれているのか。それとも、アカデミックな批判すら許容されないほど、対人関係が壊れやすくなっているのか。

　このような経験は、筆者のゼミナール運営の問題かもしれないが、社会全体のマイナス待遇の言語行動の変化なのかもしれない。近年の日本社会において、マイナス待遇表現行動はどのように行われているのか。どのような多様性を持つのか。どのように変化しているのか。よくわかっていないのである。本書では、こういった社会言語学的な課題に取り組みたい。

目　次

まえがき iii

第Ⅰ部　理論的背景……1

第1章　研究の対象と考察の方針 3
第2章　待遇表現の言語行動論的研究史 29
第3章　マイナスの待遇表現行動と言語行動研究 55
第4章　マイナス待遇表現行動のモデル 63

第Ⅱ部　マイナス待遇表現行動の多様性……81

第5章　関西方言の卑語形式「ヨル」の表現性 83
第6章　卑語形式選択における規範意識の属性差
　　　　―卑語形式が選択されるプロセスの多様性― 115
第7章　マイナス待遇の契機への評価とその表出の世代差 133
第8章　発話レベルのマイナス待遇表現行動の分析(1)
　　　　―相手との対人関係による変化― 157
第9章　発話レベルのマイナス待遇表現行動の分析(2)
　　　　―補償的表現スタイル― 179
第10章　大学生におけるマイナス待遇表現行動の地域差
　　　　―待遇表現行動の地域的変異― 195

第 11 章　マイナス待遇表現行動の契機に対する言語行動の変容
　　　　　―愛知県岡崎市の『敬語と敬語意識』に関する経年調査から―
　　　　　..221

第Ⅲ部　まとめ……247

あとがき...265
参考文献...267
索　引...274

第Ⅰ部
理論的背景

第1章

研究の対象と考察の方針

1. 研究の目的と考察の対象

　本書の目的は、現代日本語における、対象への低い・悪い評価を表出する表現行動の多様性を明らかにすることである。対象への低い・悪い評価を表出する言語表現を、南（1987）や星野（1989）の「マイナス敬語」という用語を踏まえ、ここでは「マイナス（の）待遇表現」と呼ぶ。逆に対象への気遣い、高い・良い評価を表出する敬語や、相手に対する配慮を示す表現を「プラス（の）待遇表現」と呼ぶ。

　本書では「マイナス」という概念を、対象への「低い・悪い」評価とするが、他に類似する概念として「下向き（下位）」の待遇や「否定的評価」（関崎 2013）なども見られる。「下向き（下位）」という概念は、上下の方向性の一つを示すものである。ここには人間関係の「上下」が含まれうるが、人間関係の上下を、「良い・悪い」という評価軸には含めにくい。また、「否定的評価」という用語には、「良い・悪い」という概念が含まれうるが、人間関係の「上下」を含めにくいだろう。対象を目下に待遇することが、常に「否定的」な評価を表出しているわけではない。

　対象を低く下に捉えることと、悪く捉えるということとは、待遇表現上、ある程度独立して考えることができる。たとえば、成人世代では「〜様」と

「～さん」と「～くん」という呼称のうち、「～くん」は下位者を待遇するときに用いられることが多いが、その人物を悪く、否定的に評価しているわけではない。

しかし、対象を下に見ることと悪く待遇することとは、しばしば連動することも事実である。「～くん」を使用することで、殊更に相手を見下げて、バカにするような態度を表出しても不自然ではない。

このような、低く、下に評価する表現形式・表現行動と、否定的に悪く評価する表現形式・表現行動とを、本書では包括して研究の対象とし、その評価の方向性を「マイナス」と呼ぶことにする。

表現形式の面では、待遇表現の一種である敬語について、日本語や朝鮮語のように敬語体系を持つ言語は、「対人配慮が社会言語学的なコードとして組み入れられていると見ることができる」（滝浦 2005a:143）ことが指摘される。このことはマイナスの待遇表現にも適用できるところがある。本書では、このような日本語の語彙的、文法的なマイナス待遇の表現形式についても考察の対象とする。

表現行動面においてもマイナスの待遇表現行動は、社会的な側面を持っている。たとえば口喧嘩は、良好な対人関係を維持することを放棄してでも、強いマイナス評価を表出し、相手を攻撃しようとする言語行動のやりとりである。では、何をどのように言うことが強いマイナス評価を表出し、相手を攻撃することにつながるのか。どのような状況なら、どのようにマイナス評価を表出することが許容されるのか。

これらのことには、「社会言語学的なコード」とまでは言えないが、社会的な約束事が存在していると考えられる。また、口喧嘩のように、あからさまなマイナス待遇表現行動でなくとも、対象を低く悪く評価することは、批判、叱責、不満表明など、日常的に行われている。そして、それらの行為を実行する際には、何らかの社会的な規範が存在するものと考えられる。

このような、対象へのマイナス評価を表出する表現活動の必要性・需要・欲求に対して、日本語社会はどのようなマイナス待遇表現の表現形式を用意しているのか。また、どのような表現行動を行う傾向があるのか。マイナス

の待遇表現(行動)の研究量は、プラスの待遇表現や配慮表現などと呼ばれる表現(行動)の研究量と比べて圧倒的に少ないため、日本語の対人的な言語行動の全体像は見えにくいものとなっている。

　そこで本書では、マイナス待遇表現行動のモデルを構築し、マイナス待遇表現の世代差や性差、地域差、時代差などの多様性について、把握、検証することを試みる。

2. マイナス待遇表現研究の2つのアプローチ

　マイナス待遇表現の考察には、形式面に関する考察と運用面に関する考察とがある。研究のアプローチも考察対象によって異なる。そこで本節では、区別すべき基本的な2つのアプローチについて整理を行う。

　まず一つめのアプローチは、各言語社会で、どのようなマイナス評価を表明する表現形式が用意され、どのように言語体系に組み入れられているかを観察するアプローチである。

　　（1）　バカなやつだなぁ。
　　（2）　あの野郎め、またやりやがった！

　(1)や(2)には、「バカな」「野郎」などの語彙や、「め」「やがる」という助動詞などの文法形式が含まれる。これらの表現形式群は卑罵語などと呼ばれ、対象へのマイナス評価を表出することを基本義とする。助動詞の「やがる」などは、述部内で尊敬の助動詞「られる」などと文中の同じ位置で出現し、言及対象へのプラス評価とマイナス評価を表し分けることができる。

　このように、現代日本語では、マイナス評価を表明するための言語要素が文法体系や語彙体系の中に組み込まれている。そして、その様相や多様性を明らかにするというアプローチがある。

　もう一つのアプローチは、表現主体が表現形式を産出するプロセスに注目

するものである。(1) や (2) のような表現形式を「発話のなかで用いるという行為」には、次のような段階があると考えられる。

① 表現主体が対象や事態をマイナスに評価する段階
② その評価の表出についての発話態度を決定する段階
③ 発話態度に見合った表現を選択する段階

　このプロセスは、南 (1987) や杉戸 (1983a) による待遇表現のモデル (本章3.2.2、第2章、第4章で詳述する) を援用し、マイナス待遇表現行動に当てはめたものである。本研究の考察対象は、このプロセスを経て産出される表現および表現行動全般、およびプロセスそのものである。この①から③のプロセスを経て産出される言語表現には、(3)(4) のようなものもあり、いわゆる卑罵語だけではない。

(3)　ここに自転車を置いたら、邪魔ですよ。
(4)　右に寄れ！

　(3)(4) には、「邪魔」「寄れ」といったマイナス評価を表しうる語彙や動詞の命令形が用いられていて、それらの表現形式の「意味」によってマイナス評価が表現されているかのようである。しかし、これらの「意味」は必ずしも対象にマイナス評価を表すため「だけ」に使用されるものではない。

(5)　[駅周辺の開発計画の会議上で]ここに自転車を置いたら、邪魔ですよ。
(6)　[交通標識]右に寄れ！

　(3) と (5) とは文字通りには同じ文である。しかし、(3) は通行中に、違法駐輪をしている人を目の前にして言うというコンテクストを与えれば、その行為はマイナスの評価を表明していることになる。いっぽう (5) は、駅周

辺の再開発計画のために、駐輪スペースを決める議論の場での発言であれば、自転車やその持ち主をマイナス評価しているのではなく、客観的な事実を述べる発話となる。

　同様に、(4) と (6) も文字通りの意味では同じ文であるが、(4) が進路を妨害している相手への発言であれば、マイナスの評価を表明する発話となり、交通標識であればマイナス評価の表明ではなく、情報伝達を最優先し、対人配慮を意図的に排除した文として捉えられることになる。

　つまり、「邪魔」や「動詞の命令形」などは、対象をマイナス評価する発話の中で使用され、その評価を表出する手段となることで、マイナスの待遇表現となるのである。このようなコンテクストや、発話者の表現意図などを考慮した語用論的な考察が、マイナス待遇表現研究のもう一つのアプローチである。

　この語用論的なアプローチには、留意すべき側面がある。滝浦（2005a: 137）で述べられたポライトネスに関する次の記述が、その側面を指摘する。

> 人は自分の行為の発話行為論的意味を常に意識しているわけではなく、行為には、半ば自動的・無意識的な規範的コードの実践から明確な意図に基づく意識的・戦略的な創出的行為までの幅がある。つまりそこには、話者が"選ばされるもの"としての受動性と、話者が"選びとるもの"としての能動性との2つの極がある。

　滝浦は、前者の「半ば自動的・無意識的な規範的コードの実践」は「ポライトネスの儀礼的ないしは社会言語学的な側面に関わる」とし、後者の「明確な意図に基づく意識的・戦略的な創出的行為」については、相互作用を通じて行為者がそのつど関係を更新していく、「ポライトネスの語用論的側面」とした。これは、待遇表現研究全般にも関わる重要な指摘である。

　滝浦によると、先に引用した受動性と能動性は「2つの極」である。極であるということは、受動性と能動性とは連続相をなすということであろう。滝浦が「極」として述べた意識的・戦略的である話し手の創出的行為が、実

は自動的・無意識的に「地域や集団、話者の属性に規定された振る舞いの様々な基本形（デフォルト）」（同書：137）としての性質も帯びているということがありうる。

「怒りの表し方」「不満の述べ方」「叱り方」など、意識的・戦略的な表現活動にも、話し手個人の創出的行為としての側面と、地域や集団、話者の属性などの規範に影響を受けて実現される側面とがある。社会言語学的なコードとして、言語体系にまでは組み込まれていないが、一回一回の表現行動にも受動性と能動性とは同時に存在しうるのである。

本書では、創出的行為と考えられる発話などの表現行動を考察する場合にも、その中に潜んでいる受動的、社会言語学的な側面を抽出することを試みる。すなわち、マイナス待遇の言語行動が、地域・集団・話し手の属性、さらには言語社会などによって、どのような形で実現されるよう期待されているかを明らかにしようとする。また、そのような表現活動の多様性が持つ意義についても論じていく。

以上、マイナス待遇表現の研究には、次のような2つのアプローチがありうることを確認した。

Ⅰ．マイナス評価を表明するための文法的、語彙的な言語要素についての考察。
Ⅱ．発話者のマイナス評価の表出に関する語用論的な観点からの考察。ただし、マイナス評価の表出には、自動的・無意識的な規範的なものと、意識的・戦略的な創出的行為であるものがあり、両者の間は連続的である。

3. 諸概念の整理

待遇表現研究における用語の定義は、研究者や時代によって様々である。定義が不安定であることは、学術上好ましくないという意見もあるだろう。しかし、定義や用語を規定するために試みた、様々な「待遇表現についての

説明」が、どのように有効であったかを問うことには意味がある。

そこで次に、待遇表現に関わる諸概念を整理した上で、本研究での用語の定義づけを行う。

3.1 待遇表現の範囲と用語について

3.1.1 待遇表現とされる言語事象の概観

本研究では待遇表現を「何らかの対象や事態への待遇の仕方を表した表現」と定義し、待遇表現行動を「対象に何らかの評価を与え、対象を言語記号ないしは非言語記号によって待遇する行動」と定義する。ここでは、この定義における「待遇表現」がどのような範囲の分析対象を含むかということについて、先行研究を踏まえつつ検討していくことにする。

表1は、南（1987）で示された「敬語」の範囲についての分類である。

表1　「敬語」の範囲　　南（1987）より

	表現形式			内容	
	専用言語要素	一般言語表現	非言語表現	尊敬・謙譲・ていねいなど	軽卑・尊大など
A	+	−	−	+	−
B	+	−	−	+	+
C	+	+	−	+	−
D	+	+	−	+	+
E	+	+	+	+	−
F	+	+	+	+	+

この分類は、非言語表現をも含めた広域な表現事象を扱い、「敬語」や「待遇表現」の範囲[1]を網羅的に示すものであった。また、表1では「表現形

---
1 表1のうち、「専用言語要素」「一般言語表現」「非言語表現」などの用語については、南（1987:17–30）を参照してほしい。

式」と「内容」という一定の視点で、待遇表現研究が扱う表現事象が整理されている。表1の「内容」欄の「尊敬・謙譲・ていねいなど」は、本書では「プラス」に該当し、「軽卑・尊大など」は「マイナス」に該当する。表中の＋は、AからFの各表現形式が関与するところ、－は関与しないところである。

待遇表現というと、敬語や卑罵語・罵りことばなどと呼ばれる言語形式が研究対象として思い浮かぶかもしれない。しかし、表1に敬語だけでなく、マイナスの待遇表現も組み入れようとすると、卑罵語・罵りことばなどがマイナス待遇表現の一部にすぎないことに気づくことになる。表1のAからFについて確認しつつ、待遇表現研究が扱う言語事象の範囲を確認していきたい。

南（1987）によると、Aは専用言語要素のみを対象とし、プラスの内容のみをもつ待遇表現である。これは、最も狭い範囲の敬語であり、「学校文法でいうところの尊敬語、謙譲語、ていねい語、それにいくつかの他の要素をくわえたもの」とされる。これを本書でも「狭義の敬語」、または単に「敬語」とする。

「狭義」と限定されるAに対して、マイナスの内容や一般言語表現、非言語表現をも含みうるBからFは「敬語」、あるいは「敬語的表現」と呼ばれている。このうち、Bは表現形式が専用言語要素のみであり、プラス・マイナスの両方向を含めたものである。これは「狭義の待遇表現形式」と呼んでよいだろう。そして、最も広域の表現形式を含んだFのみに「待遇表現形式」という用語を本書では与える。さらに、上向きの内容のみを範囲とするEを「プラス（の）待遇表現形式」と呼ぶ。

3.1.2 待遇表現と待遇行動

南（1987）では、表1のDは「待遇表現」、E、Fはかりに「待遇行動」と名づけられている。この分類では、言語記号による待遇表現と、言語記号以外による待遇表現とを区別し、言語表現のほかに表現形式の一要素として非言語表現を含めたものを「待遇行動」としていることになる。

たとえば、表1では、「顔の表情」や「お辞儀」などが「非言語表現」に分類される。言語表現のほかに、非言語表現である「顔の表情」や「お辞儀」などを含めた表現全体を考察対象とした場合、言語表現も非言語表現も「待遇行動」として扱われるわけである。「微笑」しながら「お辞儀」をして、「ありがとう」と言う場合ならば、「微笑」「お辞儀」といった非言語表現、「ありがとう」という言語表現が、待遇行動の構成要素として含まれていることになる。

　ところで、ことばを、形式と意味とが備わった記号として捉える立場はよく知られているが、表現形式そのものに、話し手の表現プロセスを認める立場が、時枝誠記の言語過程説[2]（時枝1941）に見られる。

　ことばを考察する観点には、表現産出のプロセスから見る（行動として見る）立場と、形式と意味とを備えた記号として見る立場とがある。非言語表現である「顔の表情」や「お辞儀」などについても、両方の立場から見ることができるであろう。「顔の表情」や「お辞儀」は、行動の一形態として考えられがちだが、それらも「形式」をもち、その形式に「意味」が与えられていることから、記号系（すなわち表1でいう「表現形式」）と見ることができる。いっぽうで「顔の表情」という形式に対して、何らかの事態認識と、その事態認識に対する表現態度の形成を経て産出される、というプロセスに着目することもできる。

　これら、表現形式を「記号系」として見る立場と、「表現産出のプロセス」として見る立場との違いは、表現形式を静的な対象物として捉えるか、動的な「プロセス」として捉えるかという、観点の違いである。つまり、敬語や卑罵語のような言語形式であれ、談話や非言語行動といった行動の単位の事象であれ、それらは「記号系」としても「表現産出のプロセス」としても捉えることができる。両者を区別しない場合、本書では当該の表現を「待遇行動」ではなく、単に「待遇表現」と呼ぶ。

　そして、表現形式を記号系として捉える立場に立つとすれば、表1のE

---

[2] 厳密に言えば、プロセス（概念化の過程）を含む「詞」とプロセスを含まない直接的表現である「辞」とに分かれる（時枝1941: 229–310）。

やFに含まれる非言語表現は、「待遇行動」というよりも、静的な意味合いの用語で「待遇行動形式」または「待遇行動様式」とでも呼ぶべきであろう。

3.1.3 マイナス待遇表現の位置づけ

次に、表1が「内容」欄の「尊敬・謙譲・ていねいなど」のプラス待遇をすべて＋にした上での分類となっていることに注目したい。表1では、マイナスの待遇表現が、プラスの待遇表現と対照可能な形で整理されていない[3]。待遇表現全体を網羅するためには、表1に存在しない、「内容」のプラスが−で、マイナスが＋というパターンを加える必要がある。

この点を補完し、表をまとめなおすと表2のようになる。プラス・マイナスともに−ということは待遇的に中立であることを示すが、そのケースはここでは取り上げない。最左列には本研究での用語を記す。

表2　待遇表現の範囲

	表現形式			内容	
	専用言語要素	一般言語表現	非言語表現	プラス	マイナス
敬語	＋	−（＋）	−	＋	−
卑語	＋	−（＋）	−	−	＋
狭義の待遇表現形式	＋	−	−	＋	＋
プラス待遇表現形式	＋	＋	＋	＋	−
マイナス待遇表現形式	＋	＋	＋	−	＋
広義の待遇表現形式	＋	＋	＋	＋	＋

先述のとおり、本研究では一般言語表現と非言語表現は、双方が表現形式として見ることが可能であるため（3.1.2参照）、用語上の区別をしない。よって、表1のC、DとE、Fとの区別を、表2ではしていない。そして、

3　このような整理の仕方になっているのは、表1が掲載されている南の著書（『敬語』岩波新書）が敬語の話題を中心に議論しているためであろうか。

表2のように、内容が下向きのものに網掛けを付して加えた。

　このうち、表現形式が専用言語要素とそれに類するものを、本書では「卑語」とする。専用言語要素に〈類するもの〉の中には、「間抜け」「じじい」など待遇的な意味以外にも、その要素に具体的な意味を有する一般言語要素を含む。また、一般言語表現のうち、存在動詞の「いる」に対する「おる」、行為要求表現の「して」に対する「しろ」、授与動詞の「差し上げる／あげる」に対する「やる」など、形式の対立上、相対的に下向きの待遇的意味を含むと考えられる形式についても含める。このため、表1では「卑語」の「一般言語表現」については「－（＋）」としている。

　尊敬語・謙譲語・丁寧語といった狭義の敬語を、待遇的意味のみを有する言語形式とするなら、「おっしゃる」「亡くなる」などの言語表現は狭義の敬語に含まれなくなる。これを本書では狭義の敬語に含め、表1では「敬語」の「一般言語表現」についても「－（＋）」とした。同様に、上に述べたマイナス待遇の専用言語要素に類する要素は、待遇的意味以外の意味を含むため、「卑語〈的〉形式」とでも呼ぶべきかもしれない。しかし、その語を選択することが、待遇表現行動上、待遇性を強く方向づける点に専用言語要素との類似性が認められるため、ここでは「卑語」に含めた。

　また、これらの卑語形式を含めた、下向きの待遇性を持つ一般言語表現と非言語表現を「マイナス（の）待遇表現形式」とする。

　「マイナス敬語」という用語は、南（1987）や星野（1989）などに見られる。ただ、「敬語」と対比させた場合、「マイナス敬語」は用語上有標であり、研究対象としてマイナス待遇表現が特別なものであるという印象を与える。そこで、「敬語」と対称的な「卑語」という用語を与えることにした。この分類は稗田（1976）に対応している。なお、「マイナス待遇表現」の用語は彭（2000）でも用いられているが、表2の「マイナス待遇表現形式」と同様のものを指していると思われる。

　以上、敬語に対応するマイナス待遇表現形式に卑語という用語を与え、一部の一般言語表現や非言語表現にまで表現形式が及ぶものと区別した。さらにプラス・マイナスといった方向性を用語によって対立概念として明確に区

別し、両者を包含したものを待遇表現とした。そして、これらすべてを包括して、単に「待遇表現形式」と呼ぶことにする。

3.2 表現形式と表現行動について

　すでに2節で述べたように、待遇表現は、表現産出のプロセスからその表現性が説明される言語行動としての性質を持つ。また、待遇表現には、社会的な行動として「使い分けられる」という点においても、言語行動的な性質がある。待遇表現は、表現自体が対人的・場面的に使い分けられてこそ、待遇表現として存在できるという側面がある。全く使い分けのない待遇表現はありえないし、それはもはや待遇表現ではない。

　人間関係の上下や親疎、場の性質などの軸で、しばしば複数の言語形式が使い分けられる。その使い分けの高度な慣習によって、使い分けられる複数の形式は待遇的意味を持ち、体系をなす。このように、待遇表現には、「使い分けられる」性格と、「体系性をもつ」性格の2つの性格が絡み合うように存在している。この2つの性格は、これまでの待遇表現の研究が、言語行動の研究であるのか、言語体系の研究であるのかを曖昧にさせてきた。

　たとえば、形式の待遇的な意味に関する研究が注目され、待遇表現研究が、ことばの「丁寧度」を問題とするという認識をもたれることがある。確かに、丁寧度が異なる言語形式間で、便宜的に相対的な丁寧度ランキングを作成することはある。しかし、待遇表現研究はそのことが最終目的とはならないことも多々ある。

　関西方言のハル敬語やヨル卑語のように、必ずしも丁寧さという一次元の軸に形式を位置づけられない場合もある（宮治1987、岸江1998、中井2002、西尾2005aなど）。ほかに、第2章5節で触れるように、多くの待遇表現の社会言語学的研究は、待遇表現の、地域や時代などによる多様性や変遷を捉え、その意義を見いだそうとする。

　また、上下・親疎・ウチソト関係などといったとき、待遇表現の「使い分け」から規定される「上下」「親疎」「ウチソト」という対人関係が、どのような具体相や多様性を見せるのかといったことを明らかにしようとする。形

式の一次元的な丁寧度を測定しようとする研究があることは事実であるが、それは待遇表現研究の一部にすぎない。

3.2.1　待遇表現形式の言語的特徴

　ここでは、待遇表現の言語形式としての特徴を述べる。待遇表現はその待遇性の違いによって形式が対立する。これによって体系が構築される。この形式の対立について、まずは便宜的に、単純な丁寧さの違いで説明しやすい共通語の専用言語要素を例に掲げ、説明する。

指定の待遇表現形式
［プラス高］　私でございます。
［プラス低］　私です。
［中立］　　　私だ。
［マイナス］　該当表現なし
※関西方言では［マイナス］の指定辞に「ジャ」がある。［中立］は「ヤ」。

「いる」の待遇表現形式
［プラス高］　先生はまだ部屋にいらっしゃるよ。
［プラス低］　先輩はまだ部屋におられるよ。
［中立］　　　友達はまだ部屋にいるよ。
［マイナス］　あいつはまだ部屋にいやがる。

　上のような待遇表現の諸形式は、「待遇の仕方を表し分ける」という点で、言語事象としての小体系をなしている。上の例の場合、それぞれの形式は、待遇のプラス・マイナスという方向性と、その程度の軸に位置づけられる待遇的意味をもつ。共通語の指定表現には、マイナスの方向性をもつ表現形式は用意されていない。しかし、「ございます」「です」「だ」の3形式は、待遇の程度により相対的な対立を持っている。

　関西方言では、マイナスの指定の表現に「ジャ」がある。筆者（関西方言

話者）の内省では、男性にとってややフォーマルで中立の表現である「ワタシヤ」のように、「ヤ」は「ワタシ」と共起しうるが、「ワタシジャ」にはならない。共通語の場合でも「俺でございます」のように「俺」は「ございます」と共起しにくい。このような共起関係の中に待遇の体系性を見いだすこともある（山崎 1963 など）。

　ただし、このような表現形式の対立は、形態的な単位の大きさや質を統一することについては厳密性を欠く。上掲した「いる」の待遇表現のうち、「いらっしゃる」や「いる」「おる」は同じ動詞語彙という点で同一の単位である。動詞という同一の品詞の中で、異なる語彙が用いられ、待遇的な意味の対立を形成している。しかし、動詞だけではなく、助動詞「（お）られる」や「（い）やがる」が待遇性を担う場合もある。

　これら動詞・助動詞を含めた上掲の例において、待遇表現形式の単位上の共通点は、「文末表現」「述語部分（の一部）」という程度である。このような待遇表現形式の言語的単位の不揃いは、言語表現の単位を文や発話などに拡大した場合や、非言語表現においても見られる。

　たとえば、相手に窓を開けてもらうための表現には、次のような例が考えられる。

1. ［プラス高］　この部屋はちょっと暑くありませんか？
2. ［プラス高］　窓を開けていただけるとありがたいのですが。
3. ［プラス低］　窓を開けてください。
4. ［中立］　　　窓を開けて。
5. ［マイナス］　窓を開けろ。

　窓を開けてもらうための依頼表現は、他にも数多く考えられる。そして、以上の例をあげただけでも、例の中には多くの異質な要素が含まれていることが明らかである。1 は「窓を開けてもらう」という意図が含意される語用論的な表現であり、その意図を、聞き手が発話の状況から推論することによって、意思疎通が成立する。2 も語用論的な表現で、文字通りには相手へ

の依頼を表現するものではない。自分にとっての好ましい状態を述べることによって、聞き手への依頼を行うものである。

1や2のような表現の間接性が、待遇の表し分けに関与していることは、3と対比させると明確である。また、3、4、5との間には、敬語形式が用いられているか否かによって、待遇性の違いが生じている。さらに4と5とでは、活用の違い（テ形か命令形）によって、待遇の方向性が変化している。

このように、待遇性を違わせる要素の言語的単位には、統一性が見られない場合が多い。表現の待遇性が論じられるとき、言語的単位の違いに目をつぶっても、待遇性という観点から体系性を見いだそうとすることが行われてきた。言い換えれば、待遇上の意味体系が先に存在し、その体系を構成する各言語表現には、厳密な言語単位としての規定がない。

また、それぞれの表現は、1〜5のように待遇の方向性と程度によって表現を並べた時点で、待遇的な観点ですでに意味づけがなされた記号として扱われることにも注意したい。たとえば1の表現は、1〜5の中に位置づけられた時点で、依頼表現以外の解釈を許されなくなる。相手に返答を求める疑問表現としての解釈は許されない。1〜5の一次元的なプラス／マイナスの連続性の中に位置づけた時点で、1の表現は同意要求の発話なのか、疑問提示や情報要求の発話なのか、依頼の発話なのかといった語用論的な解釈は済んでしまっている。

お辞儀などの非言語表現に関しても、異なる形と意味によって専用言語要素や一般言語表現と同様の待遇的な体系性を見いだすことができる。図1はお辞儀をするときの体の傾け方を示したものである。AとBとは体の傾け方の程度によって、待遇性の程度の高低を表している。

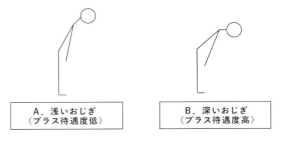

図1　お辞儀の角度と待遇的意味

BのほうがAよりも高いプラスの待遇性を表していると通常は解釈できよう。このような対立を持つ限り、両者は待遇表現の小体系を形作っていることになり、それぞれは記号系であると捉えることが可能である。

以上は、待遇の方向性や人間関係といった、言語外的な要因から構築される待遇表現形式の体系についての考察である。

次に、言語内的な要因から構築される待遇表現形式の体系について確認する。狭義の待遇表現は、人称との対応関係が考察対象となる場合がある。具体的には次のような事象である。

　　［尊敬語］　動作主は二人称か三人称であり、自尊敬語でない限り一人
　　　　　　　称ではない。
　　［謙譲語］　動作主は一人称である。
　　［丁寧語］　聞き手（二人称）を志向した形式である。

これらの性質は、待遇の程度や方向性によって規定されるものではなく、人称との対応から規定されるものである。人称と待遇表現形式とが、対応を見せることは、待遇表現形式の体系性を示している。このような観点から待遇表現形式の体系性を論じる場合は、扱う言語形式の単位には品詞レベルでの厳密さが要求される。もちろん、狭義の待遇表現形式のうち、敬語助動詞や卑語助動詞における活用上の性質について論じる場合も同様である。

以上のように、待遇の方向性や程度や人称の対応関係という2つの側面から待遇表現形式の体系は論じられる（山崎1963）。このような体系を構築可能にする表現の対立を、文法的・意味的側面から見た場合、各々の待遇表現を記号系として見ていることになる。

3.2.2　待遇表現行動とその語用論的変異

待遇表現形式と待遇表現行動とを、用語を設定して区別したのは杉戸（1983a）である。杉戸は発話された言語表現を個々の形式ではなく、言語を用いた行動のまとまりに注目して、これを「言語行動」とした。その言語行

動のまとまりを杉戸は「待遇表現行動」として捉えている。具体的には、次のような事例が掲げられている。

(7) 入学試験に失敗した子供のことで「あいつのほうがつらいんだから、今日のところは何もいわないでおいてやれよ」と父親が母親に対して行う、命令・指示といった言語を用いた行動のまとまり。
(8) その結果、母親が子供に何もいわないでおくというゼロの言語行動。

(7)では父親から母親への命令・指示という行動がなされている。この命令・指示は、依頼・懇願などの他の言語行動の中から選択されるものであり、その選択には気配りが働いている。(8)の場合は、母親の「何もいわない」という子供への気配りに基づくゼロの言語行動が、苦言・叱責という言語行動の中から選択される。

これら、いくつかの言語行動の中から選択された言語行動は、その選択に話し手の対人的顧慮や気配り（姿勢）が反映している。この点をもって、杉戸は選択されたひとまとまりの言語行動を待遇表現として捉えている。そして杉戸は、このような言語行動のまとまりを、「待遇表現行動」と呼んだ。杉戸の「待遇表現行動」が指すものは、本書のものとは異なることは後述するが、本研究でも、このような「言語行動のまとまりの選択」に注目する。

また、「表現意図Xを実現するための、言語行動x」の多様性は、語用論的な変異と捉えることが可能である。たとえば、「ゼロ」の表現と、わざと入学試験のことから話題をそらし、「今日の晩御飯は何を食べたい？」と言うような場合である。これは、(8)と「子供の失敗への気遣い」という同様のレベルでの気配りを反映している表現であるが、その実現形態が異なっている。

この場合、「ゼロ」と「今日の晩御飯は何を食べたい？」の両者は、「入学試験のことに関して触れないでおく」という気配りを目的とした、ひとまとまりの言語行動の異なる実現形態であり、それぞれが語用論的な変異であ

る。また、(7) と同じ場面でも (7') のように違う表現も選択可能である。

(7')　今日のところは何もいうなよ。

　言語表現のまとまりである (7) と (7') との間には、「あいつのほうがつらいんだから」という理由述べの有無や、「いわないでやれよ」「いうなよ」という述語部分の形式上の違いがある。また、(7) の「あいつのほうがつらいんだから」という理由述べは、発話 (7) を構成する「内容的な表現要素（以下、機能的要素[4]）」と見なすことが可能であるが、(7) と (7') とでは、その「理由述べ」の有無に違いがある。(7) と (7') は、このような実現形態の違いを持つが、「子供への気配りにもとづいた妻への命令」という「同じ目的」を持った語用論的な変異である。
　このように、様々な言語的な単位に待遇性が認められる。待遇性を担う言語的な単位は、対象への気配りが反映される範囲のものであり、その範囲は一単語のこともあれば、(7) のような単語よりもはるかに大きな単位であることもある。ある待遇意図が含まれる言語表現が複数の文から成ることもあるだろう。
　したがって、待遇表現形式は、言語表現量の多少を問わず、たったの一単語や無言というゼロ表現であったとしても、言語表現のまとまりの中に、状況を評価的に把握し、待遇意図を表出するというプロセスが認められることによって規定される。
　杉戸 (1983a) は、このような待遇表現形式を用いる際に働く気配り（周囲のみなし・扱い）や表現を選択するに至るまでのプロセスをモデル化した。
　このモデルは、表現の産出に至るまでの動的なプロセスを描き出したものである。本研究ではこの動的プロセスを重視して、「待遇表現行動」を捉える。そして、話し手の状況把握・評価の特徴に注目し、さらに何らかの待遇的意図を持った表現活動を行うために言語(非言語)表現を用いることを、本

---

[4]　熊谷・篠崎 (2006) の用語。内容的な表現要素は、言語行動の目的を達成するために機能している要素でもあることから、この用語を採用した。

研究では「待遇表現行動」と呼ぶ。

　待遇表現を話し手の表現使用のプロセスとの関連で捉える立場（杉戸1983a、南1987）では、次のような話し手による事態認識から表現産出に至るまでの「動き」に注目する。

1. 話し手が事態に対して顧慮をしたとき、
2. その顧慮には何らかの評価的態度が付随する。
3. 話し手は、自身が与えた評価を踏まえて対象の扱い方を決定し、
4. その扱い方に応じた表現形式を選択する。

　このような待遇表現形式を使用する際のプロセスのうち、3の段階は、1と2の段階を包含するものである。3の段階を本書では「待遇意図」と呼び、1〜3の言語表現の選択に至るまでの段階を説明的に表現するときは、これを「評価表出態度」と呼ぶ。たとえば、「強いマイナス評価を抑制して表出する」という待遇意図の説明的な様相が「評価表出態度」である。

　また、1と2の段階を考慮せず、対象の扱い方（強く攻撃的に言う、冷たく言うなど）の部分だけに注目する場合には、これを「表現態度」と呼ぶ。このうち、待遇意図や評価表出態度には、上の1〜3の3段階の過程が含まれており、南が言うところの「評価的態度」とは異なる概念である。

　そして、1〜4の一連の流れ自体を、本書では「待遇表現行動」と呼ぶ。上に示した（7）や（8）についても、これらを待遇表現行動と呼ぶのは、話し手の発話に至るまでのプロセスに着目した場合に限るということになる。

　以上のように、本書での表現形式と表現行動との違いは、形式として発話の場に表れた言語事象の「単位の大きさ」の違いを指すものではない。両者の違いは、発話の場に表れた言語表現を、一回一回の発話の表現産出のプロセスから切り離して論じるか、プロセスを考慮して論じるかという「観点」の違いである。

　そして、本書では、このような個人や社会の事態認識や、その認識の表現の仕方という観点から、日本語のマイナス待遇表現行動の多様性に迫ろうと

する。

3.3 マイナス待遇表現の方向性―「マイナス」とは何か―

待遇表現における「マイナス」という用語は、すでに南不二男、星野命、彭国躍といった研究者によって用いられてきた。ここでは、この待遇の方向性を表す概念について、従来の研究を踏まえつつ規定する。

3.3.1 待遇的意味の方向性

文化庁(1971)では、本書でいう卑語を軽卑語として図2のように位置づけている。

図2では、待遇表現形式を待遇の方向性別に見た場合の、日本語における語彙量の比率が示されている。そして、図中の＋、0、－は待遇的なレベルを意味するものであり、一次元の軸で待遇表現形式全体を把握しようとしている。

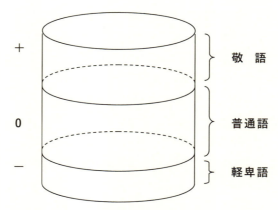

図2 待遇表現の方向性別語彙量 文化庁(1971:99)より

文化庁(1971)では、日常生活において、量的には普通語(0)が最も多く、その次に多いのが敬語(＋)であり、軽卑語が最も少ないとされている。また、「敬語(＋)・普通語(0)・軽卑語(－)の別は互いに他を特徴づけるため

にたいせつである」と述べられており、3種の待遇表現形式が相対的に位置づけられている。

いっぽう、星野（1971）では「悪態は単に語彙だけでなく、文体上（特に文末のことば）の変化を通じて感情の差を示す」との指摘がある。悪態という言語行動の様式は、マイナス待遇表現の一様式であるが、この指摘からは、＋、０、－という待遇的な「上下」の基準の不統一性が見られる。

マイナスが「感情」を示しうるのに対して、プラスたる「上」は目上という人間関係や、フォーマリティという場の性質を表しうる。同じ上下の軸上にプラスを位置づけながら、待遇表現の方向性は「感情」「対人関係」「場の性質」などの複数の観点で決定されているのである。この点に、プラスとマイナスの捉え方の不統一性がある。この状況からもわかるように、プラスとマイナスは、どちらの方向性についても、広く抽象的に捉えたほうが待遇表現全体を説明しやすい。

ものごとはしばしば、「上／下」「尊敬／軽蔑」「丁寧／ぞんざい」「親／疎」「善／悪」「賞賛／批判」「好き／嫌い」「美／醜」などの様々な軸で2項対立的に評価される。あるいは、それらに「中立」というゼロ評価を加えた3項対立の分類法で評価される。待遇表現におけるマイナスという方向性は、様々な軸の負の評価、すなわち「上／下」「丁寧／ぞんざい」「善／悪」「好き／嫌い」などであれば、「下」「ぞんざい」「悪」「嫌い」…などの様々な評価のあり方を抽象化したものである。

逆に、「上」「丁寧」「善」「好き」…などはプラスの方向性を抽象化したものである。さらに、狭義の敬語形式よりも大きい単位の言語表現や非言語表現をもプラスとマイナスの方向性で捉えることができる。

（9）　君は絵が上手だなぁ。
（10）　彼の功績は偉大だ。
（11）　［「好意的な微笑」という待遇行動の様式］

これらには、狭義の敬語形式は用いられていない。しかし、これらはひと

まとまりの発話としては、プラスの待遇的意味を持っている。いっぽう、次のような発話は、マイナスの待遇的意味を持つ。

(12) 君はいい加減なことばかりするなあ。
(13) 彼のことは好きじゃない。
(14) ［「冷ややかな無視」という行動様式］

　様々な価値評価が2項対立（あるいは3項対立）化して、待遇の方向性がプラスとマイナス（と中立）に抽象化されることについては、同様のことが待遇表現「行動」についてもいえる。待遇表現行動にも、評価表出のプロセスに、「上／下」「丁寧／ぞんざい」「善／悪」などといった事態評価や評価表出の方向性が認められるからである。
　これら「上／下」「丁寧／ぞんざい」「好／嫌」「善／悪」などの複数の評価軸は、異質なものでありながらプラス／マイナスという方向性で判断することが可能である。そういった話し手の待遇対象に対する評価を反映した表現はすべて待遇表現と呼ぶことができる。
　そして、話し手の待遇対象に対する評価がマイナスに傾き、その評価が表現されるとマイナスの待遇表現となる。そのうち、マイナスの評価を表現するプロセスに注目する観点から表現を見ると、その表現はマイナス待遇表現行動として扱われたことになる。

3.3.2　待遇表現形式のイメージと文体
　また、表現形式の「待遇的意味」と、表現形式そのものに与えられるイメージとは、連動する場合がある。この待遇的「意味」と表現形式に与えられるイメージは、しばしば混同される。「～ナサル」「オ～ニナル」「～モウシアゲル[5]」などの狭義の敬語は、話し手にとって待遇対象が目上であることを直示したり、丁寧な態度を示したりするときに用いられる。目上の相手を

5　謙譲語は話し手が自らを下げることにより待遇対象を上げる言い方との説明もあるが、本書では、自らのことを述べることを通して、待遇対象を上げる表現と考える。

目上として表現することや、丁寧な態度で話すことは、多くの場合、社会の美徳に沿うものとして評価される。

　そのような狭義の敬語を「使うこと」には、社会的に良い評価が与えられ、そのときに使われることばもまた「良いことば」として評価される。敬語という「ことばへの評価」は、用法から印象づけられる表現形式のイメージであり、ことばの意味の中では、待遇的意味よりもさらに外延に位置づけられるものである。

　大石（1975）では、敬語には威厳や品位を示す働きがあると指摘される。そのような働きは、上述のような敬語が持つ「イメージ」を、話し手が利用したときに生じうる「効果」であり、敬語が言語形式として「常時備えている意味」とは区別される。効果は、言語形式に備わっている意味やイメージから派生して生じるものである。

　いっぽう、「〜ヤガル」「オレサマガ〜シテヤル」などは待遇対象を見下げる意味を持つ。そして、西尾（2005b）でも述べたように、人を見下げたり、不快な感情を表現したりすること自体、その社会的評価は低い。したがって、卑語やマイナスの待遇表現形式には「ぞんざいで汚いことば」というイメージが付きまとうことになる。このイメージもやはり形式に常時備わっている「待遇的意味」とは区別されるものである。むしろ、これらのイメージは、ことばの文体性やフォーマリティを形作る要素の一つである。

3.3.3　慇懃無礼・皮肉—待遇的意味と効果—

　待遇表現行動の方向性が、待遇表現形式の待遇的意味によってではなく、それらの形式を用いる修辞的な効果によって決まる場合がある。慇懃無礼などはその典型例であるが、そういった事例は、待遇表現形式がもっている「待遇的意味」と、それを利用することによって生じる「効果」とを区別する必要性を示している。また、「意味」と「効果」の区別が必要であるため、待遇表現形式と待遇表現行動も区別される必要がある。

　（15）　申し訳ございません。お手元に資料はございますでしょうか。

この発話には、「申し訳ございません」という前置きや、「お手元」「ございますでしょうか」などの敬語が用いられ、文字通りに解釈するとプラスの待遇である。しかしながら、手元の資料の確認不足のまま、何らかの発言をした相手に対しては、逆転型の皮肉（岡本 2007）になる。
　そのような皮肉と判断される場合、話し手の待遇対象を低める意図と、形式の待遇的意味のギャップによって、聞き手に対する非難に焦点があたるという修辞的な効果が生まれる。このような場合は、表現形式の意味によってではなく、表現運用の効果によってマイナスの待遇意図を表出しているのである。
　（15）は、話し手が事態をマイナスに評価し、皮肉・慇懃無礼という表現姿勢をとり、そして敬語という表現形式を選択するという表現産出プロセスを経ていると解釈したときに、プラス待遇表現形式の待遇的意味を利用したマイナス待遇表現行動と判断できる。（15）が話し手にとって、プラス待遇であるか、マイナス待遇であるかを判断するためには、このような表現のプロセスを考慮する必要性から逃れられない。
　このように、表現形式に備わっている待遇的意味と、それらを利用することによって生じる「効果」とを区別することで、皮肉や慇懃無礼で用いられる敬語がマイナス待遇表現になることが説明可能になる。そして、ある慇懃な言語表現の使用が、マイナス待遇表現行動であることを説明するためには、待遇表現形式と待遇表現行動としてのプロセスの両面に着目することが不可欠であることも指摘できる。
　このことは、狭義の待遇表現形式が表す話し手の評価的態度を、そのまま「待遇的意味」と見なすべきではないという見解（彭 2000）と関係する。（15）が文字通りの意味では丁寧な発話となり、異なるコンテクストを与えると皮肉になるという現象は、待遇表現形式には社会的に共有された何らかの「待遇的意味」が存在することを証明している[6]。社会的に共有された待遇的意味を利用してこそ、修辞的な表現が可能になるからである。したがって、待遇

6　Levinson（1983 安井・奥田訳 1990）にもこの点について指摘があるが、その詳細については触れられていない。

表現形式に一意味素として焼きついた評価的態度が存在することは、否定されるものではない。

しかし、待遇表現形式の意味は、常に待遇表現「行動」における話し手の評価的態度を反映するわけではないことを (15) の事例は示している。つまり、待遇表現行動の評価的態度と待遇表現形式の意味とを同一視すべきではない。区別されるべきなのは、待遇表現形式の意味としての評価的態度と待遇表現行動の評価的態度である。

これらを踏まえれば、表1、表2に示したような待遇表現の「内容」は「待遇表現形式が備えている待遇的意味」に対応するものであることがわかる。つまり、表1、表2の各表現形式と内容との対応関係は、話し手個人の待遇意図としての(つまり待遇表現行動の)待遇性ではなく、言語社会が待遇表現形式に与えた待遇的意味を問題にしていることになる。

4. まとめ

以上、待遇表現と関連する用語が指し示す概念について、その分類を含めた全体像を示し、整理を行った。用語の整理にあたっては、南 (1987) で整理された待遇表現の範囲に加え、マイナス方向のみの内容をもつ表現にも焦点を当てた。次に、待遇表現形式と待遇表現行動との違いについて、本書における分析で観点が混同しないよう区別を行った。

また、待遇表現における、「マイナス」という方向性について議論を展開した。その中で、プラス・マイナスの評価性を、1. 待遇表現形式の意味、2. 待遇表現形式自体に付随するイメージ、そして、皮肉の例をあげ、3. 待遇表現形式の運用効果という3つのレベルで区別した。本研究は、本章で行った以上の観点や区別、規定をもとにする。

第 2 章

待遇表現の言語行動論的研究史

1. 「待遇表現」の定義の変遷と分析対象の拡大

　マイナス待遇表現の研究は、待遇表現研究の中に位置づけられる。その待遇表現は、これまでにどのような性質をもつ対象として研究者に捉えられてきたのか。ここでは、研究者たちが待遇表現に与えてきた定義を見ることによって、これまでの研究の展開を俯瞰し、本研究をその展開の中に位置づけたい。

　管見では、待遇表現の定義を最も早く提示したのは、松下（1901）である。その一年前には、岡田（1900a）において「待遇」の用語が用いられている。ただしそこでは、敬語法・謙語法・平語法・傲語法・卑語法の 5 種をあげ「比等五種を一括致しまして茲に假に待遇法と名稱を附けました」と述べるにとどまり、「一括」する原理が明記されていない。これに対して、松下（1901）では「ある事物に対する講話者の、尊卑の念を表はすもの」として「待遇」を定義し、待遇の中に「尊遇」「卑遇」「不定遇」が含まれるとしている。その後、時枝（1941: 449）においては、次のように述べられている。

> 国語の敬語は（中略）上下尊卑の識別に基づく事物の特殊なるありかたの表現であり、もつと厳密にいへば、かゝる識別そのものの表現である。

故に敬語に於いては、先づ事物を把握する特殊なる態度が必要とされるのである。

時枝の定義は、「国語の敬語は…」と「敬語」について述べていながら、「上下尊卑の識別に基づく事物の特殊なるありかたの表現」と敬語を位置づけており、プラスの待遇だけでなく、マイナスの待遇の言語表現についての説明にもなっている。実質的に敬語のみではなく、待遇表現の範疇で、敬語を捉えていることになる。また、「敬語に於いては、先づ事物を把握する特殊なる態度が必要」であるとも主張している。

単に「待遇」ではなく、「待遇表現」という用語については、辻村 (1958: 325–326) で次のように定義がなされている。

待遇表現とは話し手・聞き手・素材の間の (素材間を含む) 尊卑・優劣・利害・親疎の関係に応じて変化する言語形式

辻村は、待遇表現が使い分けられる要因を、尊卑・優劣などと例示しているが、それらの「関係に応じて変化する言語形式」を待遇表現として定義づけ、言語形式の待遇的な振る舞いを強調している。こういった視点は、人称と敬語形式との呼応関係や、対者や素材 (話題の人物) などの待遇法の別など、敬語の分類に関する文法的側面の研究を大きく発展させたものと捉えられる。

山崎 (1963: 3) の定義は次のようである。

話手が、ある特定の人について(対して、又は関して)表現する時、その人に関する諸種の条件を考慮して、その人にふさわしい言語上の待遇を与える。この配慮はその人に関する事物にも及ぶ。このような表現を「待遇表現」と呼ぶ。

待遇表現は、「条件を考慮」し、「言語上の待遇を与える」表現であるとい

う。これは、上記の時枝（1941）の定義と同様、話し手が事物や人に対して持つ認識、そしてその認識に基づいて表現上の扱い方を決定するという「動的なプロセス」に重点が置かれた定義である。

　しかし、山崎の研究は、このプロセスを強調したものとはならなかった。山崎の研究では、プロセスの存在を前提としていながら、待遇表現の時代や話し手の属性ごとの使用形式やその推移、人称詞と待遇表現助動詞との呼応関係や形式の待遇価値の段階性といったことが関心事となっている。つまり、待遇表現形式の記号的・体系的側面を追究した研究であった。このことは、山崎（1963）の書名『国語待遇表現体系の研究』の「体系」の語にもよく表れている。

　待遇表現を言語行動として捉える視点は、国立国語研究所（1957）に明確な研究の立場として表れる。国立国語研究所（1957: 2）では、「敬語行動」を次のように定義づけた。

　　話し手と聞き手（第三者の加わることもある）との間の社会的・心理的関係の違いに応じて変わる言語行動

「敬語行動」は、敬語形式とそれを支える、またはとり巻く行動や意識を含んだものとして捉えられた。ただ、意識や表現、行動を動的なプロセスの中にどのように配置するかという議論はなされていない。さらに、同書では敬語行動について次のようにも述べられている（同書: 2）。

　　敬語行動は言語行動とイコールと言ってよく、ただ、言語行動をある特定の観点からながめる点が普通言う言語行動と異なる

　こういった性質を持ち合わせた表現について、国立国語研究所（1957）では、「敬語」より「待遇」という用語が適切であるとしながらも、「待遇」という用語が一般的でないという判断から、「敬語」という用語が用いられる。岡田（1900a）で「待遇」という用語が提出されて以来、半世紀以上の時を経

ているにもかかわらず、この時点では未だに、「敬語」から「待遇表現」への用語転換の過渡期であったわけである。「待遇」という用語・概念は100年以上前から存在しながら、その定着に非常に時間がかかった。そして、プラスとマイナスの両方向を含む待遇表現研究が認知されつつも、研究の重心はプラス側に長く置かれていたのである。

　また、待遇表現の定義は時を経て多様さを増した。定義の多様化にともない、研究対象も拡大しつつある。そして、定義の多様さは、待遇表現研究の様々な課題を示唆しているように思われる。分析対象とする言語の単位は狭義の待遇表現のレベルを超え、文や発話、さらには非言語表現にまで拡大した。また、とくに国立国語研究所（1957, 1983）に見られるように、言語使用時の意識や心理までもが研究の対象となった。

　このような状況は、待遇表現研究におけるアプローチを多様化させることになる。

2.　待遇表現研究のアプローチの多様化

　待遇表現の定義は固定的でなく、研究者によって多様なものであった。そして、定義の多様さは研究対象をも多様化させた。文法的な生産性をもつ敬語・卑語助動詞、敬語・卑語語彙などの専用言語要素だけでなく、身振りなどの非言語要素、ひとまとまりの言語行動（様式）をも考察の対象とするまでに至っている。

　また、話し手の待遇的な事態把握と待遇表現形式との関係は、ある程度関数的でありながら、その関数性の解明には、意味論、語用論、修辞論的な知見が求められる。さらに、話し手の事態把握から待遇表現形式の運用の間をうめる、表現産出プロセスのモデル化もなされた。もはや待遇表現の研究は、狭義の待遇表現などの限られた言語事象の説明に終始しない。「待遇という視点」からあらゆる言語表現（さらには非言語表現）をいかに説明するかという段階に入っている。

　多様化したのは研究対象だけではない。待遇表現研究は外的言語学にも進

出している。待遇表現行動は、会話の効率的な成立に寄与することよりも、いかに話し手の評価的態度を表すかという点に主眼が置かれる言語行動としての側面がある。その評価的態度のあり方や評価の表出の仕方は、話し手が所属する社会・集団の性格によって異なる。この待遇表現行動の性格は、言語と社会との関わりを追究する社会言語学と相性がよかった。

　また、地域による社会性の違いを言語形式に反映させる待遇表現は、地域言語研究にとっても格好の研究材料となった。加藤（1973）や中井（2011）などは、その代表的な研究例であろう。

　待遇表現（行動）の研究は、分析対象・目的・アプローチのいずれもが多様である。以下では、これまでに行われてきたマイナス待遇表現に関わりの深い研究を整理する。そして、待遇表現についての先行研究のアプローチと、その中でのマイナス待遇表現研究の現状を把握する。その上で、マイナス待遇表現の研究が、待遇表現研究に資する点を指摘し、研究の展望を行う。

2.1　マイナス待遇表現に関わる研究

2.1.1　悪態・悪口の表現の分類

　雑誌『ことばの宇宙』（東京言語研究所ラボ教育センター）では、悪口の特集が組まれた（1967年8月号）。そこでは、作家、詩人、裁判所調査官、音楽家などの執筆で、様々な観点から悪口と呼ばれることばについての論考が掲載されている。随筆調の主張が多い中、目を引くのが筒井（1967）である。筒井は悪口の分類について「ぼくの手にあまる」としながらも、約700もの卑語語彙や表現の例をあげ、その分類枠を提示した（表1、次ページ）。

　卑語表現の分類枠には、何をもってマイナス評価を表すかについての価値基準が反映される。筒井の分類はこれを具現化したものであり、この種の研究の出発点として興味深いものである。この分類の中には、筒井の論が提出されてから約半世紀を経た現在では、活字にして世に出すことがはばかられる語彙や、「あから顔」「アキレス腱」など、悪口としての意味合いが薄くなってきているものも含まれている。

　これらの語彙の使用や意味の通時的変遷もまた、その分類との関連で興味

深い。悪口として、どのような語彙の使用が規制され、あるいは頻用されるようになったのか。その変容の説明には、背景社会の価値観の変化が考慮されることになるだろう。

表1　筒井(1967)の悪口の分類　筒井(1967)から一部を筆者が整理、作表

	細目	語例（一部）
分類A	架空の動物	悪魔　鬼　天狗　おたふく…
分類B	人間	野郎　死人　不良　成りあがり　弱虫
分類C	職業	藪医者　先公　公僕…
分類D	身体	ふた股　屁っぴり腰…
分類E	けもの	野獣　たぬき　狂犬　ぶた
分類F	鳥	ひよっ子　若い燕
分類G	魚介	ザコ　出目金　たこ　カマトト
分類H	虫	うじ　虫けら　だに
分類I	植物	もやし　ぼけなす
分類J	鉱物	軽石　焼石
分類K	加工品	ひも　鬼瓦
分類L	自然現象	雷　蜃気楼
分類M	生死	お陀仏　露命
分類N	病気	癲癇　水膨れ

このほか、悪態表現の意味分類を行った荒木(1994)や、その分類に基づいて「ぞんざい表現」を分類した荒木(2001)で、悪態の分類がなされている。松本(1996)で示された豊富な用例と言語地理学的な解釈も見逃せない。また、星野(1969, 1971)は、悪態の形態を語彙の品詞や言語の単位にとらわれず「誰に対して」「第三者を意識するかしないか」という悪態の使用の視点から分類した。特に星野(1971)では、悪態の動機と機能についての整理が行われている。

望月(1967)は悪口の機能・目的・形態を次のように分類した。

1. 熱い悪口——生の感情をぶつけた罵倒に近いもの。相手と心理的に密着したところでの悪口。
2. 冷たい悪口——心理的距離を置いて、冷たく突き放すような冷静な悪口。
3. 救う悪口——相手を悪く言うだけが目的でなく、相手の悪いところを是正することを目的とする悪口。
4. 捨てる悪口——相手の悪所を指摘し、直しようがないとさじを投げる形の悪口。
5. 間接話法の悪口——相手に密接に関係している人の悪口をいうことで、相手を悪く言おうとする。

これらは、分類基準のあり方や「間接話法」という用語の用い方に注意を要するが、マイナス待遇表現行動の表現態度上の多様性を網羅的に理解しようとした試みである。

2.1.2　マイナス待遇表現の言語行動論的アプローチ

悪口・悪態・罵りを言語行動と捉え、その特徴を分析した研究には荒井（1981）、浜田（1988）がある。先述の星野（1969, 1971）も悪態行為の現場に着目したという意味では言語行動論的アプローチであると言えよう。

荒井（1981）は星野（1971）や儀礼的悪態を扱った Labov（1971）などの論考を踏まえ、悪態を戦略的な相互作用として捉えた。荒井は、フォークロア研究の理論に悪態の諸相を当てはめ、会話という相互作用には、演者と聴衆という役割関係の虚構意識が存在することに着目し、悪態をその虚構意識の強さによって、会話的ジャンル（憎まれ口、罵り言葉）、遊戯的ジャンル（悪態祭り）、虚構的ジャンル（悪口歌）とに分類した。

浜田（1988）は罵りという言語行動について、罵り表現のイメージ、使用に対する規制、攻撃性という言語形式の評価性を問題にした。浜田の研究では、アンケート調査により話し手の言語意識を計量的に把握し、日本語と中国語の罵り表現を対照した点に特徴がある。

浅田 (1979) においても、アンケートによる調査結果をもとに悪口の社会言語学的な分析がなされている。浅田は老年層以外の幅広い年代からデータを集め、悪口の男女差、悪口の対象となりやすい人物、言われて嫌な人物、悪口に含まれる語彙などについて、その傾向性を報告した。これらは、考察者の主観に頼らず、マイナス待遇表現を量的に把握しようとした先駆的な研究である。

　社会語用論・発話行為論の立場からの研究としては、初鹿野・熊取谷・藤森 (1996)、Olshtain, E & Weinbach, L (1993)、李 (2006) などの不満表明研究がマイナス待遇表現行動の研究と関わる。Olshtain, E & Weinbach, L (1993) では、第二言語学習者の不満表明が長くなる傾向があり、表明の仕方が一定しないことが指摘された。また、いずれの研究も上下関係 (power) や親疎関係 (distance) といった人間関係や、いくつかの場面における不満表明を分析しており、社会言語学的なアプローチをとっている。

　これらの研究では、不満表明の発話をいくつかの要素に区切り、それぞれの要素の連鎖傾向や出現傾向を探るという分析方法をとっている。この方法は本書の第Ⅱ部でも取り入れている。

　関崎 (2013) では、談話行動の中に見られる「否定的評価」の表出方法についての整理がなされている。談話レベルでのマイナス評価の表出方法が網羅されることにより、広範なマイナス待遇表現行動の言語社会ごとの特徴が明らかになることが期待される。

2.2　マイナス待遇表現研究の現状

　これまでのマイナス待遇表現に関わる研究をふりかえると、考察の対象が悪態や卑語に偏っていることが否めない。悪態や卑語は、待遇対象にあからさまなマイナスの評価を表出する表現形式である。敬語にはプラス評価の段階に応じた形式が複数存在するが、悪態や卑語の場合は「とてもマイナス」「ややマイナス」といった形式の待遇的意味の段階性は見られにくい。特に卑語の中でも卑罵語と呼ばれるバカ、アホ、ボケなどといった語彙は、「極めてマイナス」であり、待遇的意味の段階性は見られにくい。

しかしながら、言語行動としての評価の表出には、極端なマイナスもあれば、ややマイナスという程度のものもある。したがって、極端なマイナスの評価性をもつ卑語や悪態の研究だけでは、マイナス待遇表現（行動）の研究としては不十分である。

では、「ややマイナス」のマイナス待遇表現行動は、どのように実現されているのか。日常生活の中で対人関係を維持し、秩序を保とうとする人々の営みは、マイナス待遇表現行動に何らかの規制を与えているはずである。浜田（1988）が指摘した「使用にかかる規制」によって、罵り表現や卑語と呼ばれる表現が使えない場合、どのような代替表現によってマイナス待遇表現行動が行われているか。この点については、その様相が明らかになっているとはいえない。

3. 待遇表現のモデル

広域な言語事象を「待遇」という観点から捉えるためには、言語形式への着眼のみでは不十分である。1章3.3.3では、慇懃無礼の事例から、待遇表現行動の方向性が、言語形式の待遇的意味ではなく、話し手による事態把握の際の評価と表現姿勢とによって決定することを指摘した。そういった事象をも分析しうる考察の枠組みが必要となる。つまり、話し手はどのような待遇意図をもって発話を行ったかということを、考察の枠組みに組み込んだ待遇表現行動のモデルが必要なのである（第4章で詳述）。

このモデル構築に資する先行研究の議論を以下で見ていく。

3.1 場面論の展開

待遇意図と言語形式との関係を観察するにあたって重要なのは、話し手の事態把握から待遇表現形式の選択に至るまでのプロセスである。このプロセスは、杉戸（1983a）、南（1987）、菊地（1997）によってモデル化がなされている。これらのモデルは、「場面」の捉え方について議論した1950年代前後の場面論（宇野1951、永野1952、高橋1956、永野1957、塚原1963）の影響を

受けているものと思われる。とりわけ永野賢が、客観的に存在する「事態」と、ことばの送り手によって認識された「場面」とを区別したことは重要である。この区別は、現在においてもその重要性を失っていない。

永野（1957）は、時枝（1941）で提唱された「言語の存在条件」の「主体」「場面」「素材」の3要素のうち、とくに「場面」について再検討している。

時枝（1941: 40）は、事物情景に対して主体は全く客体的世界に属するとしながらも、次のように述べる。

> 場面は純客体世界でもなく、又純主体的な志向作用でもなく、いはば主客の融合した世界である。場面が言語的表現を制約すると同時に、言語的表現も亦場面を制約して、その間に切り離すことの出来ない関係がある。

この点について永野は、主体を離れて言語の場面を考えることができないというのは、「主体の志向作用によって場面が成立するという意味であって、主体そのものは、「場面」には含まれない。また、素材（表現対象）も、「場面」には含まれない」とする。

そこで永野は、「客体」と「主体」とを切り離した。そして、「言語行動は、だれが（A）、だれか（B）に、何か（C）について、何らかの状況（D）において、何かの展開（E）として、行われる」と主張した。この主張は、Hymes（1974 唐須訳 1979: 78-90）などによる、言語行動の構成要素モデルの議論に先んじるものであった。永野はA、B、C、D、Eをそれぞれ「A：話し手」「B：聞き手」「C：素材」「D：環境」「E：文脈」と呼んだが、それだけにとどまらない。

永野は客観的に存在するA～Eといった要素の緊張関係を「事態」とした。そして、A～Eは話し手の意識に反映し、各要素はそれぞれ話し手によって主観的に捉えられたa～eとなる。それらの要素の緊張関係を「場面」として「事態」と区別した。

本研究では、この区別によって、客観的な事態とそれに対する主観的な

「評価」とを待遇表現行動のプロセスとして考察する着想を得た。後述する各氏のモデルにおいても、この区別は生かされているように思われ、事態把握や人間関係の把握のあり方が問題になっている。この区別が生かされることによって、待遇表現研究は言語行動論的な色合いがより強くなるのである。

3.2　南不二男のモデル

南（1974）では敬語の一般的な性格として、次の3点があげられている。

- （1）　なんらかの対象についての言語主体の配慮[1]があること。
- （2）　配慮の対象あるいはそれについての表現に対する、言語主体の何らかの評価的態度があること。
- （3）　その結果として、表現の素材的内容あるいは表現そのものに対する言語主体の扱い方に違いが出て来る（つまり、具体的な表現に違いが出て来る）。

これらの3点は、表現が産出されるプロセスや順序を表していると見ることができる。ただ、南はこれらを敬語の意味の要素として捉えており、狭義の敬語の意味を図1のような形で表した。

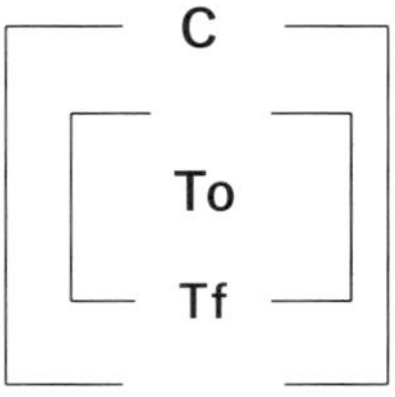

C：配慮（言語主体の，なんらかの対象についての配慮）
T：扱い（その配慮に基づく，なんらかの対象についての扱い）
　To：扱いの対象
　Tf：扱いの特徴

図1　敬語の意味の一般的な構造（南 1974: 243）

---

[1] 南（1987）では「配慮」から「顧慮」と改められた。「配慮」がプラスのイメージを持つことを考えると、「顧慮」という用語を使うことで、マイナス方向を含めたより広い待遇表現（行動）が考察可能になる。

略記号のうち、Cは配慮を表す。配慮の対象として南（1974）であげられているのは、参加者の関係、コミュニケーションの内容、状況などである。Tは配慮に基づく扱いを表し、その扱いの例として、「上のものとして扱うか、下のものとして扱うか」ということがあげられている。

このモデルに基づいて、南は尊敬語、謙譲語、丁寧語、美化語といった待遇表現の専用言語要素の意味を分析している。また、同書では言語表現生成の過程がモデル化されている（南 1974: 286–310）。そして、図1は待遇表現形式の意味を捉えることに重点が置かれてはいるが、言語表現の意味を捉えるために、表現生成のプロセスを考慮したことが、大きな特徴であるといえよう。

3.3 杉戸清樹のモデル

配慮や扱いという概念を、表現選択のプロセスに明確に位置づけたのが杉戸（1983a）である。杉戸は、待遇表現における気配りの段階として「話し手ないし言語行動主体に意識された限りの」「周囲」を設定している。1章の3.2.2で引用した事例でも、「入試に失敗した子供」は、客観的に存在する事態の中で、話し手に意識された限りの要素である。

さらに杉戸は、認識された要素群への評価付与の段階である「周囲」に対する「みなし」段階を設定する。ここには、本章3.2に示した南モデルの「評価的態度」という概念の援用が見て取れる。この「みなし」によって、「入試に失敗した子供」は「つらいはずの子」として話し手に把握される。

杉戸のモデルでは、単に客観的な事態と主観的に把握された場面とを区別するだけでなく、主観的に把握された場面に評価的態度を示す「みなし」段階と、「みなされた周囲」という、場面のさらに主観的な段階が設定されている。これによって、表現産出のプロセスは、永野（1957）よりもさらに詳しく段階づけられたことになる。

図2では、「みなし」にふさわしい「扱い」を定める段階が設定される。そして、みなされた「つらいはずの子」に「そっとしておこう」という扱いの方針を話し手は定める。さらに、その方針に沿った［何もいわないでおく］

3. 待遇表現のモデル | 41

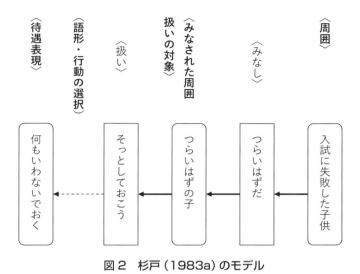

図2　杉戸（1983a）のモデル

というゼロの待遇表現形式が選択されることになる。この「扱い」にも 3.2 の（1）〜（3）に示した南のアイデアの援用が見て取れるが、杉戸モデルの大きな特徴は、静的な意味記述というより、話し手の客観的な事態への主観的認識から言語表出までを詳細に段階づけるという、表現産出のプロセスを重視した点にあるといえるだろう。

　本書においては、様々な考察や概念構築をする際に、このモデルを参照することが多い。杉戸は、このモデルについて、「実験や調査をへて実証されていない」としているが、本研究で、待遇表現行動の実験的調査をデザインする上で有益であったことを述べておきたい。実験的調査の結果の分析は、本書のII部で行う。

3.4　菊地康人のモデル

　菊地（1994）においても、「待遇表現の選択までのモデル」が図式化されている。そのモデルでは以下に述べるようなプロセスが示されている。
　まず、会話の場やその上下・親疎・立場などといった社会的諸ファクター

が把握・計算される。次に、その把握・計算にそのまま対応した待遇を行うか否かを最終的に決める段階がある。この段階では、社会的ファクターよりも話し手の人間関係の捉え方や相手への心情などの心理的ファクターが、背景的なファクターとなって、待遇表現の選択が決定づけられることが指摘されている。社会的ファクターを送り手が把握・計算し、背景的な心理的ファクターを通して、待遇表現が選択されるというプロセスである。

逆に、心理的ファクターは背景的というよりは前面に押し出されるケースもあることについても指摘がある。この指摘はマイナス待遇表現行動を考察する上でも、重要な意味をもつ。

こういったファクターの把握・計算や、事態の把握を経て、話し手は待遇対象の扱い方を決定し、待遇表現形式の選択に至る。これらのモデルでは、敬語・卑語だけではない広範な言語事象を待遇という観点から捉える可能性があり、本研究でも参考にするところである。

4. 待遇表現形式の意味と社会的ダイクシス

4.1 彭国躍の待遇行動観

彭（2000）は待遇の意味を、いったん言語上の問題から解放して、哲学的な見地からの分析を行った。彭によれば「待遇」という行為は3つの基本的要素と3つの基本作用によって成立しているという。それぞれの概念を、たとえば、自宅を訪ねてきた客人に対する待遇行為で説明すると次のようになる。

待遇主体は客人という待遇対象に何らかの価値評価を行う。そして、その価値評価に見合った待遇行動、すなわち「玄関での立ち話」「招き入れてお茶を出す」などの行為を遂行しようとする。それらの行為自体が待遇象徴である。待遇主体は「玄関での立ち話」「招き入れてお茶を出す」という待遇象徴に何らかの価値承認を行っており、その価値承認に基づいて（実際に「玄関で立ち話をする」「お茶を出す」ことによって）待遇対象に価値付与を

行うというわけである。

　以上に述べたうち、文字囲みをした待遇主体・待遇対象・待遇象徴が3つの基本的要素で、下線を付した価値評価、価値承認、価値付与が待遇の3つの基本作用である。これらの待遇行為は彭（2000）では、図3のように示される。

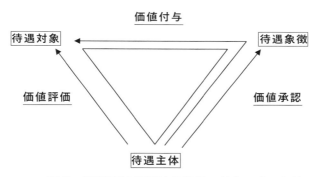

図3　待遇行為三要素と三作用　彭（2000）に加筆

　ことばによる待遇の場合、待遇表現形式が待遇象徴であり、それをもって待遇対象に価値付与するということになる。この考え方では、待遇表現形式が有する待遇的意味と、話し手の評価的態度とが区別される。彭は、南（1977, 1987）が「評価的態度」「顧慮の気持ち」などを敬語の扱い方の特徴として取り上げ、敬語の評価の機能に注目したことを評価している。

　その上で彭は、それらの特徴を直ちに言語形式がもつ意味として結びつけることに疑問を呈している。この点は待遇表現における言語形式と言語行動との関係性について、議論を深化させたものであり、卓見というべきである[2]。ただ、彭（2000）において、敬語は社会的ダイクシスであるとするLevinson（1983）の捉え方を「大きな欠陥」としている点には疑問が残る。「欠陥」とする理由として、彭は単なるダイクシスは「誤用」による「失礼

2　ただし、本研究で設定した待遇表現形式の待遇的意味と形式に付随するイメージを、図3のどこに位置づけるべきかについては判断に迷う。価値承認の結果、待遇象徴（形式）にイメージがもたらされると考えるべきか。

現象」などのディスコミュニケーションを起こさないということをあげている。しかし、照応する内容が社会的関係である限り、敬語がダイクシスであっても、その誤りは十分にディスコミュニケーションの原因となりうるものである。

4.2　敬語のダイクシス的性格と失礼現象

　敬語のダイクシスとしての捉え方は様々である。真田 (1995) は、狭義の敬語のうち尊敬語や謙譲語が「人称暗示的機能」を有することをダイクシス上の問題であるとした。また、Levinson (1983 安井・奥田訳 1990) においても、日本語の敬語を含めた honorifics が社会的ダイクシスであることを指摘している。Levinson (1983 安井・奥田訳 1990: 104) では、社会的ダイクシスを次のように規定している。

> 会話参与者(正確には、会話参与者の役割を現在、になっている人々)が社会的にどういう位置にあるのか、あるいは参与者間の社会的関係、あるいは彼らの一人と、言及されている人々または実在物との社会的関係を記号化する言語構造の諸相

　また、「社会的ダイクシスは、社会的情報の文法化、あるいは言語構造における記号化に関連している」とも述べられている。この点についていくつかの事例を以下で見て、失礼現象との関わりを考えてみたい。

　　（4）　［学生が教師に対して］明日、学校においでになりますか。

　(4) では、言語上、話し手と動作主が明示されずとも、外的文脈との照応により話し手と待遇対象との「関係」は表現される。さらに、言語形式を固定し、［　］内を操作して次のように様々な文脈を作り出せる点は、敬語が

個々の人物ではなく、社会的「関係」を記号化していることを表している[3]。

　（5）［クラブ員が OB に対して］明日、学校においでになりますか。
　（6）［新任教師が校長に対して］明日、学校においでになりますか。

「おいでになり」で記号化される関係が、具体的に誰で、どういった間柄（学生と教師、クラブ員と OB、新任教師と校長など）であるかについては、文脈に依存しないとわからない。しかし、話し手と聞き手との間に、上下関係という「関係」があることは直示されている。

　この性質を踏まえて、失礼現象が生じうる事例を示そう。(7)のような待遇表現の運用は、確かに多くの場合失礼にあたる。

　（7）［生徒が教師に対して］明日、学校に来るの？

　これを「失礼な誤用」とするには、4つのケースが考えられる。
　まずは、一部の会話参与者の規範から見て「誤っている」とする捉え方である。たとえば(7)の事例で、社会的関係の表示の仕方が(4)〜(6)のようなものであるという規範が教師側にあれば、生徒が発話した(7)は誤っていると認識されるであろう。
　しかし、学生と教師が所属している言語共同体が(7)を会話の場で行うことを許容する規範を持っていれば、(7)によってディスコミュニケーションは生じない。つまり、この場合にディスコミュニケーションを起こす要因は、会話参与者間の言語形式に対する規範認識のずれである。
　次のケースは、(7)が会話参与者間の規範を問題とせず、それを聞いた第三者が別の規範から「誤用」と判断するケースである。新聞の投書などにありがちな「○○という敬語の使い方はおかしい、けしからん」とする類の判断である。第三者がそのような「日本語の標準的規範」を持ち出すとき、

---

[3] 敬語をダイクシスとして捉えることについては、滝浦 (2002) で身内に対する待遇の用法の存在から、その説が補強されている。

(7) は現代日本語では失礼な誤用と見なされることになる。

　三つめの誤用の捉え方は、(7) で学生が教師を人違いで話しかけてしまった場合である。これは学生の事態把握のレベルでの「誤り」で、それゆえに失礼となるのであり、教師自体を恒常的に過小評価しているわけではない。実際、学生が人違いであると気づいた場合、「来る」という誤った待遇表現形式の使用に対して、教師を適切に評価する、規範に応じた言語形式を使用しなおすなどの補償行動をとるであろう。

　そして四つめは単なる言い間違いである。話し手としては「おいでになりますか」という待遇表現を用いるべきであるという規範を持っているが、口が滑って「来るの？」と言ってしまったケースである。これはパロールとして起こりうることで、「来る」というニュートラルな待遇表現形式自体ではなく、その使用の仕方に問題がある。

　四通りの誤用のうち、一つめと二つめのケースは待遇表現形式への価値承認（図3参照）に対する規範の話し手と聞き手、または規範とのギャップが問題となっている。三つめは事態認識に話し手の誤りがあり、四つめも待遇表現形式の問題ではなく話し手の形式の選択ミスである。そして、これらはいずれも待遇表現形式の直示的性質を否定するものではない。

　「おいでになりますか」という表現形式は、言語社会に価値承認された待遇的意味を持ちつつ、話し手と聞き手との社会的関係を指し示しているのである。筆者の関心は、敬語形式が文法的か語彙的か直示的であるかというよりは、むしろこの点にある。すなわち、待遇表現形式は社会的関係を直示する機能と、形式自体の評価的な意味とを同時に持ち合わせているという点である。

4.3　関係性待遇と感情性待遇—卑語は社会的ダイクシスか—

　ところが、狭義の待遇表現でも、卑語に関しては社会的ダイクシス性が見られない場合がある。

（8）　［クラブの後輩が先輩に対して］明日、大学に来やがるのか。
（9）　［大学の教員が出入業者に対して］明日、大学に来やがるのか。
（10）　［親しい友人に対して］明日、大学に来やがるのか。

　これらの発話は、もちろん非日常的であり、対人関係を悪化させる可能性が高い。しかし、ここで注目すべき点は、同じ「来やがる」という待遇表現を用いていても、(8)～(10)が発話される場での［　］内の人間関係には共通性がないことである。これらの待遇表現形式はマイナスの価値承認がなされた待遇象徴ではあるが、「社会的関係」を表示しているのではない。むしろ、社会的関係を指し示すことを放棄し、話し手自らの感情を吐露する表現である。

　狭義の待遇表現のうち敬語は敬意という「心理的な要因」によって用いられるものではないという見方が多く見られる（時枝1941、大石1975、彭2000、滝浦2002など）が、(8)～(10)のような卑語の運用の場合、表現のプロセスに、心理的な要因が積極的に働いている。そういった性質の待遇のあり方をここでは**感情性待遇**と呼び、その性質を持つ卑語を以下では感情卑語と呼ぶ。

　これには、(8)～(10)のような助動詞のほかにアホ、バカ、ボケ、タワケなどの名詞語彙や、クソヤロー、ドタマ、ボログルマなどのなどの接頭辞、アイツメ、ワルガキドモなどの接尾辞などが含まれる。

　ただし、感情性待遇の言語表現と感情表現との区別は必要である。「うまいなぁ！」「きれいだなぁ！」が聞き手を志向しない感情発露であった場合、対象を顧慮した上で対象への扱いを定める待遇的なプロセスが存在しない。足を踏まれて思わず言う「痛い！」といった表現も感情表現であって待遇表現ではない。いっぽう、非難の意を込めて「痛い！」と言えば、これは対象への扱いを定めるプロセスを含む感情性待遇の言語行動ということになる。

　感情性待遇ではなく、マイナスの社会的関係を指し示す卑語もある。

(11) ［大学教員が後輩である大学教員に対して（学生が周囲にいない場合）］
　　　○○君、明日、大学に来るの？
(12) ［大学教員が親しい同輩に対して（学生が周囲にいない場合）］
　　　○○さん、明日、大学に来るの？
(13) ［大学教員が学生時代の恩師に対して］
　　　○○先生、明日、大学においでになりますか？

　(11)の下線部の形式は、(8)～(10)のような対象に対して感情を吐露するものではないが、大学社会の中で考えられる発話である(12)(13)の下線部と比較すれば、話し手が聞き手を相対的に「目下」を表す言い方であることがわかる。このようにプラスであれ、マイナスであれ、社会的関係を表す待遇行動をここでは**関係性待遇**と呼ぶ。
　そして、関係性待遇の性質を備えた卑語を、以下では関係卑語と呼ぶ。この下向きの関係を表現することに関して、話し手と聞き手との間に社会的な合意があれば、人間関係の悪化は生じない。また、下向きの関係を表す待遇表現は、上向きや中立の方向性の待遇表現と相対化されることで成立するが、それぞれの形式には、強いマイナスのイメージが付与されていないため、待遇表現として気づかれにくい場合もあるだろう。

(14)　花に水をやる。
(15)　犬にえさをやる。
(16)　子供に小遣いをやる。
(17)　友達に誕生日プレゼントをあげる。
(18)　上司に電話を差し上げる。

　(14)～(16)の「やる」のような授与表現は、(17)の「あげる」や(18)の「差し上げる」と相対化すると、下向きの待遇表現形式である。また、相手に配慮した表現であっても、「ご苦労さま」のようなねぎらいの発話行為

に用いられる言語表現が、目下専用である場合があり、これも関係性待遇の性格をもったマイナス待遇表現形式と見なしうる。

　このように、卑語やマイナス待遇表現形式は、社会的関係を指示する表現性と感情吐露の表現性の両面を有している。待遇表現全般を考えた場合、敬語のようにダイクシスという観点からのみの説明では不十分なのである。

　感情吐露の表現性は、敬語以外のプラス待遇表現にも表れることがある。友人の描いた絵画を見て「うまいなぁ！」とか「きれいだなぁ！」と友人に気遣って評すれば、これはプラスの待遇表現になる。また、これらの表現は丁寧語などの敬語は含まれていないが、たとえ聞き手が目上であったとしても、つぶやきを相手に聞かせるような形であれば、許容される場合が多いだろう。

　プラスやマイナスの方向性に限らず、待遇表現には少なくとも関係表示性と感情表示性の2つの側面があるといえる。これらのうち、ここでは、関係表示性を示す待遇を「関係性待遇」、感情性を示す待遇を「感情性待遇」として区別した。さらに、それぞれの待遇性をもつ卑語形式を「関係卑語」と「感情卑語」とに分類した。そして、両者は事態に対する評価を結果的に表現するという共通の性格から、待遇表現としてまとめられる。

5.　待遇表現の社会言語学的研究

　「事態」が話し手の主観を通して捉えられた「場面」となるとき、そこにはすでに社会的な顧慮が含まれている。待遇対象との人間関係や発話の場への顧慮である。そういった顧慮を経て、話し手は自らの感情や表現対象との関係、事態への評価をどのように表現するのであろうか。

　この表現行動上の顧慮は、人間関係や場の社会的認識と呼ぶべきものである。それゆえに、背景社会の性質が異なれば、待遇対象の顧慮のあり方も異なる。たとえば、「僧侶」に対する都市社会と農村社会の顧慮のあり方は異なっているであろう。また、昨今の教師と生徒の人間関係への顧慮のあり方も、明治・大正・昭和期のそれとは異なっているであろう。ある人物に「僧

侶」「教師」「生徒」などという属性を認識する。そのような顧慮をすること自体は近代に入ってから大きく変わっていないだろうが、それぞれの属性に対する「顧慮の仕方」は、背景社会の違いや変容にともなって異なるものとなる。そして、顧慮の仕方の変容は、待遇表現行動の変容にもつながる。

　本節では、本研究に関わる社会言語学的な待遇表現研究を取り上げ、待遇表現の多様性がどのように扱われてきたかを見ていく。

5.1　社会制度と待遇表現の体系

　待遇表現の使い分けや段階性と、地域社会の人間関係の制度との対応関係を追究するタイプの研究は枚挙に暇がない。このタイプの研究は待遇表現形式と、その形式が表示する社会的関係との対応が、具体的にどのようなものであるかを明らかにしようとするものである。

　真田信治は越中五箇山郷の待遇表現の使い分けが、年齢、経済力、教育などの社会変数のうち、家格によって最も強く支えられていることを明らかにした（真田 1973）。その 10 年後には真田（1983）で、待遇表現の使い分けの主要因が家格という封建社会的なものから、年齢へと移行しつつあることを、五箇山郷真木集落の全数調査から実証した。真田（1983）は、変化のダイナミズムから、日本語待遇表現の行方をリアルタイムで描き出したケーススタディでもある。

　これらの研究で採用された分析方法は、宮治（1985）、国立国語研究所（1986）、姜（1997）でも採用されている。この方法では、調査者が上下・親疎といった場面設定を行わずに、集団内に存在する人物を待遇対象として多数（ないしは全員）設定し、その人物に対して選択される言語形式から、「待遇表現上の」人間関係を帰納する点に特徴がある。これらの研究は、上下関係・親疎関係という従来の抽象的な分析軸が、待遇表現形式の分析に有効であることを検証するだけのものではない。

　「目上」「親しさ」「丁寧さ」というのは、待遇表現形式を使い分ける仮説的変数にすぎない。たとえば、「目上相手にどう言いますか？」というような場面設定による敬語調査は、敬語と非敬語との間の相対的な「丁寧さ」の

違いを明らかにするかもしれない。しかし、それだけでは待遇表現上の「目上」「丁寧さ」といった概念が、各言語社会に固有なものであることの発見にはたどり着かず、不十分な記述にとどまる可能性があることを指摘しておかねばならないであろう。

　ある地域社会や集団では、僧侶に高い待遇的意味を持った形式を使用し、別の地域社会では僧侶はそのような待遇を受けないということがありうる。また、ある地域社会の特定の世代では、自分の父親を敬語で待遇し、別の世代ではそのような待遇は行わない。これらの現象は、「待遇表現上の目上」を構成する人物が地域社会・集団・世代などによって異なることを意味している。

　そして、そのような異なりから、地域社会ごとに固有な関係性待遇のシステムが明らかになり、その時点でようやく地域社会における「丁寧さの意味」も明らかになる。「丁寧さ」は、どのような場面で、誰に対して、どのような関係性を示すものであるか、ということから意味づけられるのである。

　「となりの赤ちゃん、泣いたはる」「今日は、坂本竜馬はんが初めて土佐から来はった日やな」などのハル敬語は、京都市中高年層の女性には違和感なく使用される。しかし、これらを共通語訳すると「となりの赤ちゃんが、泣いておられる」「今日は、坂本竜馬さんが初めて土佐からいらっしゃった日だな」となるが、これらは「共通語の敬語使用として」非規範的なものとなってしまう。

　京都市方言では何の問題もなく使える敬語が、共通語では非規範的になることは、敬語によって示そうとする「丁寧さ」の内容が、京都市方言は、共通語のそれと異なっていることを示している。その丁寧さの示し方の京都市独自の習慣が言語形式に焼きつき、京都市の方言敬語「はる」の独自の待遇的な意味となっている。

このような考察から、言語社会における具体的な社会制度と待遇表現形式との対応関係が、導き出されるのである[4]。先述の真田、宮治、姜らによる研究は、待遇表現の体系性が社会的背景に影響を受ける様を映し出した研究であるといえる。そして、待遇表現体系の個別性や多様性を帰納的に明らかにし、その意義を考察するものである。

井出・荻野・川崎・生田 (1986) では日米の対照から、「わきまえ方式」「はたらきかけ方式」の敬語行動があることが見いだされた。そして、日本語における敬語行動が「わきまえ」という文化行動様式の中に位置づけられることを示し、その行動様式を軸に、井出・申恵・川崎・荻野・Beverly Hill (1988) で日本、韓国、タイ、アメリカ、スウェーデンの各言語における敬語行動の対照研究もなされた。待遇表現に関わる研究は、国内の地域的多様性を対象にするだけにとどまらない。

ただ、待遇表現の使い分けの解明に、感情性待遇の観点を取り入れた研究は進んでいない。命令表現などの感情的な表現の使い分けや、関西方言の卑語形式である助動詞ヨルは、感情性待遇の観点を導入して、その待遇性を明らかにする必要があるが、詳細な考察は研究課題として残されたままである。

5.2　広義の待遇表現の分析

広義の待遇表現についての研究は、対象とする言語単位が幅広いため、分析の方法も様々である。国立国語研究所 (1957) は、文単位での待遇表現について、話し手のパーソナリティなども含む属性による分析を、大規模な調

---

[4] ちなみに、関西方言のハル敬語については、その言語上に表れる社会制度は、上下親疎といった分析軸では説明できないようである。宮治 (1992) はハル敬語を「関係把握の表現」とし、岸江 (1998) は「親愛語」として位置づけ、辻 (2001) は京都市のハル敬語は「人以外、抽象・観念的世界以外の一般的な3人称を指標する表現」であるとした。宮治 (1992) の「関係把握の表現」というハル敬語の捉え方は、時枝 (1941) での「関係認識の表現」という待遇表現の捉え方と類似する概念であるが、その具体的な関係についての分析が岸江 (1998) や辻 (2001) でなされたわけである。しかし、岸江 (1998) と辻 (2001) では、人以外 (猫やバスなど) を待遇するハルの調査結果に決定的な違いがあり、ハルが表示する関係が何であるかについては未だ定説はないことになる。

査結果をもとに行っている。文の単位での分析という点では、井出・荻野・川崎・生田（1986）の研究も当てはまる。

また、国立国語研究所（1971）では、談話資料の発話をことばの調子や文の長さなど複数の観点から分析している。杉戸（1983b, 1989, 1993, 1994, 1996, 1998）、杉戸・塚田（1991, 1993）では、言語行動を説明する言語表現であるメタ言語行動表現の研究が行われている。メタ言語行動表現には、言語行動に対する話し手の「構え」が明示的に示されており、話し手の場面のどういう要素に配慮し、どういう態度で表現行動を遂行するかを知ることができる。これらの研究も「お礼」などの発話行為や「省略」など、狭義の待遇表現を超えた単位の言語事象が分析の対象となっている。

しかし、この分野においては、先にも述べたように研究対象となる言語単位の幅が広く、分析の方法論もようやくその枠組みが提示されたという段階だろう（中田 1990, 1991, 熊谷 1997, 沖 2001）。

6. まとめと展望

本章では、待遇表現行動には、感情卑語の運用に典型的に見られるように、人間関係だけでなく話し手の感情的な評価を表すものがあることを指摘した。そして、待遇表現行動を分析するにあたって、関係性待遇と感情性待遇という2種の待遇表現行動様式の存在を認めた。

また、研究史を整理すると、待遇表現選択のプロセスのモデルは提出されているものの、そのモデルを利用して実際の待遇表現を分析している研究は限られていることが指摘できる。社会言語学的な待遇表現研究のアプローチの多様性を考慮すると、待遇表現の選択プロセスを利用した研究もさらに多様化することが望まれるだろう。

敬語の選択のプロセスは、修辞的・方略的でない限り言語社会のルールとして慣習的・受動的であり、話し手にとっては無自覚に行われることが多い。この性格により、敬語の使い分けについての研究は、場面と形式との対応関係を見る比較的静的なものとなる。

いっぽう、マイナス待遇表現行動の場合、人間関係の悪化への危惧と感情表出の欲求とのはざまで、表現選択のプロセスは話し手にとって自覚的で操作的・能動的なものとなることが多いと予想される[5]。これらの点を考慮すると、表現選択のプロセスの各段階で話し手が行っている操作の特徴（すなわち、待遇表現行動の特徴）を考察するにあたって、マイナス待遇表現行動は格好の研究対象であるとの見方ができる。

5　この点は、様々な表現要素を組み合わせて行われるプラス待遇表現行動においても当てはまる（たとえば、「褒める」ためにいかにうまくことばを使うか）ことである。

第3章

マイナスの待遇表現行動と言語行動研究

1. はじめに

　本章では、マイナスの待遇表現行動と関連する研究領域として、不満表明、ポライトネスの研究を取り上げ、研究方法や理論的背景を概観し、本研究の位置づけと研究課題を模索したい。

2. 不満表明とマイナスの待遇表現

　事態へのマイナス評価に基づくという点で、不満表明はマイナス待遇表現行動と関連のある言語行動である。初鹿野ほか（1996）や藤森（1997）によると「不満」とは、ある種の行動期待に反する状況を、好ましくないと感じることと定義される。このように定義された「不満」は、事態を「好ましくない」とマイナス評価で把握するプロセスを経るものであり、マイナス待遇表現行動を引き起こす要因でもある。

　不満表明には、多様な方略（以下、ストラテジー）がある。たとえば、初鹿野ほか（1996）では、好ましくない状況を、命題として表出したり（「命題内容の表出」）、「改善要求」したりすることなどが、不満を表明するストラテジーとして扱われている。これらと並んで、「不満感情表出」が、ストラテ

ジーの一つとして掲げられた。

　この不満感情表出のストラテジーには、「まったく」「もう」「ばかやろう」「いい加減にしろ」など、感動詞や卑罵的語彙、慣用的な命令表現の使用が含まれる。このうち、「もう」と「ばかやろう」とでは、表出される感情の程度や種類が大きく異なると感じられる。しかし、これらの表現は、発話の中で不満感情を表出する以外の「機能」を持ちにくい。よって、「もう」や「ばかやろう」といった表現の使用はマイナス評価を表出する「程度」が大きく異なるが、行動の性質としては「不満感情表出」として分類せざるを得ない。

　このように、ストラテジーを分析する場合、感情や事態への評価を表出する「程度」がうまく分析できない面があることには、注意が必要である。

　その後、感情表出とストラテジーとを区別して分析する研究が出現した。李（2006）の不満表明調査のデータ中には、「ちょっと」「もう」「むかつく！」「このやろう！」「殺すぞ！」といった表現が含まれる。李（2006）では、それらの表現の使用を、ストラテジーの分析とは別に、「不満感情の言語化の仕方」という視点で分析している。つまり、感情表出の言語行動を、ストラテジーの分析ではなく、独立した別の分析項目として扱っているのである。この研究は、ストラテジーの選択と感情表出方法との両面から、不満表明を捉える試みであり、この分野の研究に新たな展開をもたらすことを予期させるものであった。

　なお、「むかつく！」「このやろう！」「殺すぞ！」などの表現は、話し手が好ましくないと感じていることを「表明」しているだけではなさそうである。むしろ、不満を昇華・発散させるための「怒りの表出」や、相手を「攻撃する」姿勢が前面に出ている言語行動であるともいえる。このような視点も、マイナス待遇表現行動や不満表明の全体像を捉えるためには必要であろう。

　不満表明研究のストラテジーという単位に、ほぼ対応する単位として、「表現内容」（西尾 1998a, b）や、談話を構成する意味的単位体としての「要素」（沖 2006）、「機能的要素」（熊谷・篠崎 2006）などの用語がある。

これらの用語は全くの同義ではないが、分類・分析のされ方は似ている。また、どの用語も、言語行動の目的を果たすための働きを担う一要素として捉えられている。そこで、本書ではこれらを一括して「機能的要素」と呼ぶ。

　マイナス待遇表現行動の研究では、機能的要素の運用だけでなく、表現形式の使い分けも研究対象となる。したがって、好ましくない状況に対して「改善要求」する場合でも、次のような表現形式の違いや使い分けが、分析の対象に含まれる。

　　（1）　（好ましくないこと x を）止めていただけるとありがたいのですが。
　　（2）　（好ましくないこと x を）止めてくださいよ。
　　（3）　（好ましくないこと x を）止めてよ。
　　（4）　（好ましくないこと x を）止めろ！

　日本語においては、文末形式をはじめとする多くの言語形式の使い分けが、様々な対人的な配慮を表す。よって、これら（1）〜（4）のすべてを「改善要求」として、それ以上の分析を放棄すると、コミュニケーション上の効果の大きな違いを見落としてしまうことになる。罵りを含むマイナス待遇表現行動の特徴を把握するためには、機能的要素だけでなく、表現形式の使用への着目が不可欠である。

3.　ポライトネス理論との関連

3.1　Brown & Levinson のポライトネス理論と待遇表現研究

　行動原理という観点からは、ポライトネスの原理を無視することができない。ポライトネス理論の中で、とりわけ様々な研究に援用されるのは、Brown & Levinson（1987）で提唱されたフェイス処理行動としてのポライトネスの理論である。宇佐美（2002a）では、ポライトネスを「円滑な人間関係

を確立・維持するために機能する言語行動」と定義し、「普遍的」な言語行動としてのポライトネスを強調した。さらに、宇佐美は、「円滑な人間関係の確立・維持」とは反対方向の「マイナス・ポライトネス」をも議論の対象としている。また、海外においてもインポライトネス (impoliteness) に関する議論がある。対人関係を調整する言語行動を扱う際に、プラスとマイナスという方向性を考慮する点、待遇表現行動研究が解明を目指すものと無関係でない。

3.2 インポライトネス (impoliteness)

カルペパーはブラウンとレビンソン (Brawn & Levinson 1987) のポライトネス理論を踏まえ、インポライトネスの方法を分類した (Culpeper 1996)。ブラウンとレビンソンのポライトネス理論では、フェイスという概念が重要である。フェイスには、相手によく思われたい、認められたいという欲求であるポジティブ・フェイスと、話し手が、自身の領域に踏み込まれたくないという自己保存の欲求であるネガティブ・フェイスとがある。

カルペパーは、このフェイスの概念を用いて、インポライトネスの方略を次の5つに分類している。

> あからさまなインポライトネス [Bald on record impoliteness]
>> 直接的に、明瞭に、一義的に相手のフェイスを脅かす。
>
> ポジティブ・インポライトネス [Positive impoliteness]
>> ポジティブ・フェイスを脅かす言語行動。
>
> ネガティブ・インポライトネス [Negative impoliteness]
>> ネガティブ・フェイスを脅かす言語行動。
>
> 皮肉・偽ポライトネス [Sarcasm or Mock politeness]
>> 明らかに不誠実な、表面的なポライトネスで調和を乱す。
>
> ポライトネスを避ける [Withhold the FTA]
>> ポライトネスが期待されている場面で、ポライトネスを避ける。

3. ポライトネス理論との関連 | 59

　ただし、カルペパーは、「あからさまなインポライトネス」の中で、緊急時にとっさに使う命令表現や、親が子供に「文句を言うな！」と叱るときの言語行動は、フェイスを脅かすこととは、ほとんど関係がないと指摘している。

　いっぽう、マイナス待遇表現行動においては、「子供が文句を言う」という事態をマイナスに評価しているからこそ、「文句を言うな！」という発話が出現するという捉え方をする。このような、フェイスを脅かすこととほとんど無関係な現象も、本研究では、考察の対象となる。

3.3　マイナス・ポライトネス

　宇佐美（2002b）では、会話の中で形成されている言語使用の基本状態（default）からの離脱により、マイナス・ポライトネスの効果が生じうることを指摘している。たとえば、普通体を使用することが基本状態の会話で、丁寧体を使うとそれが有標行動となり、慇懃無礼のようなマイナスの効果が生じうるというものである。

　この指摘は、対人関係を維持するための行動規制からの逸脱によって、相手へのマイナス評価を表明しうるとする、比嘉（1976）や西尾（1998a）と関連がある。

　悪態について、比嘉（1976: 121）では次のように述べている。

> 日本語の類義語の使い方は、英語などとくらべて、社会的にきびしく規制されているので、その制約そのものを破ることがきわどい悪態のつき方になる　—中略—。日常の生活で「あなた」とさえ呼べない目上の人に向かって「おまえ」とか「きさま」と呼び、普段、命令形の使えない相手に「これを読め」のような直接命令文を使うことは、—中略—　非常に効果のある悪態のつき方である。同じ原則で、女性が悪態をつこうと思えば、女性語の変わりに男性語を使えばよいことになる。

　どのことばを使えば悪態になるかは、場面によっても、話し手の属性に

よっても異なるという指摘である。したがって、ある表現形式が定まった「悪態度」を持つとはいえない。この点、比嘉は「悪態」という用語を用いているが、「悪態」を「マイナス待遇表現」に置きかえても同じことがいえる。なお、西尾 (1997, 1998a) では比嘉の指摘を踏まえ、規制される言語行動は、言語社会によって定められているとの見方を示している。

　話し手は通常、所属する言語社会の中で、対人関係を維持するためのルールを守って話している。さらに、そのルールは場面ごとにも社会的に定められている。そのルールから逸脱する言語行動を行うことによって、悪態性が生じ、相手を低く待遇する効果を持つ場合があるというのが比嘉や西尾の指摘である。

　このルール形成には性別や世代、地域社会、集団などといった社会言語学的な変数が関与することが予想される。そして、様々な社会言語学的な変数ごとに、ルールや、ルールからの逸脱のあり方が明らかになることで、各言語社会での待遇表現行動の特徴が詳細に描き出されることになる。

　比嘉や西尾の指摘が、言語社会や場面ごとの、静的な規制からの逸脱に注目しているのに対して、宇佐美のアイデアは、動的な会話の中で形成される、基本状態からの逸脱の効果を問題にしたものであるといえる。このような違いは、滝浦 (2005a) が指摘した受動性と能動性との区別とも関わるであろう (1 章 2 節参照)。

　また、通常は普通体で話す場面で丁寧語を用いたり、けなし合っている場面で不誠実に褒めたりすることが、皮肉・慇懃無礼という修辞的なマイナス待遇表現行動になりうることは 1 章の 3.3.3 で述べた。皮肉・慇懃無礼の効果も、言語社会や場面ごとの静的なルールからの逸脱によって生じる場合と、談話の中でそのつど構築される基本状態から逸脱することで生じる場合とがありうる。

　もう一つ確認しておきたいのは、ポライトネス理論が対人関係に関わる言語使用の普遍性を志向するのに対して、待遇表現の社会言語学的な研究には、個別性や多様性を明らかにしようとする研究が多いことである。対人関係調整のあり方に応じた、ことばの使い分けや待遇的意味は、個人や言語社

会によって異なるということを、社会言語学的な待遇表現研究では前提としている。

　普遍性が強調されるポライトネス理論が、フェイス処理行動を整理して対人配慮を体系化しているのに対して、待遇表現行動のモデルでは行動のプロセスに注目する。しかし、待遇表現行動の研究は、ポライトネス理論で、フェイスの侵害度などの基準で分類・体系化するような、行動の原理的な整理を行おうとすることはない。また、待遇表現行動のモデルは、そのモデル自体は普遍的であるが、フェイス処理などの特定の普遍的な行動原理を求めようとすることもない。このような待遇表現行動のモデルの特徴は、待遇表現研究が多様性の記述を志向していることをうかがわせる。

4. 粗暴さの効用

　三宅和子は、司会者や参加者がなじり合いながらクイズに答え、賞金獲得を競うイギリスのテレビ番組を取り上げ、その中で行われる粗暴な言語行動（rudeness）の意義を考察した（Miyake 2001）。その中で三宅は、番組の虚構性を持たせた状況設定が、参加者の粗暴な言語行動を許容させる場を作り出すという見方を示している。そして、イギリスや日本のようにポライトだといわれる言語社会では、昇華作用としての rudeness が、より強く求められるという。

　また、表現形式上は粗暴であっても、相手の偉業達成を称えて「この野郎。ついにやりやがったな！」などと言う場合などは、相手をマイナスに扱う意図はない。このような、マイナス評価を表す表現を用いながらも、話し手に相手をマイナスに扱う意図がない言語行動を、西尾（2001）では「みせかけのマイナス待遇表現行動」と呼んでいる。

　1章の3.3.2では、待遇表現形式に与えられるイメージについて述べた。三宅が指摘した rudeness や筆者が名づけたみせかけのマイナス待遇表現行動は、マイナスの待遇表現形式のイメージを利用し、特定の効果を狙った言語運用であると位置づけられるだろう。「粗暴」というイメージが付与され

たことばを使うことで、話し手は相手に強く働きかけることができる。
　その行為自体が、いつもネガティブ・フェイスを脅かすものとは限らない。フラストレーションの昇華や、ユーモアの演出、強い感情性の表出という効果を発揮する場合がある。

第4章

マイナス待遇表現行動のモデル

1. モデル設定の目的

　本章では、マイナス待遇表現行動について、各言語社会での表現性や多様性を明らかにするために必要な論点を整理する。

　すでに待遇表現（行動）のモデルについては触れたが、ここではとりわけ、マイナス待遇表現行動のプロセスに関わる留意事項と社会的な制約を整理し、モデル化することを目指す。モデルを設定する目的は、マイナス待遇表現行動の調査・実験、およびそれらの結果を分析する際の、参照枠を得ることである。

　本書第Ⅱ部で示すような様々な調査・実験は、話し手が事態を把握・評価し、表現形式を選択するプロセスを考察対象とするが、それらのすべてが可視化・データ化できるものではない。不可視な部分については推定に頼らざるを得ないところがある。また、質問文(刺激文)によって、種々のマイナス待遇表現行動を引き起こす契機を設定し、マイナス評価の方向性や程度に統制をかけることがある。

　このような性質を持つ調査・実験のデザインや、調査結果を分析・解釈する根拠となりうるモデル構築を本章では試みる。

2. マイナス待遇表現行動の規制モデル

図1は、マイナス待遇表現形式を用いる際の規制に関するモデルである。横軸 x は、話し手が事態に対して下すマイナス評価の強さの度合いを表す。縦軸 y は、使用される表現のマイナス評価の強さである。そして、点線 a は、対人的な配慮が全くなされない場合のマイナス評価表明である。このケースでは、話し手の事態へのマイナス評価の度合いに見合った表現形式が、そのまま発話の場に出される。

X軸：話し手が事態に与えるマイナス評価の強さ
Y軸：表現形式のマイナス評価表明機能の強さ
a線：事態評価どおりのマイナス評価の表明
b線：対人関係維持のための規制を受けたマイナス評価の表明
領域 c：マイナス評価表明時の対人配慮（= a − b）

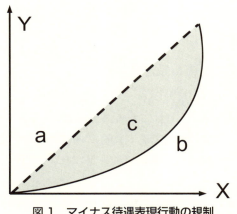

図1　マイナス待遇表現行動の規制
（西尾 2007）より

実際には、そのような言語社会や話し手・話し相手が存在するとは考えにくく、点線 a は仮想的なマイナス評価表明である。多くの場合、話し相手は、対人関係を維持する配慮をしながら、実線 b で示したように、事態に下したマイナス評価よりも、弱いマイナス評価を示す表現形式や機能的要素を選択するものと予想される。つまり、図1内の網掛けのエリア c は、マイナス待遇表現行動の対人的な配慮を示すものである。

なお、実線 b が湾曲しているのは、マイナス評価表明の次のような性質による。マイナス評価を表明する行為は、対人関係に危機をもたらす可能性

がある。多くの場合、穏当な社会生活を営むために、話し手は、話し手個人のマイナス評価出の表現欲求を抑制し、対人関係を維持することが求められる。あまりにも事態へのマイナス評価が強く、話し手が相手との対人関係の維持を放棄して罵るのは、図1の右側であるが、それは稀なケースだろう。逆に、図1の左側のように、事態へのマイナス評価が軽微なものであれば、マイナス評価を表明しても、対人関係の維持に及ぼす影響は小さい。このため、対人配慮の意識は低くなる。

たとえば、肉親を殺した愉快犯が目の前にいるような場面では、図の右側の状態になることが予測される。強いマイナス評価を犯人に下し、ほとんど対人的な配慮が働かず、強いマイナス評価を示すことばや機能的要素を選択するという状態である。

たいていのマイナス評価表明は、相手にマイナス評価を下すことへの配慮がともなう。対人配慮の言語行動とは対極にあるかに見える罵りやマイナス評価の表明は、実は、排他的な極ではない。マイナス評価を表明することと、対人配慮の言語行動とは共存し、表裏の関係を持つ。

このようなモデルのもと、言語社会や話し手の社会的属性、さらには話し相手の違いによる、b線の湾曲の仕方や、湾曲を生み出す要因を解明することが考察の対象となる。b線の湾曲が緩やかで領域cの面積が小さければ、その社会はマイナス評価をそのまま言語表現化しやすい言語社会である。逆に、b線の湾曲が強く領域cの面積が大きいと、その社会はマイナス評価の表出に抑制的な言語社会であるということになる。

また、x軸上の様々な程度のマイナス評価が下される具体的な事態がどのようなものであるか。さらには、y軸上、つまり、様々な程度のマイナス評価を表出するための表現形式がどのようなものであるか、といったことの解明も課題となる。

3. マイナス待遇表現行動のプロセスモデル

マイナス待遇表現行動は、話し手が対象へのマイナス評価を表明する言語

行動である。その言語行動は、永野（1957）による事態と場面との区別、杉戸（1983a）による「みなし」「扱い」という概念を踏まえると、次のようなプロセスを経ると考えられる。

① 事態を認識し、マイナスに評価する。
② 表明する態度を選択し、マイナス評価の表明有無・程度、および表現姿勢を選択する。
③ ②に基づいて、表現形式を選択する。

このプロセスを図式化したのが図2である。この図では、話し手が事態に接してから（左側「事態に接触」）、待遇表現形式を産出するまで（右上方）のプロセスを示したものである。

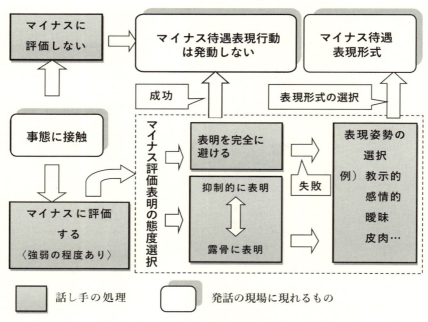

図2　マイナス待遇表現行動のプロセスモデル

以下、図2のモデルに基づいて、マイナス待遇表現行動の諸相について説明する。

3.1 プロセスモデルから見た「罵り」—マイナス評価の直接的表出—

図2のモデルでは、罵りというあからさまなマイナス待遇表現行動は、以下のように説明がなされる。〈 〉には具体的な事例を示す。

① 事態を強いマイナス評価で把握する。
〈恋人に誕生日を忘れられたことに、強い腹立たしさを覚える〉
② そのマイナス評価を露骨に、感情的に突き放すような表現態度を選択する。（図2中列「露骨に表明」、右列「感情的」）
③ ②の表現態度を表出することができる待遇表現形式を選択する。
〈「バカ！ 嫌い！ もう知らない！」〉

このような事例は、対人関係を維持するための規制から逸脱した言語行動の一つである。対人関係を維持するための規制から逸脱したマイナス待遇表現行動が、この事例のように、親しい間柄で行われやすいことが明らかになれば、強いマイナス評価の表明が、親しい間柄であることを修辞的に示すために行われることを説明しうる。

3.2 対人配慮をともなうマイナス待遇表現行動へのモデルの適用 —マイナス評価の抑制的表出—

罵りのように、強いマイナス評価をそのまま表出するマイナス待遇表現行動は、良好な対人関係の維持に危機をもたらす。また、強いマイナス評価を遠慮なく表明できる話し相手は、個人差があるが多くはないであろう。よって、事態に下したマイナス評価は、以下の具体例のように、そのままではなく抑制的に表明するケースが多いと考えられる（図2中列「抑制的に表明」）。

① 事態をマイナス評価で把握する。
〈学生が約束の時間に10分遅刻して研究室を訪ねてきた。話し手は指導教員。良くないことと認識し、腹立たしく思う〉
② 相手は学生なので、感情を抑制して、教示的な表現態度をとる。
③ ②の表現態度を表出することができる待遇表現形式を選択する。
〈「遅かったけど何かあったの？ 社会に出てこれじゃ、信用をなくしてしまうよ」〉

このような配慮の示し方には、間接的な表現や、機能的要素の選択、声の出し方など、様々な手段がある。

3.3 マイナス評価の過剰な表出

逆に、以下のように、事態に下したマイナス評価よりも、マイナス評価を強く誇張して表現するケースも考えられる。

① 事態をマイナス評価で把握する。
〈学生が待ち合わせに10分遅刻してきた。話し手は指導教員。さほど怒ってはいないが良くないことであると指導教員は認識する〉
② 相手は学生なので、本音以上に怒ったふりをして教示的な表現態度をとる。
③ ②の表現態度を表出することができる待遇表現形式を選択する。
〈「今、何時ですか？ 10分なら遅刻していいと思ってるんですか？ …今日はもう帰りなさい。」〉

あえてマイナス評価を過剰に表現するケースには、単に話し手の機嫌が悪い場合もあるが、その行動に何らかの理由があることも考えられる。上の例のように、何らかの対人配慮が含まれる場合も多いだろう。このようなケースは、図1のマイナス待遇表現行動の規制モデルには当てはまらない。

3.4　マイナス評価の表明の回避

　事態にマイナス評価を付与しつつも、対人関係の維持や場の雰囲気を壊さないようにするために、マイナス評価の表明を避けようとする言語行動は、以下のように説明される。

- ①　事態をマイナス評価で把握する。
- ②　1.　評価の表明を完全に避けることを試みる（図2中列「表明を完全に避ける」）。
  2.　その試みが成功する。
- ③　プロセスは完了せず、マイナス待遇表現行動は、発話の現場に現れない。

　②の2で、評価表明を完全に避けることに失敗してしまった場合は、次のようになる。

- ①　事態をマイナス評価で把握する。
  〈食事を提供されるが、まずいと感じる〉
- ②　その評価を完全に表出しないように試みる。
  〈評価表明を避けようとして、曖昧な表現態度をとる〉
- ③　表現形式を選択する。
  〈これ、面白い味ですね〉

　この「これ、面白い味ですね」に対して、聞き手が「お口に合いませんでしたか？」などと言った場合、聞き手は話し手の発話にマイナスの評価を感じ取ってしまったと考えられる。話し手は表現態度、表現選択の段階で、マイナス評価の表出を避けたが、聞き手にはその評価が伝わってしまったということになる。この事例では、マイナス待遇表現行動の成立に、聞き手による話し手の発話行動についての「解釈」が関与してくる。

3.5　無言という待遇表現形式の選択

　無言という待遇表現形式によっても、マイナスの評価を表明することは可能である。ただしその場合は、顔の表情や身振り手振りといった非言語行動によって、マイナス評価表出のシグナルを発信していることが多いであろう。逆に無言は、マイナス評価の表出を押し殺すための方策にもなりうる。

① 事態をマイナス評価で把握する。
〈電車内で、見知らぬ乗客が話し手の足を踏んだのに気がつき、こちらを見る〉
② 1. 自省を促す。または非難の態度をとる。
　　2. 不満や怒りを押し殺す態度をとる。
③ ②の1や2のような表現態度を表出するため、無言という表現形式をとる。ほかに顔の表情で評価を表出したり、長いポーズをとってから別の話題を導入したりしようとする。

　②の2のような表出態度をとった場合、その言語行動は、もはやマイナス待遇表現行動ではなくなってしまう。しかし、聞き手側としては、無言の意図を話し手の意図以上に推論してしまい、非難されたと受け取ることもありうる。無言という待遇表現形式をとる場合、評価を託す言語表現が存在しないため、非言語行動によるシグナルが意図するところも明確になりにくい。そのようなシグナルが少ない言語行動ほど、聞き手による解釈の幅は広くなり、ミスコミュニケーションが生じる可能性が高くなると考えられる。

4.　モデルと研究課題

　前節で示したプロセスモデルは、3.1〜3.5のような様々な事例を説明するだけでなく、プロセスの各段階のあり様が、マイナス待遇表現行動の多様性を生み出すことを示しうる。本節では、プロセスの段階を具体的に説明

し、マイナス待遇表現行動の多様性が生じる要因について整理していく。

4.1 事態評価の段階

この段階は図2の最も左側に位置し（図3の太点線部）、待遇表現行動を行う最初の段階である。待遇対象や眼前の事態に対して、マイナスに評価するか否かという話し手の処理がここでなされる。そのマイナス評価の強弱は、話し手や、話し手の背景にある言語社会や属性ごとの価値観に基づいて決定される。

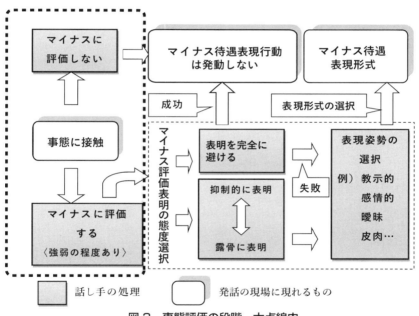

図3 事態評価の段階　太点線内

「あるプロスポーツ選手が、ガムを噛みながら試合でプレーをしている」という事態をテレビで見たときに、話し手はその選手にどのような評価を下すか。ある話し手は、ガムを噛むことは過度に緊張しないための手段として認識し、マイナスに評価しないかもしれない。また別の話し手は、競技にまじめに取り組んでいないとして、マイナス評価を下すかもしれない。評価の

違いは、個人単位でも言語社会単位でも生じうるだろう。

　ゴミを路上に投げ捨てることに無関心な人もいるだろうし、長期間本を借りて、持ち主に連絡もしない人は、それぐらいは構わないと思っているかもしれない。そういった事態に対する判断や評価に応じて、マイナス待遇表現行動も異なる様相を呈すると予測できる。

　このように事態に対する評価には個人の価値観の違いが反映する。また、言語社会が傾向的に持つ価値付与の傾向も存在すると予想される。この点を明らかにすることが、具体的なマイナス待遇表現行動の多様性を把握することへとつながる。

4.2　表現態度決定段階１─「表明程度」決定段階─

　この段階で問題にするのは、図４に示した、マイナス評価表明の態度選択の左側の段階である（太点線枠内）。

　マイナス評価を表明しないという表現態度をとり、その実行に成功した場合、マイナス待遇表現行動は発動しなかったことになる。意図的にマイナス待遇表現行動を行う場合、話し手はマイナス評価表明にかかる社会的規制と、評価を表明したいという欲求とを天秤にかけることになる。そして、どの程度露骨にマイナス評価を行ってもよいかについての処理・判断を行うことになる。

　感情性待遇のマイナス待遇表現行動においては、社会的規制を十分に考慮しながら、その規制を重大な決意をもって破るような場合がありうる。たとえば、上司に対して思い切って反論・批判するような場合である。この場合、評価表出の処理過程は複雑である。規制を破ることによる様々な社会的制裁を考慮に入れながら、話し手はマイナス待遇表現行動を行うであろう。

　また、このような事態へのマイナス評価表出を、避けるか、どの程度露骨・抑制的に表現するかということに、言語社会ごとの傾向的習慣が関与する場合もありうる。相手を露骨に批判することを避けたり、寡黙であることに価値を認めたりするような言語社会では、個人の性格の問題ではなく、言語社会としての規制がかかったマイナスの待遇表現行動が実現されることが

多いと考えられる。

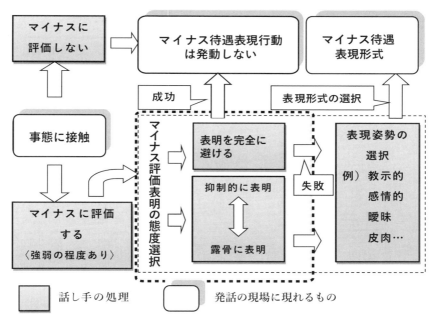

図4　「表明程度決定」の段階　太点線内

4.3　表現態度決定段階2 ―「表現姿勢」決定段階 ―

　この段階では、罵倒・突き放し・皮肉・ほのめかし・批評的・教示的など、マイナス評価をどのような姿勢で表出するかを決定する（図5、太点線枠内）。表明程度決定段階で選択されるのは、社会的規制に対する配慮から決定される表現態度である。これに対して、この段階は表現程度の決定に基づいて選択される表現態度である。

74 | 第4章　マイナス待遇表現行動のモデル

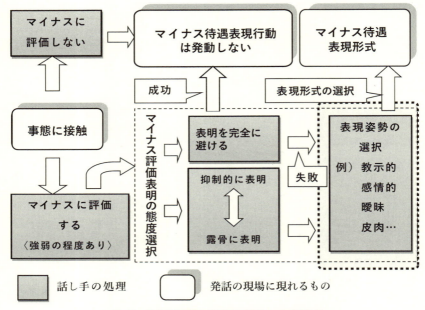

図5　「表現姿勢」決定の段階　太点線内

　発話の場に応じて、適切な表現姿勢を決定する際にも、話し手の評価表出の処理過程が存在しうる。たとえば、教育的配慮のもとに、マイナス評価をそのまま感情的に表現するのではなく、自分と受け手の立場に気を配り、教示的な表現姿勢をとるなどである。ある言語社会はマイナス評価を皮肉な姿勢で表出し、別の社会は感情的・直感的に表出する傾向をもつ。そういった多様性は、この段階の言語社会の習慣の違いによって生じる多様性である。
　なお、この段階は、表現程度決定段階における話し手の判断に影響を受ける。緩やかに評価を表明する場合に、通常、罵倒の表現姿勢はとらないだろうし、露骨に評価を表明する場合には、ほのめかしの表現姿勢はとらない。つまり、表現姿勢の決定は、表明程度の決定に従属するところがある。

4.4　表現選択の段階

　この段階では、上記 3 段階の判断に基づいて待遇表現形式を選択する。その選択傾向の違いも、マイナス待遇表現行動を多様にする。ここには、話し手の言語習得度や言語運用能力が関わるであろう。Olshtain & Weinbach (1993) によると、第二言語学習者の不満表明は発話の単語数が母語話者よりも多くなる傾向があるという。学習者に限らず、自らの表現意図をうまく表現できるか否かは、言語技術の問題であり、その技術の巧拙が、世代や出身地域などの話し手の属性と関係することも考えられる。

5.　研究課題の整理

　前節では言語行動を例示しつつ、図 2 のモデルの各段階について説明したが、それぞれの説明は、マイナス待遇表現行動の論点でもある。星野 (1971) では、悪態の諸相と表現を条件分析的に研究する必要があると述べられている。図 2 の各段階は、マイナス待遇表現行動の条件でもある。以下では、図 2 の表現産出プロセスの各段階を分析の条件として捉え、各段階における研究課題を整理していく。

5.1　評価段階

　ある事態へのマイナス評価付与は普遍的なものではない。マイナス評価を下すか否か、どの程度のマイナス評価を下すのか、といった点は個人によっても言語社会によっても異なるであろう。図 2 の評価段階からすでに、話し手はどのような待遇表現行動をとるかについて、社会的な選択の制限を受けていると考えられる。

　ある事態や状況にマイナス評価を下すか否かは、個人や集団によって異なり、状況に対する社会文化的な認識がマイナス待遇表現行動を発動するか否かの基準となる。また、マイナス評価を抱く強さの程度についても同様の制限を受けている。現代社会において、何らかの状況に対する評価や認識は、

どのような地域や世代や社会集団によって、どの程度共有されているであろうか。

表現行動の動機づけを共有している言語行動集団とでもいうべき存在を、帰納的に導き出すことが研究課題として考えられる。

5.2　マイナス評価の表出

マイナス評価の「表明程度決定」段階では、状況に対するマイナス評価を表明するか否かを決定する。近年、大人が子供を叱れないことが社会問題化しているが、これはマイナス評価を表明できないでいる状態である。また、教育的配慮や相手が他人であるがゆえに、マイナス評価をわざわざ表明しないといったこともありうる。たとえば、自分の子供だからマイナス評価をあらわにして叱りつけるとか、よその家の子供だから黙っておくというケースである。

各言語社会では、どのような状況に対してマイナス評価を表明しない（あるいは表明する）のか。その理由、過去と現在での異なりなどを明らかにすることが研究課題となる。また、マイナス評価を表明する場合、どの程度露骨に表明するかという点もマイナス待遇表現行動の研究課題となる。

5.3　評価表出態度の選択

「表明程度決定」段階でマイナス評価を表出するという判断をしたとして、その表出をどのような表現姿勢で行うか。このような評価を表出する態度の取り方には、個人差が相当に働くとは思われるが、たとえば、ある言語の話者は、マイナス待遇表現行動を皮肉な表現姿勢で行う傾向があるだとか、別の言語の話者はマイナス評価を直情的な表現姿勢で行う傾向にある、などといったことを明らかにした実証的な研究は全くないといってよい。この種の研究は、ある言語の言語行動の特徴を説明しうると思われる。

ある特定の状況での評価表出態度が、個人・地域方言・社会方言の違いによって異なるということはありえるだろう。一言語における表現行動の多様性を把握するにあたっても見逃せない観点である。

5.4　マイナス評価表明の手段（態度表出の方法）

「表現選択」の段階は、状況に対するマイナス評価をもとに形成された表現態度を、どのような表現形式でもって表現するかである。この段階で、初めて選択される表現形式が分析対象として表れる。もちろん、無言（ゼロの表現形式）という形式も選択肢に入ってくる。無言は前の3つの段階でたどったプロセス次第で、冷たく突き放した無視にもなるし、マイナス評価を持ったけれど大目に見るといった配慮の表現にもなる。表現産出のプロセスが、表現形式の待遇的な意味をも決定づけるのである。

また、選択される表現形式のバラエティのほか、選択された表現が、どの程度の強さの評価表明態度と結び付いているかという点も研究課題となる。

関西方言話者同士が「アホ」と言いあっていても、それは強い罵りあいではないとか、東北方言の命令表現は頭ごなしの言い方ではないなどと語られることがある（第10章で検討）。そういったコミュニケーションに関する共通認識をもつ集団の中では、問題は生じないだろう。しかし、多文化共生が求められる現在、表現行動に対する認識のずれはトラブルの原因となる。態度表出の方法（表現態度と表現形式の結び付き）について、応用言語学的なアプローチが求められる所以である。

5.5　みせかけのマイナス待遇表現行動

状況に対するマイナスの評価をともなわなくても、「軽卑表現」「卑罵表現」を使う場合がある。偉業を達成した友人を賞賛して「あいつ、ついにやりやがった」などと言う場合である。この場合は、たとえ選択される「表現形式」が軽卑表現や卑罵表現であっても、「表現行動」としては「低め」ではない。むしろ、修辞的なプラス待遇表現行動であるといえる。

また、マイナス待遇表現行動の面接調査をした経験からいうと、マイナス待遇表現形式を用いた発話は、腹立たしさを表していると同時に親しさをも表現していると内省する人が多い。しかも、そのほとんどは親しい間柄の人を受け手に設定した場合である。つまり、親しいからこそマイナス評価が明

示的な表現形式を用いることができる。この現象を図1のモデルで解釈すれば、次のようになる。

　マイナス評価が明示的な表現形式の使用は、「表明程度決定」段階で露骨に評価を表明するという決定を行っている。その決定の際に、話し手が複雑な配慮・気遣いを必要としない場合、遠慮なくマイナス待遇表現行動を実行していることになる。このことは、マイナス評価を表明すると同時に、話し手と聞き手とが遠慮の必要がない間柄であるということを実証している。すなわち、遠慮なさという副次的な情報がマイナス待遇表現行動にともなっているのである。このようなマイナス待遇表現行動の成功は、親しさを表すだけでなく、親しさを強化する役割をも果たす場合があるだろう。

　こういった状況へのマイナス評価をともなわない、あるいはマイナス評価を表しつつもそれ以外の待遇性をも表現するために、マイナス待遇表現形式を用いる表現行動を、ここでは「みせかけのマイナス待遇表現行動」と呼びたい。逆に、柔らかで丁寧に諭すような言い方には、相手や場面への配慮があっても、状況に対するマイナス評価がともなっていれば、マイナス待遇表現行動である。プラスの待遇表現行動とマイナス待遇表現行動とは、異なる方向性を持ちながら、一つの言語行動の中で排他的ではない。

6. まとめ

　本章では、マイナス待遇表現行動における話し手の表現産出プロセスのモデル化を行った。そして、マイナス待遇表現行動のプロセスの各段階を、分析条件とすることによって、社会言語学的な問題点と分析の観点を提示した。それらを表現産出のプロセスの段階ごとに整理したものが表1である。これらについての説明は、すでに4節で述べているので、ここでは省略する。

表1 マイナス待遇表現行動の分析の条件と問題点

段階	条件	問題点	分析の観点
A	状況固定	その状況にマイナス評価を下すか否か。（評価段階）	言語社会または個人がもつ価値観。どのような状況に対して、どのような評価を下すか。
B	その状況にマイナス評価を持つ	マイナス評価を表明するか、隠蔽するか。（表明程度決定段階）	言語社会におけるマイナス評価表明行動の回避意識の特徴。
C	マイナス評価表出の程度の固定	どのような表現姿勢をとるか。表明態度と表現姿勢の結び付き。（表現姿勢決定段階）	表現姿勢の選択の個人差、社会差、言語差。
D	A〜Cに基づいて表現形式を選択する	どういった表現がどの程度のマイナス評価表明の手段となりうるのか。（表現形式決定段階）	各表現運用の規制の強さ。表現運用を規制する要因。各表現運用の属性差。等

　すべての段階は話し手の心理的過程であり、不可視なものである。話し手に、個々の表現についての心理的過程を内省してもらったとしても、その内省をそのまま分析に用いることはできないであろう。心理的過程を報告するという言語行動自体に、個人の性格などによる差が生じるからである。それゆえに、マイナス待遇表現行動の4つの段階について、分析者の主観的な推定を排除することは極めて困難である。このことは、研究の方法論上、問題点であるといわねばならない。

　しかしながら、これまで述べてきたように、「場面」と「表現形式」との対応関係からのみでは、個々のマイナス待遇表現行動を説明しきれないこともまた事実である。表現産出のプロセスを考慮しないマイナス待遇表現行動の分析は不十分なのである。正確に対象を分析するためには、客観性を重視する必要がある。しかし、マイナス待遇表現行動という分析対象は、話し手の主観的な評価や事態把握を推定しなければ十全な分析ができない。

　この意味で、マイナス待遇表現行動の研究には方法論上のパラドックスを含んでいる。このパラドックスを幾分でも解消するためには、表現プロセスやプロセスの段階がどのように設定できるかについてモデルを構築し、具体

的な言語行動がそのモデルによって説明可能であることを検証する必要がある。図2のモデル化は、これを目指したものであった。

　次章以降では、このモデルをもとに、様々な調査から得られたマイナス待遇表現行動を説明し、多様性の実態把握を行う。

第Ⅱ部
マイナス待遇表現行動の多様性

第5章

関西方言の卑語形式「ヨル」の表現性

1. 待遇表現行動モデルの文法的待遇表現形式への応用

　西日本には、助動詞のヨル（行きよる、見よるなど）がアスペクトの意味をもつ地域と、待遇的意味をもつ地域とがある。なかでも関西は、その広範な地域でヨルが卑語形式として分布する。

　日本語の助動詞の卑語形式には、ほかにヤガル、クサルなどがあるが、これらに比べるとヨルの待遇性は複雑であり、二人称を動作主とする動詞に接続しないという人称制限や、表現する感情の種類から見ても、ヤガルやクサルとは一線を画す用法を持ち合わせている。

　本章では大阪府を中心とした地域で、若年層における関西方言の卑語形式ヨルの表現性を解明することを目的とする。この目的のために、大学生を対象にアンケート調査を実施した。この調査結果の分析をとおして、ヨルには、待遇対象が話し手よりも目下であることを示す用法と、ヤガルやクサルのように、マイナスの感情性を表現する用法の両方が存在することを明らかにする。また、従来の卑語形式ヨルについての研究を踏まえつつ、大阪府を中心とした地域の方言における待遇表現の特徴を論じる。

　分析する際には、感情性待遇・関係性待遇という待遇表現行動の分類（第2章4.3）を援用する。感情性待遇・関係性待遇とは、表現に際する事態把握

や評価的態度のあり方といった表現産出のプロセスに関わる概念である。本章では、この待遇表現の産出プロセスを考慮することによって、卑語形式ヨルの表現性が、より詳細に分析できることを示す。

本章は表現産出プロセスという言語行動論的観点を、ヨルという文法的な待遇表現形式の意味分析に導入しようとする試みである。

2. 待遇表現形式と待遇表現行動

第1章3.2で述べたことと重複するが、以下のことを再度述べておきたい。待遇表現は、描写される待遇対象と話し手との対人関係によって使い分けられる。言語形式としての待遇表現形式は、動作主が話し手にとって「目上か否か」「親か疎か」などの基準で、慣習的に使い分けられることによって、待遇的な意味が与えられる。このような性質は、待遇表現の分析が「使い分け」という「言語行動」を対象にしているのか、それとも慣習化された使い分けから形式に与えられる「意味」を対象としているのかをわかりにくくさせる。

本研究では、単語や文、発話、会話といった言語事象の単位を問わず、またコンテクストから独立して、待遇的な意味が表現形式に備わっていると捉える場合に、その表現を待遇表現形式と呼ぶ。いっぽう、対象を待遇するという行動を形式の使用の中に認め、そのプロセスに注目する場合には、これを待遇表現行動と呼ぶ。

たとえば、「きれいなお召し物ですね」という発話を「きれいな服だね」という発話と対比させるとき、コンテクストや話し手の意図を考慮せず、形式上の違いから、前者がプラスの方向性を持つと判断するのは、待遇表現形式の考察である。

いっぽう、「きれいなお召し物ですね」という発話が、場の性質や相手の属性や所有物をプラスに評価し、その評価を表出しているというプロセスを問題とした場合、これは待遇表現行動の観点である。また、実際は相手のみすぼらしい服装をマイナスに評価し、皮肉な態度で表出された場合、この発

話は対象をマイナスに待遇していることになる。この場合、マイナスの評価を表出するプロセスに注目した捉え方であるから、「きれいなお召し物ですね」という発話は、皮肉という態度をともなったマイナスの待遇表現行動として解釈される。

このように待遇表現行動の観点では、言語形式と結び付いている待遇的意味よりも、発話者の事態評価のあり方と、その評価を表出するプロセスから待遇の方向性を判断する。本章では、このような待遇表現形式と待遇表現行動の区別をもって、大阪府を中心とした関西若年層における卑語形式ヨルを分析する。

3. 関西方言ヨルの先行研究

関西方言における卑語形式ヨルの研究は、盛んに行われている。アスペクト形式としてのヨルがムード性を帯びることとの関連で、関西方言の卑語形式ヨルについての研究も進展した（井上 1998, 工藤 2001, 2002 ほか）。卑語形式ヨルについての研究の視点は、大きく次の4つに分けられる。

I. その地理的分布に関する視点。
II. アスペクト形式との文法的な関わりを共時的に捉える視点。
III. 存在動詞やアスペクト形式から待遇表現形式への変化を通時的に捉える視点。
IV. ヨル形式そのものの待遇性についての視点。

以下、3.1ではⅠ、3.2ではⅣを中心に、これまでの研究の経過を把握したい。

3.1 卑語形式ヨルの分布領域

卑語形式ヨルを考察するにあたって、どの地域のヨルを分析対象とするべきか。まずは、待遇表現形式としてのヨルがどの地域に分布しているかを確

認しておきたい。

　井上（1998）では、各種の調査報告をまとめ、卑語形式ヨルの分布域を、大阪北部・兵庫県の大阪府に近接する一帯・京都府南部・奈良県北部・滋賀県・三重県を含む地域とした。また、工藤（2002）の調査では、調査された7地点が、各地点で使用されるヨルのアスペクト性を含めた意味用法のあり方から、次の3つのグループに分けられている。

　　Aグループ：大阪市、亀岡市、奈良市
　　Bグループ：松阪市、赤穂市、相生市
　　Cグループ：神戸市

　Aグループは、ヨルがアスペクト形式して有標ではなく、負の評価性をもつ形式（卑語形式）として用いられる地域である。Bグループはトル・ヨルが有標アスペクト形式として用いられる地域（ただし、松阪市はトルのみ）である。そして、Cグループは、基本的にBグループに属するが、Aグループの特徴もあわせもっている地域とされる。卑語形式ヨルは、AグループとCグループの地域に存在しており、Bグループの地域では卑語形式としてのヨルは存在しないという。

　先述の井上（1998）では、近畿から西に向けては、神戸市が卑語形式ヨルの分布域と、アスペクト形式ヨルの分布域との境界にあると見ていることになる。近畿より東については、三重県のヨルがアスペクト形式なのか、卑語形式なのか、調査結果によって判断が異なっており、境界線ははっきりしない。

　中井（2002）では、「第三者の待遇表現において軽卑的な意味を示す」形式としてのヨルとトルについて、その分布域を「近畿地方中央部」としている。中井によれば、ヨルが「軽卑的要素」をもつ地域は、三重県、京都府北部・兵庫県但馬地方といった「関西周辺」、そのほか「関西中央部」である和泉を除く畿内に、近江を加えた地域であるという。

　これら、工藤（2002）、中井（2002）の見解によると、神戸市より西の地域

では、ヨルは卑語形式としての性格を持たない地域ということになる。いっぽう、村上（2001）では、神戸市を含め、明石、高砂、姫路、相生の各市においても、ヨルに卑語性が見られることが大学生へのアンケート調査の結果から示されている。

　これらの先行研究から、卑語形式ヨルは、報告が最近であるほど、そして若い世代であるほど、分布域を拡大させていると推定される。

　本章4節以降で分析結果を示す調査では、大阪府出身者を中心に近畿および近畿周辺の大学生を対象としている。そして、これまでにヨル卑語が分布するという報告がない和歌山県と、和歌山県に隣接する大阪府和泉地域のデータも含めている。これは、本調査ではこれらの地域で回答されるヨルに、卑語形式としての用法が見られたためである（4.2で詳述する）。

3.2　ヨル形式の待遇性

3.2.1　関係性待遇の観点からの研究

　宮治（1987）では、人間関係による使い分けの観点、すなわち関係性待遇の観点から、近畿方言の待遇表現に関する詳細な調査研究が行われている。その中では、ヨルの場面による使用の特徴が指摘されている。

　宮治（1987）の調査では、京都や奈良、大阪では関係性待遇のヨルの出現率が滋賀に比べて低くなっている。しかし、中井（1986, 1992）などで報告された調査結果では、宮治の調査では使用が認められにくい奈良県で、関係卑語としてのヨルの使用が多数認められている。宮治（1987）と中井（1986, 1992）とで、調査によって報告されるヨルの出現状況が異なることには注意しなければならない。

　さらに、これまでの多くの調査では、ヤガルやクサルのように、感情性待遇の言語行動内で使用されるヨルについては、使用状況が明らかにされていない。ヤガルやクサルは話し手のマイナス評価を感情的に表出する際に用いられ、その使い分けは上下親疎といった人間関係を主要因としない。ヤガル・クサルなどの卑語形式は、相手が目上であっても、マイナスの感情の高ぶりに応じて使用される感情卑語である。

ヨルにもこの感情卑語としての性質が備わっているならば、関係性待遇の観点での調査結果で、ヨルの出現が少ない京都や奈良、大阪が、卑語形式ヨルをあまり使用しない地域であると判断することはできない。

ヨルが単に「軽卑語」「軽卑的」と位置づけられ、関係性待遇と感情性待遇とを区別しなかったことは、このような不明点を生じさせた。

3.2.2　感情性待遇の観点を含めた研究
3.2.2.1　用語と概念

工藤（2002）の調査では、京都、大阪、奈良のヨル／トル形式に関する調査項目として、「G＝待遇性（人称制限と上下の対人関係、対象が動物、その他の場合）」と、「京阪奈のヨル・トル形式の待遇性」に関する次のような分類項目が立てられている。記号と番号は工藤（2002）でコード化されたものである。

　　G＝待遇性
　　　31＝3人称・目上
　　　32＝3人称・目下
　　　33＝3人称・動物
　　　34＝3人称・その他

また、ヨル／トル形式のモダリティとしての性格を検証するために、次のような「H＝モダリティ（感情・評価性）」についてインフォーマントに問うている。感情・評価性は、その対象が〈出来事〉であるか、〈動作主体〉であるかを区別して分類項目が設定された。

　　H＝モダリティ（感情・評価性）
　　　10＝〈出来事〉が話し手にとって中立または都合がいい場合
　　　20＝〈出来事〉が話し手にとって不都合（否定的評価）な場合
　　　30＝〈動作主体〉に対する否定的評価の場合

3. 関西方言ヨルの先行研究 | 89

　これらの分類の立て方から、工藤（2002）では「待遇性」の範疇に「感情」や「評価性」が含まれていないことがわかる。いっぽう、本研究では、事態に対する何らかの評価が存在し、その評価の伝達が待遇対象に向けられた時点で、話し手の待遇表現行動は開始していると考える。このため、上に掲げた「モダリティ（感情・評価性）」という分類は、本研究では待遇表現行動の1プロセスとして考える。

　実際、マイナスの「評価性」を「感情」的に表現するヤガルやクサルなどの感情卑語は、マイナスの待遇表現形式として広く認められている。また、本研究は、話し手の対象への「評価」を、対象との対人関係や場の性質などを顧慮しつつ表現化されたものが待遇表現形式であるという考えに基づく（第4章3節、図2を参照）。

　この考えに基づけば、「評価性」という概念はすべての待遇表現行動・待遇表現形式が備えていることになる[1]。また、「感情性」も対象や事態への評価があって初めて話し手に生じるものである。よって、本研究では「待遇性」の中に「感情・評価性[2]」を含めて考察を進める。

3.2.2.2　社会的上下軸か話し手の評価・感情か

　中井（2002）によると、近畿中央部（中井の資料では東大阪市）では、人間から見れば下位に待遇される「犬」でも、「かわいい（犬）」「汚い（犬）」というような評価をともなうと、それぞれがテルとトルとで待遇し分けられることを、当該方言話者である中井の内省をもとに示した。すなわち、関係性待遇の性質よりも、「かわいい」「汚い」といった感情的評価を表す感情性待遇としての性質が、テル／トルには認められるという。

　また、中井（2002）では、卑語形式ヨルの用法についても報告がなされている。ヨルの使用者である氏の内省では、「大好きな」「お世話になった」校

---

[1] 待遇表現形式と待遇表現行動における「評価的態度」の相違点については、第1章3.3.3を参照してほしい。

[2] 第2章4.3で述べたように、「熱いっ！」「痛いっ！」など、感情や評価の表出が話し手の中で完結し、聞き手や話題の人物を指向しないものは除く。

長先生は「ハル」で待遇され、「事件を起こした」「大嫌いな」校長先生の場合は「ヨル」で待遇されるという。つまり、「ハル」と「ヨル」のいずれの表現形式の使用にも感情性待遇の性格を認めている。

さらに、中井（2002: 50）は同論で次のように述べる。

> 近畿地方中央部（＝畿内）では、感情の入れ込みいかんによって、人物やモノなどに対して社会的に定まった上下軸の評価よりも、待遇表現形式を決定する場合には、話し手の評価・感情が優先される。

この記述からは、近畿地方中央部の待遇表現形式が、「関係性よりも」感情性によって選択される傾向が強いという中井の主張を読み取ることができる。しかし、この主張では、待遇表現形式の選択に、話し手の評価・感情よりも、上下軸の評価が強く関与する用法も存在していることについて、論の中での検証が十分でない。

また、プラス待遇表現形式のハルとマイナス待遇表現形式のヨルの運用原理が同時に論じられているが、そのことについても、ここでは検討したい。本章の3.2.1で述べたように、感情卑語は話し手のマイナス評価を感情的に表出する際に用いられ、その使用は人間関係を主要因としない。「社会的に定まった上下軸の評価」よりも、「話し手の評価・感情」が待遇表現形式の運用に優先するというのは、ヨル独自の性格というよりは、感情卑語本来の性質である。

よって、ヨルの感情卑語本来の性格を指摘するだけでは、近畿地方中央部の待遇表現形式として、その「独自性」を指摘したことにはならない。そこで本章では、社会的上下軸と話し手の評価・感情のあり方と、卑語形式ヨルの使用との関係を明らかにするためのより詳細な検証を、調査結果に基づいて行う。

3.2.2.3 好嫌に基づくヨルの使用

中井（2002）では、ヨルの感情卑語性について、対象への好嫌の別がヨル

の出現を左右すると説明される。同論における氏の内省例を次に引用する（番号は変更）。

（1） 高橋尚子が負ける。
　　　タカハシナオコガ　マケル。
（2） うれしいことに高橋尚子が負ける。　（高橋尚子嫌い）
　　　タカハシナオコガ　マケヨル。
（3） 残念ながら高橋尚子が負ける。　（高橋尚子ファン）
　　　タカハシナオコガ　マケル／（マケヨル）。

　（2）のように「嫌い」というマイナスの感情によってヨルが使用され、（3）のように「ファン」である対象がマイナスの状況にある場合はマケルとなり、素材待遇語をともなわないと内省される。ただし、（3）ではヨルが使用されうるとされ、これについては次のように解釈されている。

　　贔屓ゆえに残念という想いが極まってその想いが表出したためか、贔屓ゆえにその不甲斐なさに感情を害し突き放す想いで使用されると考えられる。

　この解釈の後半は、マイナスの感情性が問題となっている。いっぽう、前半については、「想いが極まる」という「強い」マイナスの感情性をともなうときに、ヨルが使用されるという点について、すなわちヨルのマイナスの感情性の強さについて言及されている。しかし、この見解は中井の内省によるものであり、関西内での一般的傾向については議論の余地を残している。

4. 検証すべき用法と調査の概要— 卑語形式ヨルの考察の枠組み —

　以上のように、近年の研究によって、卑語形式ヨルの分布域や待遇性は徐々に明らかになってきた。また、新たに検証すべき用法上の問題点も浮か

び上がってきている。ここではまず、検証すべき点を整理し、調査項目を示していく。

4.1 調査項目

ヨルの感情性待遇の性格と、関係性待遇の性格を検証するために、以下に述べるような文脈を設定し、アンケート調査に臨んだ。調査は2002年11月、12月と2004年の10月に実施した。項目設定には、これまで述べてきたことを踏まえ、待遇の関係性・感情性の別と、事態への評価の方向性を考慮している。

まずは、ヨルの関係性待遇の上・下の違いに焦点を当て、以下の5つの状況を設定した。関係性待遇の性格をより浮かび上がらせるために、これらの状況では事態評価性、感情性は中立なものとした。

① 後輩場面〈関係下向き（後輩）・事態中立・感情中立〉
「後輩が図書館に行ったよ」と親しい友人に言う場合、どのように言うか。

② 先輩場面〈関係上向き（先輩）・事態中立・感情中立〉
「先輩は図書館に行ったよ」と親しい友人に言う場合、どのように言うか。

③ 先生場面〈関係上向き（先生）・事態中立・感情中立〉
「先生は図書館に行ったよ」と親しい友人に言う場合、どのように言うか。

④ 弟妹場面〈関係下向き（弟・妹）・事態中立・感情中立〉
→ 身内の関係性に焦点（身内敬語に対する身内卑語はありうるか）
「弟・妹は図書館に行ったよ」と親しい友人に言う場合、どのように言うか。

⑤ 犬場面〈関係下向き（犬＝非人間）・事態中立・感情中立〉
「犬が公園のほうに行ったよ」と親しい友人に言う場合、どのように言うか。

本調査では、これらの状況において、回答者が対象に「悪い印象があるかないか」も尋ねている。また、下向きの関係性をもつ動作主体には、「ゴキブリ」のように、動作主体そのものに嫌悪感情が付きまとうものがある。⑥はゴキブリという動作主体そのものへの評価に話し手の注意をひきつける設定である。

⑥　ゴキブリ場面
〈関係下向き（ゴキブリ＝非人間（虫））・事態中立・感情マイナス〉
「ゴキブリがあっちに行った」と親しい友人に言う場合、どのように言うか。

ゴキブリが話し手に向かって飛んでくるというような状況だと、事態そのものが話し手の感情的マイナス評価を強く喚起する。これを避けるために、ゴキブリは話し手から遠ざかっていく設定にした。このようにして、ゴキブリという動作主体そのものへの評価に話し手の焦点があたるようにした。さらに、ゴキブリが嫌いでない／少し嫌い／嫌い／とても嫌いという選択肢を設け、回答を得ている。

次に、関係性・事態評価性・感情性ともにマイナスであり、最もヨル形が出現しやすいよう操作したのが⑦の状況である。

⑦　犬噛みつき場面〈関係下向き（犬）・事態マイナス・感情マイナス〉
「さっき、あそこの犬を撫でようとしたら私の手を噛んだ。腹が立つなあ！」と親しい友人に言うとき、下線部をどのように言うか。

⑧は、評価性・感情性はマイナスであるが、関係性がプラスの文脈である。この項目は 3.2.2.2 で問題にした、感情性が関係性にどの程度優先するかを検証する項目である。

⑧　先生無断休講場面

〈関係上向き（先生）・事態マイナス・感情マイナス〉
「あの先生、予告もせずに今日の講義を休講にした。せっかく来たのに腹が立つなあ！」と親しい友人に言うとき、どのように言うか。

　対象への好嫌がプラスで、事態評価性・感情性ともにプラスの状況は⑨のようなものとした。卑語形式としてのヨルの使用を促す要因はこの場面では存在しない。⑦⑧では、事態に対して、腹が立たない／少し腹が立つ／腹が立つ／とても腹が立つ、という選択肢を設け、回答を得ている。

　対象への好嫌がプラスで、事態評価性・感情性ともにプラスの状況を⑨のようなものとした。この状況では卑語形式ヨルの使用を促すマイナス評価性は、存在しない。

⑨　ファンチーム勝利場面〈好嫌プラス（ファンチーム）・事態プラス・感情プラス〉
　　朝刊のスポーツ欄を見ると、あなたがファンのプロ野球のチームが勝っている。このとき、「おっ、〇〇（ファンのチーム）勝った」と言うとすると、どのように言うか。

　また、ファンのチームであっても、チームへの恒常的な評価がマイナスの場合もありうる。単に、動作主体への好嫌やその場での感情性だけでなく、話し手による対象への恒常的評価を変数とした。このような複雑な評価性を有する状況でのヨルの出現を見るために、⑩を立てた。この設問は、第4章で設定したモデルの「評価段階」における、待遇対象への「評価のあり方」を複雑にしたものである。

⑩　弱小ファンチーム勝利場面〈好嫌プラス（ファンのチーム）・事態プラス・感情プラス・恒常的評価マイナス〉
　　あなたがファンのプロ野球チームは、ここ10年ほど下位に低迷しているとする。あなたは半分あきれているがファンはやめられな

い。そのチームの試合をテレビ中継で見ていたが、今日は勝った。このとき「おっ！　今日は○○（あなたがファンのチーム）勝った」と言うとすると、どのように言うか。

　対象への好嫌を嫌いなチームとして設定し、事態評価性・感情性ともに、マイナスの場合は、⑪のように設定した。ここでは、ヨルの出現率が高くなることが予想される。

⑪　嫌いなチーム勝利場面
　　〈好嫌マイナス（嫌いなチーム）・事態マイナス・感情マイナス〉
　　朝刊のスポーツ欄を見ると、あなたが嫌いなプロ野球のチームが勝っている。このとき、「ちぇっ、○○（あなたが嫌いなチーム）勝った」と言うとすると、どのように言うか。

　次の項目⑫は、プラスの感情性に、中立の感情である「驚き」を加えたものである。「驚き」は、「嬉しい驚き」「腹立たしさをともなった驚き」など、プラス・マイナスのいずれの感情性も担いうるが、その感情性は瞬間的で、強いものとなる。つまり、「驚き」のある場面とない場面とを比較することで、プラスとマイナスの方向性を問わない、発話時の感情性の程度によるヨルの出現傾向を把握しようとするものである。
　この場面と「驚き」をともなわない⑨とを比較して、事態把握の感情性の強弱がヨルの使用にどのような影響を与えるかを検証する。

⑫　ファンチーム意外に勝利場面
　　〈好嫌プラス（ファンのチーム）・事態プラス・感情性強（驚き）〉
　　あなたがファンのプロ野球チームの試合をテレビ中継で見ている。5回の裏で0－6で負けている。今日はダメだと思い、テレビを切った。翌朝、朝刊を見ると、ファンのチームが逆転して8－6で勝っている。このとき驚いて、「あっ！　○○（あなたがファンの

チーム）勝った」と言うとすると、どのように言うか。

⑬の状況でも、感情性は働くが、やはり「驚き」に焦点を当てている。この場合、対象が関係上、上向き（プラス）であるという要因が、感情表現としてのヨルの出現を阻止すると予測される。

⑬　先生受賞場面〈関係上向き（先生）・事態中立・感情中立（驚き）〉
　　朝刊を見て「あっ！　うちの先生、研究ですごい賞をとった！」と驚いて言うとき、どのように言うか。

⑭は発話の目的が伝達に限られるニュートラルな状況である。関心のないプロ野球チームを動作主体に設定することで、事態や感情性も中立となる。評価や関心の対象外の事物が動作主体になった場合のヨル出現のあり方を考察する。

⑭　無関心チーム勝利場面
　　〈好嫌中立（関心のないチーム）・事態中立・感情中立〉
　　友人がファンだけど自分は好きでも嫌いでもないプロ野球チームが勝ったことを、その友人に伝えるときどのように言うか。

　以上が、分析対象とする状況設定である。中井（2002）でも指摘されるように、感情性待遇は、「状況や個人のパーソナリティなどに左右される」性格を持つ。今回の場面設定が回答者にどのような心的態度で理解され、どのように評価されるかといったことには、個人差があるだろう。よって、ヨルの待遇表現行動上の性質を把握するためには、個人の用法だけではなく、その用法が社会的傾向の中にどのように位置づけられるのかを検証する量的な調査・分析が必要である。
　そこで、本章では、必要な量的データを確保するために、アンケート調査法を選択した。個人のパーソナリティによる回答のばらつきを認めながら

も、回答から何らかの傾向性を見いだすことで、大阪府を中心とした若年層におけるヨルの特徴を明らかにしたい。

4.2 　調査・分析の対象

先述した調査項目を含むアンケート調査を、大阪府立大学・近畿大学・帝塚山学院大学・奈良大学・関西大学・甲南大学にて 2003 年から 2004 年にかけて実施した。分析対象とするのは 0 〜 15 歳までの間に近畿外への外住歴が 5 年未満の回答者のデータである。この年齢期に居住している（していた）地域を回答者の出身地とする。このような条件で得られた回答は 235 件である。回答者の内訳を表 1 に示す。

表 1 　回答者の出身地と性別 　　　　（単位：人数）

男性	132	女性	103
出身地	人数	出身地	人数
大阪府	118	和歌山県	10
京都府	11	兵庫県東部	40
滋賀県	8	兵庫県西部	7
三重県	8	兵庫県その他	2
奈良県	31	総数	235

三重県の回答者は津市、亀山市、名張市、上野市といった中伊勢・伊賀地域。兵庫県西部は姫路市、三木市、加古川市、相生市、山崎町出身の回答者を、兵庫県東部は神戸市以東の瀬戸内側の地域を含めた。兵庫県その他は篠山市、豊岡市である。

表 1 に示した地域は、は中井（2002）でヨル使用地域外とされた大阪の和泉も含め、今回の調査ではすべての地域で「犬が手を噛んだ」などの設問で、「カミヨッタ」の回答があり、後輩や犬にはヨルを回答するが先輩や先生には回答しないといった傾向が見られる。

このような回答の傾向から、表 1 の地域すべてを分析対象とした。

5. ヨルの待遇性の分析

5.1 卑語形式ヨルの使用と遂行義務・回避義務

設定した場面の状況下での発話を記入する回答を、以下では「記入回答」と呼ぶ。図1は、関係性待遇に注目した①〜⑤の場面と、感情性待遇に注目した⑥ゴキブリ場面の回答状況である。

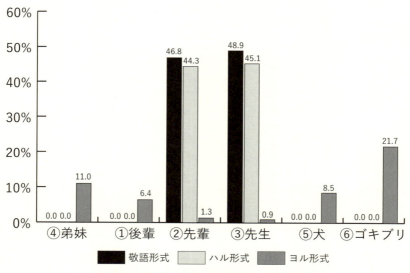

図1 関係性待遇から見た各待遇表現形式の出現率
（N=235。ただし、④弟妹場面は実際に弟妹がいる148名）

ここでは、記入回答の中で出現した、ヨルと敬語形式の出現状況を図に反映させている。図中の「敬語形式」の出現率は、「ハル敬語」とその他の尊敬語形式を含んだものである。②先輩、③先生のデータから、敬語形式にはほぼハル敬語が用いられていることが明らかである。

ヨルは、目下の④弟妹、①後輩や、⑤犬が動作主のときに出現し、②先輩や③先生のときにはほとんど出現しない。これらの事実から、ヨルは関係性待遇の言語行動の中で用いられることが指摘できる。

ただし、ヨルの記入回答での出現率は、目上に対する敬語形式（ほとんどはハル敬語）の出現率に比べて低い。②先輩や③先生では、話し相手が親しい友人の素材待遇場面であっても、敬語形式が50％近く出現する。これに対して、ヨルの出現率は、⑥ゴキブリという悪感情を抱きやすい対象には21.7％、目下（④弟妹・①後輩）や⑤犬には、10％程度以下の出現率にとどまる。なお、本調査の全ての場面は、話し相手が親しい友人であることに留意されたい。

このようなヨルの使用状況を解釈するために、敬語形式と卑語形式の使用における遂行義務性・回避義務性（西尾2000）の違いを確認しておきたい。遂行義務とは、場面要素を考慮して「言わなければならない」という言語行動の性質を指し、回避義務とは「言うべきでない」「言ってはいけない」という言語行動の性質を指す。

たとえ、発話の現場に待遇対象がおらず、話し相手が親しい友人の素材待遇場面であっても、目上に対する敬語形式の不使用は社会的に好ましくない。よって、目上に対する敬語形式の使用には、遂行義務が働く。この義務に違反して、目上に敬語が使用されないと、話し手は「失礼な人物である」などの不利益な社会的評価を受けることになる。

いっぽう、マイナスの関係性を表示する言語行動では、その関係が表示されなくとも失礼にならない。このマイナスの関係性待遇の性格は、関係卑語形式の運用の遂行義務性を弱くする。むしろ、殊更に待遇対象が「目下である」という「マイナス評価」をそのまま表明するという表現態度は、その尊大さ、品のなさから社会的に好ましくないと評価される可能性がある。これによって、マイナスの関係を表示する言語行動は、回避義務性をも帯びることになる。

このようなプラスとマイナスの待遇表現行動の違いは、図1によく表れている。図1で目下に対する卑語形式ヨルの出現率が、敬語形式に比べて

低い状況は、敬語形式の使用が遂行義務性を帯び、卑語形式の使用には回避義務性を帯びることで生じたものと考えられる。

　この遂行義務・回避義務性を考慮した卑語形式の見方は、話し手の事態へのマイナス評価（「評価段階」）と、その評価をいかに表現するかという「表現態度形成段階」とを分離して考える第4章に示したモデルの応用である。そして、マイナス評価を表出することの遂行義務性が弱いという指摘は、金水（2002）で提唱された「下位待遇表現使用の原則」と重なるところが大きい。

　ただし、卑語形式の中には、「犬にえさをやる」といった授受表現や下位者に対する「〜君」などの関係卑語も含まれる。これらの形式は、対象を下位者として指示しながら、関係表示の機能が社会言語学コードとして高度に組み込まれており、使用しても対人関係のあり方に影響をもたらさない。よって、通常は、回避される必要もない。このような場合は、下位待遇表現使用の原則は、適用されにくい。いっぽう、蔑みや軽視、怒りといった感情性をともなって用いられる感情卑語については、「対人関係を維持するために」回避義務が生じやすい。

　このように、対人関係の維持のために発生する卑語形式使用への回避義務は、相手が「下位者」であるときを主要因として生じるものではない。このため、金水（2002）で提唱された「下位待遇表現使用の原則」は、卑語使用全般には当てはめないほうがよい。

　さて、卑語形式の一つであるヨルには、どのような回避義務性が働いているだろうか。本調査では、ヨルを「言える」か「言えなくない」かを回答者に尋ねることで、この点の検証を試みた。図2を参照してほしい。

　図2の各質問項目での柱の高さは、全回答者のうち、設定された場面でヨルが「言える・言えなくない」と回答した人数の割合である。柱の中の内訳は、「ヨルを用いるとき、対象に悪い印象を持っているかどうか」という表現産出プロセスの評価段階のあり方を示すものである。

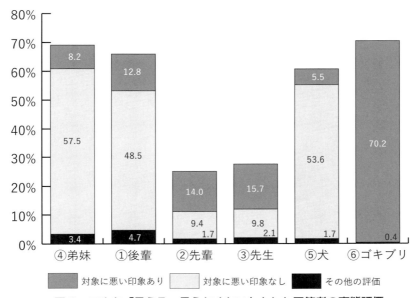

図2　ヨルを「言える・言えなくない」とした回答者の事態評価
（N=235。ただし、弟妹場面は実際に弟妹がいる148名）

　先に図1で見たように、設定場面内で回答者がヨルを使用した記入回答は、全回答者のうち10%程度にすぎなかった。しかし、図2の「④弟妹」「①後輩」「⑤犬」では、内訳を無視して柱の高さだけに注目すると、60～70%前後もの回答者がヨルを「言える・言えなくない」と回答している。

　これらの目下場面でヨルを使用することは、用法上不適切ではないと判断されているのである。多くの回答者に用法上不適切ではないと判断されているにもかかわらず、記入回答にヨルが現れにくいことから、ヨルの使用に回避義務が働いていることを読み取ることができる。

5.2　卑語形式ヨルの近畿中央部待遇表現としての独自性

　表2に示したとおり、目下場面（①④⑤）での「言える・言えなくない」の回答は合計379件であった。そのうち、324件（85.5%）は対象に悪い印象

(感情的マイナス評価)を持っていないと回答している。目下が対象である場合、相手を感情的に悪く思っていなくても、ヨルは使用される。

表2 ヨルが「言える・言えなくない」とした回答者の対象への評価

悪印象／場面	目下（①④⑤）	目上（②③）
あり	14.5%（ 55）	60.9%（ 70）
なし	85.5%（324）	39.1%（ 45）
合計	100.0%（379）	100.0%（115）

（$\chi^2 = 100.32$　$p<0.01$）

　また、目上が待遇対象であるときでは、対象に悪印象を持っているという回答は60.9%であり、目下の場合よりも有意に多くなっている。目下場面では悪印象がない場合に、目上場面では目上に悪印象がある場合に、ヨルが多く回答される傾向が明らかである。

　ヨルは下位者を待遇する関係性待遇の用法を持つだけではなく、目上を待遇する場合には、マイナスの感情性をもって発話することが、ヨルの出現を促進する要因となっている。さらに、⑥ゴキブリにはヨルを「言える・言えなくない」とする回答が70.2%あり、そのように回答した回答者のほぼ全員が、ゴキブリに悪印象を持っていることにも注目したい。

　卑語形式ヨルは、待遇対象と話し手との関係性が下向き（マイナス）である場合と、待遇対象がゴキブリであろうが目上の人物であろうが、感情的にマイナスの評価をしている場合との両方で使用される。つまり、卑語形式ヨルは、関係性待遇の用法と、感情性待遇の用法の「両方を持っている」のである。

　以上の分析を踏まえると、中井（2002）が指摘したように、卑語形式ヨルの使用要因のうち、「上下軸」と「評価・感情」は、どちらかが選択的に優先される関係にあるとは考えないほうがよいだろう。

　感情性待遇の中で卑語形式ヨルが使用されるときは、上下関係の評価よりも、話し手の評価・感情を優先されることは確かである。しかしその性質は3.2.2.2で述べたように、ヤガル・クサルといった感情卑語全般に当てはまるものであり、近畿中央部の待遇表現の特徴としては掲げにくい。

むしろ注目すべきは、卑語形式ヨルが、上下軸の「下」を指し示す用法を持つことである。このような用法はヤガルやクサルなどにはなく、助動詞の待遇表現形式としては、日本語諸方言の中でも他に見当たらない。

さらに、ヨルという形式には、関係性待遇の中でも感情性待遇の中でも用いられるという用法の多面性がある。このような用法の多面性も、助動詞のマイナス待遇表現形式では、ヨル以外に類例を見ることができない。卑語形式ヨルの独自性は、このような点にある。

5.3　ヨル形式「使用」の関係性待遇上の性格

筆者は「関係性待遇」という用語を、「プラスであれ、マイナスであれ、社会的な対人関係を表す待遇行動」(第 2 章 4.3) という意味で用いている。いっぽう、本書でいう「感情性待遇」とは、話し手と対象との対人関係のあり方を問わず、感情・評価的にマイナス評価を表出する言語行動のことである。ヨルにそのような感情性待遇の性格があることには、上の分析からも明らかである。

しかし、感情卑語を用いるマイナス待遇表現行動が、「対人関係のあり方によって変動する」という関係性待遇の性格を帯びることも事実である。感情卑語としてのヨルが使用される動機は、確かに目上・目下などの対人関係のあり方と関係しない。しかし、それはヨルの「待遇表現形式の用法の説明」であり、そのような用法を持った感情卑語が、実際の対人関係の中でどのような使われ方をするかという「待遇表現行動上の性格の説明」とは、区別される必要がある。

卑語形式に関する「同等や目下の相手に使われ、目上に使われない言葉である」という説明が明らかにおかしいのは、この区別ができていないことによる。たとえば「卑語形式ヤガルは、目上・目下のいずれに使っても、用法としては不自然ではない。しかし、感情卑語ヤガルの〈使用〉には、目上に対して強い回避義務が生じるという関係性待遇の性格がある」と説明されるほうが正確である。

卑語形式ヨルについても、同様のことが言える。ヨルは、ヤガルなどより

は、強いマイナス評価を示さないことが知られている。しかしそれでも、目下よりも、目上に対して、その使用の規制が強くなる（表3）。

表3 ヨルが「言える・言えなくない」の内訳（対象に悪印象ありのとき）

	言える	言えなくない	合計
目下（①④⑤）	30.9%（17）	69.1%（38）	100%（55）
目上（②③）	2.9%（ 2）	97.1%（68）	100%（70）

($\chi^2 = 18.80$　$p<0.01$)

　表3では、悪印象をもつ目上が対象の場合は、ヨルが「言える」とする回答は明らかに目下が対象のときよりも出現率が低くなっている（目下30.9％、目上2.9％）。そして、対象が目上の場合は、「言えなくない」という、使用の判断に躊躇が含まれる回答が圧倒的に多い（97.1％）。このような回答状況からも、目上を卑語形式ヨルで感情的にマイナス待遇することに、回避義務が働いていることがわかる。

　なお、表2では、目上（②③）に対してヨルが「言える・言えなくない」とした回答者の39.1％（45件）が、目上への悪感情を持たないとしている。この45件という件数は、ヨルを「言わない」とする回答者を含めた②③の2場面での全回答中の10％程度であり、無視できないところである。マイナスの感情的な評価ではなく、目上に対してヨルを使用する理由は何なのか。興味深いところであるが、質問紙の調査結果からは検討が難しい。

5.4　ヨル形式「使用」の感情性待遇としての性格

　前節では、主に関係性待遇の言語行動を検証する場面設定での調査結果を考察した。本節では、感情性待遇の言語行動を検証する場面設定でのヨルの使用について、調査結果の分析を行う。

　図2の「④弟妹」「①後輩」「⑤犬」「②先輩」「③先生」を待遇対象とした場面では、10％前後は対象を感情的にマイナスに評価しており、感情性待遇としてのヨルの回答があった。待遇対象が「図書館に行く」や「公園に行く」という、感情的に中立的な事態を質問項目に設定しても、回答者による待遇対象への感情的なマイナス評価を、調査者は完全にはコントロールで

きない。

　同様のことは、感情的マイナス評価を喚起する質問項目にも言える。感情的マイナス評価を喚起する場面設定であっても、その評価を回答者が抱かない場合がある。この点を踏まえ、感情性待遇の言語行動を喚起する質問項目の分析に入りたい。

5.4.1　マイナスの感情性待遇で使用されるヨル

　ここでは、「⑥ゴキブリ場面」「⑦犬噛みつき場面」「⑧先生無断休講場面」を取り上げる。これらは、マイナスの感情性待遇の言語行動を話し手に喚起するように設定された場面である。これらの場面と、関係性待遇でのヨル使用と比較するため「③先生図書館場面（先生が図書館に行った）」の回答も参照する。

　以上の場面での記入回答でのヨルと、ヨルを「言える・言えなくない」を選択した回答の出現率は、表4のとおりである。

表4　各場面でのヨルの出現率　（　）内は実数

場面	⑥ゴキブリ	⑦犬噛みつき	⑧先生無断休講	③先生図書館
記入回答のヨル	21.7%（ 51）	39.6%（ 93）	32.8%（ 77）	0.9%（ 2）
言える・言えなくない	70.6%（166）	81.3%（191）	72.8%（171）	27.7%（65）
言える	51.1%（120）	60.4%（142）	47.2%（111）	3.0%（ 7）
言えなくない	19.6%（ 46）	20.9%（ 49）	25.5%（ 60）	24.7%（58）

　表4で第一に注目すべきは、記入回答のヨルの出現率である。記入回答のヨルは、図1の「③後輩」「④弟妹」「⑤犬」といった対象に比べて、出現率が数倍高くなっている。ヨルが感情性待遇で使用されることが顕著に示されている。

　また、大学の先生が話題の人物である2つの場面でのヨルの出現率は、「③先生図書館」場面が0.9％であるのに対して、感情性待遇の「⑧先生無断休講」場面では32.8％と急激に上昇する。話題の人物が目上の「先生」であっても、その出現率が高くなる点は、対人関係よりも感情表出の欲求が

優先する感情性待遇の特徴だといえる。

ただし、ヨルによって表現されるマイナスの感情性の強さは、はっきりとしたものではない。表5において、腹立ちの程度（強い〜少し腹立ちの違い）による「言える・言えなくない」の回答の出現率には、明確な相関は認めにくい。

表5　場面⑥⑦⑧の腹立たしさの程度とヨルの使用　（　）内は実数

	言える	言えなくない
強い腹立ち	31.3% (116)	29.4% (45)
腹立ち	27.8% (103)	17.6% (27)
少し腹立ち	25.6% (95)	36.6% (56)
腹立ちなし	15.4% (57)	16.3% (25)
合計	100% (371)	100% (153)

強いマイナスの感情の表現をする場合は、関西方言にもヤガル、クサル、ケツカルなどの形式が用意されている。いっぽう、ヨルはマイナスの感情的評価の強さというよりは、〈腹立ちあり（強い〜少し腹立ち）／腹立ちなし〉という、〈感情／非感情〉の対立で使い分けられている。

5.4.2　待遇対象への「好嫌」と「驚き」

次に待遇対象への「好嫌」と「驚きの有無」を変数として考察を行うが、ここでは好嫌を感情性の一種として考える。感情の中には、予め準備された判断基準（態度：attitude）から生起するものと、接した事態によってその場で生じるものとがある。中井（2002）では、この点について「贔屓にしている対象（贔屓のマラソン選手・嫌いなマラソン選手）」と「事態の好ましさ（その選手が勝ったか負けたか）」がヨルの使用要因となりうることを指摘しているが、前者は「予め準備されていた判断基準から生じる感情」、後者は「接した事態によってその場で生じる感情」に相当する。この点についても、本研究では量的な観点から検証したい。

5.4.2.1 「好嫌」の違いに見るヨルの出現

先に述べた「予め準備されていた判断基準から生じる感情」として、プロ野球のファンチーム、嫌いなチーム、無関心なチームを、それぞれ質問⑨～⑫と⑭で設定している。これらの場面と、⑬の先生が研究で賞をもらった「先生受賞場面」における、記入回答のヨルとヨルを「言える・言えなくない」とする回答の出現率を図3に示す。

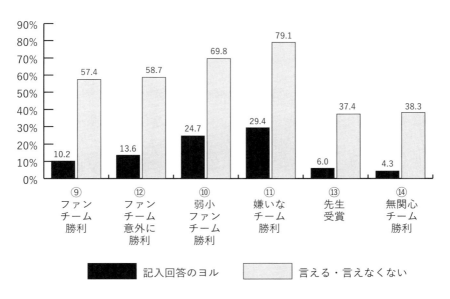

図3 「好嫌・驚き」の違いに見るヨルの出現率

ヨルが卑語形式であることから容易に予想された結果として、「⑪嫌いなチーム勝利場面」では、記入回答でのヨルの出現率、ヨルを「言える・言えなくない」とする回答の出現率が図3の中で最も高い。

この場面では、待遇対象に対して「嫌い」という感情的マイナス評価が与えられ、かつ、そのチームが勝利するということへの腹立たしさがあいまって、二重に感情性のマイナス評価がなされる。このことがヨルの出現率を高めていると考えられる。この場面は、マイナス評価を与える要因が明らかで

あり、ヨルの出現に対する説明が容易である。

　しかし、「⑨ファンチーム勝利場面」「⑭無関心チーム勝利場面」といった場面では、マイナスに評価する場面要素がないにもかかわらず、ヨルは無視できない出現率を示している。これはなぜか。また、感情的にプラスの評価を喚起する場面設定である「⑨ファンチーム勝利場面」と「⑩弱小ファンチーム勝利場面」、「⑫ファンチーム意外に勝利場面」においてもヨルは多く出現する。

　こういった点が、ヨルの表現性の複雑さを示している。これらの点について、次に考察を行う。

5.4.2.2　「驚き」という事態把握の感情性とヨルの出現

　ファンチームが勝利するという場面設定に、意外性が加わった場面が、「⑩弱小ファンチーム勝利場面」「⑫ファンチーム意外に勝利場面」である。この意外性は驚きをともない、話し手の事態把握は感情的になる。「⑫ファンチーム意外に勝利場面」では、「⑨ファンチーム勝利場面」に比べて、ヨルの出現率は記入回答、「言える・言えなくない」とする回答ともに、ほとんど変わらなかった。これらの場面設定では、喚起される感情性の程度に十分な差が得られなかったようである。

　しかし、「⑨ファンチーム勝利場面」と「⑩弱小ファンチーム勝利場面」とを比較すると、意外性のある後者の場面で記入回答でのヨルの出現率は上昇する。また、ヨルを「言える・言えなくない」とする回答も上昇する。これらから、「驚き」という感情的な事態把握が、ヨルの使用に影響を与えていることがわかる。ただし、「⑩弱小ファンチーム勝利場面」では、チームが弱小であるというマイナス評価も、ヨルの出現率を高めている要因として考えられる。

　待遇対象が目上である「⑬先生受賞場面」では、図3中の他の場面に比べてヨルの出現率は低い。ヨルを単なる卑語形式と考えると、待遇対象が「目上」であることも、「その先生が賞をもらうという事態への評価」も、ヨルの出現を抑制する要因として働くと考えるのが自然であろう。

よって、「⑬先生受賞場面」のほうがヨルの出現を抑制する要因は多いように思える。しかしながら、「③先生図書館場面」と「⑬先生受賞場面」とを比較すると、「⑬先生受賞場面」のほうが、ヨルの記入回答、「言える・言えなくない」を合わせた回答の出現率がともに高くなる（表6）。

表6 「驚き」の有無によるヨルの出現率の違い　　（　）内は実数

	③先生図書館場面	⑬先生受賞場面
記入回答のヨル	0.9%（ 2）	6.0%（14）
言える・言えなくない	27.7%（65）	37.4%（88）
言える	3.0%（ 7）	21.7%（51）
言えなくない	24.7%（58）	15.7%（37）

これは、先生が図書館へ行くことよりも、新聞を見て先生が「すごい賞」を受賞したのを確認するほうが、事態把握に意外性や驚きをともなうからであると考えられる。

また、「言える・言えなくない」の回答の内訳を見ても、「③先生図書館場面」に比べて「⑬先生受賞場面」のほうが「言える」の回答の割合が増加する。この点も、感情的な事態把握が強いときには、ヨルの使用が許容されやすくなることを示している。

これらから、「⑨ファンチーム勝利場面」でヨルの出現率が高いのは、嬉しさという感性性の「プラスの方向性」が前面に出たためではないと判断できる。ファンチームが勝利するという事態に話し手が接し、その事態把握が「プラスかマイナスかを問わず感情的であったこと」が、ヨルの出現率を高めた原因であると考えられる。

つまり、事態把握における感情性の強さによって、ヨルの使用は影響を受けるのである。「⑭無関心チーム勝利場面」で、ヨルの出現率が図3の他の場面と比べてかなり低いのも、そのためであると考えられる。

5.4.2.3　ヨルのスピーチスタイルと感情性

ただ、「⑭無関心チーム勝利場面」においても、ヨルの出現率は0%ではない。待遇対象が上位であることを表す「②先輩」「③先生」場面でのヨル

の記入回答は0％に近いし、「言える・言えなくない」とする回答も、非感情的な評価では5〜6％にすぎない。これらに比べると図3の「⑭無関心チーム勝利場面」でのヨルの出現率は決して無視できるものではない。

このような結果が生じるのは、ヨルを使用するときのスピーチスタイルの低さが原因であると考えられる。「無関心なチーム」であっても、この場面での話題は、プロ野球という娯楽である。「①後輩」「②先輩」「③先生」場面のように、事態を客観的に報告するような場面ではない。娯楽に関する話題では、淡々と聞き手に説明するよりも、感情移入した発話になりやすい。

そこで、ヨルのスタイルの低さを利用して発話に面白みや情意性を持たせているものと解釈する。ヨルの使用がニュートラルなスタイルからのギャップを生み、そこに何らかの情意性が生まれるのである。

この解釈は、「⑨ファンチーム勝利場面」でヨルの出現率が高い理由についての解釈とも関わる。すなわち、感情的にプラスの喜びなどを表現するためには、中立的なスタイルでは表現欲求が満たされないため、ヨルのスタイルの低さ、換言すれば、ことばのぞんざいさを利用して感情性を表出していると考えられる。

5.4.2.3　ヨルの使用の性差と文体の低さ

ヨルのスタイルが低いことの傍証として、ヨルの使用に性差があることをあげることができる。

女性が敬語や標準語など権威あることばを好んで用いるのに対して、男性はその傾向が弱いことは、各種調査で報告されている。そして、本調査の結果では、女性によるヨルの回答の出現率が、すべての場面で有意に男性より低い（表7）。

第1章3.3.2で述べたように、卑語やマイナス待遇表現形式には、「ぞんざいで汚いことば」というイメージが付きまとう。このことがヨルのスタイルを低いものとし、女性に使用を敬遠させているものと考えられる。

さらに、ヨルのスタイルの低さは、同一発話文の中に異なるスタイルに属する語が共起しにくいことからも説明できる。「飯食いにイキヨッタ」とい

う発話は可能であるが、「お食事にイキヨッタ」という発話は許容しがたい。これは、一つの発話文の中で、「お食事」という高いスタイルの表現と、「イキヨッタ」というスタイルの低い表現とが共起していることが原因であると考えられる。

表7 ヨルを「言う・言えなくない」とする回答の出現率の性差

%（　）内は実数　　χ：χ²検定　*：p<0.05　**：p<0.01

場面	男性（N=132）	χ	女性（N=103）
①後輩	77.3 (102)	**	51.5 (53)
②先輩	30.3 (40)	*	17.5 (18)
③先生	34.8 (46)	**	18.4 (19)
※④弟妹（男性 n=84, 女性 n=62）	78.6 (66)	**	58.1 (36)
⑤犬	70.5 (93)	**	58.3 (60)
⑥ゴキブリ	76.0 (100)	*	63.1 (65)
⑦犬噛みつき	89.4 (118)	**	70.9 (73)
⑧先生無断休講	80.3 (106)	**	63.1 (65)
⑨ファンチーム勝利	66.7 (88)	**	45.6 (47)
⑩弱小ファンチーム勝利	78.8 (104)	**	58.3 (60)
⑪嫌いなチーム勝利	84.8 (112)	*	71.8 (74)
⑫ファンチーム意外に勝利	67.4 (89)	**	47.6 (49)
⑬先生受賞	48.5 (64)	**	23.3 (24)
⑭無関心チーム勝利	47.0 (62)	**	27.2 (28)

※弟妹は、実際に弟妹がいる回答者のみ回答

6.　ヨルの複雑な表現性と地域差研究への展望

　アンケート調査の結果は、卑語形式ヨルの様々な表現性を示した。ここでは、分析と考察の結果から明らかになったヨルの表現性について整理する。まず、ヨルの表現性について、調査結果の分析から次のような知見を得るに至った。

　　　ａ．ヨルは下向きの関係性を表す関係卑語としての性格を持っている。
　　　　しかし、マイナスの関係性を表すためにヨルの使用は、必ずしも義

務的ではない。
　b．同時に、ヨルは下向きの感情性を表す感情卑語としての性格も持っている。ヨルが関係卑語になるか、感情卑語になるかは話し手の事態把握によって変わる。
　c．「驚き」のように、感情性の強い事態把握をした場合にも、ヨルの使用は促進される。
　d．ヨルのスタイルは低い。これによって、ヨルの使用が発話に情意性を与える。

　これらa〜dは、いずれもヨルという卑語形式の性格として捨象しがたいものである。しかし、ヨルが待遇対象へのマイナスの感情を表す感情卑語でありながら、マイナスの関係性をも表示しうるということは、考えにくいことのように思われる。
　ヨルがこのような複雑な性質をもつ理由の一つとして、ヨルがヤガルやクサルに比べて、それほど強いマイナスの待遇性を持たないということがあげられよう。強いマイナスの感情を表示してしまうと、その使用には対人関係に与える影響が強くなりすぎて、他の意味を持ちにくくなる。
　もう一つの理由としては、ヨルがたどった通時的な用法の変化が考えられる。ある時期に、ヨルのスタイルの低下が生じたとき、弱い感情卑語としての性格が備わった。そして、感情卑語としての用法が定着したのち（あるいは同時に）、マイナスの方向性が待遇対象との関係性を表すものとしても使用されるようになった。これらのいずれの段階もが完全に消滅することなく、現在の大阪府を中心とした関西方言の若年層に溶け込んでいるという仮説が立ちうる。
　この仮説が正しければ、ヨルが上述の卑語化のどの段階にあるかということが、関西の中でも地域によって異なるという状況が生じているはずである。これを検証するには、本調査では回答者の出身地が大阪府に偏りすぎている。そこで、宮治（1987）の調査結果を見ると、現代の関西には、ヨルが関係卑語として用いられやすい地域と用いられにくい地域とがあることが、

はっきりとわかる（図4）。

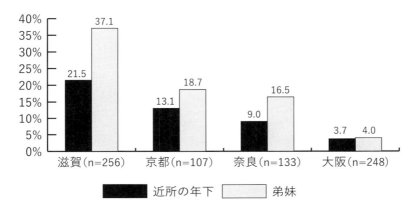

図4 高校生への調査に見る関係卑語としてのヨル使用の地域差
素材待遇の用法。「近所の年下」「弟妹」は話題の人物。（宮治1987より作図）

今後、これらの地域でヨルの卑語性がどのように変化していくかについての調査・観察（井上1993など）や、文献上に見る用法の変遷に関する議論（柳田1990, 1991、金水2002など）を考慮することで、ヨルの用法についてのさらなる包括的な説明が可能になるだろう。また、助動詞の待遇表現形式が関係卑語になりにくいという現代日本語全体の傾向から、関係卑語としてのヨルは定着せずに、再度、感情卑語としての色合いを強めていくということも考えられるであろう。

7. おわりに

本章では、言語行動論的な観点からヨルという卑語形式の表現性を分析した。特に表現産出プロセスのうち、評価段階における事態把握のあり方がヨルの分析では重要であった。「対象への悪い印象」有無、「好嫌」「驚き」など、話し手の事態把握がヨルの選択に影響しているのである。

また、ヨルの記入回答での出現率が低いことは、表現産出プロセスの「評

価をいかに表出するか」という段階における、マイナス待遇特有の事情によるものと考えられた。その事情とは、関係性のマイナス待遇表現形式の使用は、遂行義務性が希薄であり、回避義務性も存在しうるため、殊更に待遇対象を下げる表現上の扱いをしなくてもよいというものである。

　このような事情により、ヨルを「言える・言えなくない」とする潜在的な使用を示す回答の分析に、本章では意義を与えた。そして、その分析結果はヨルの表現性の解明に有効であったといってよいであろう。

　さらに、関係性待遇と感情性待遇といった待遇表現行動のタイプもまた、ヨルの表現性を説明するのに有効であった。そして、表現産出のプロセスを考慮することにより、ヨルが待遇表現形式として、下位の関係性を示すだけでなく、マイナスの感情性や情意性を意味的に有するものであることが明らかになった。共通語の敬語助動詞のような人間関係を表示する機能と、卑語助動詞のヤガル、クサルのような感情を表出する機能を、ヨルは同時に有しているのである。

　対人関係と、好嫌や驚きなどの事態把握時の感情的な評価が、同じ待遇表現形式で表現される。その特徴は、卑語形式ヨルだけでなく、中井（2002）によればハル敬語にも見られる。上下関係という固定的な関係性の待遇法だけでなく、対人関係以外に話し手がその時々の事態把握のあり方を反映させる待遇法を持つ形式が存在していることが、大阪府とその周辺地域の待遇表現の特徴であるといえるだろう。

　そしてこのことは、一見、研究対象として別に扱うべきであるかのような、マイナスの感情を表出することと、対人関係上の目下であることを表出することとを、同じ研究の枠組みで捉えることの必要性を示している。

第6章

卑語形式選択における規範意識の属性差
―卑語形式が選択されるプロセスの多様性―

1. 「評価」と「規制」の多様性

　マイナス待遇表現行動は、対人関係を維持するために、社会からの規制を受ける。いっぽうで話し手は、対人関係悪化のリスクを負ってでも、マイナス評価を表明したいという表現欲求を持つ。この規制と表現欲求との間には、どのような力学が働くのか。

　たとえば、「相手が話し手の足を踏んだのに謝罪しない」という事態は、踏まれた足がさほど痛くなくとも、マイナス待遇表現行動の一つの契機となる。この事態に遭遇した話し手は、その事態に対してどのようなマイナス評価を付与し、そのマイナス評価をどのように表明するだろうか。

　「足を踏んだのに謝罪しない」という事態への評価の仕方は、話し手個人や言語社会の価値観によって異なるだろう。「非礼である」と評価する言語社会もあれば、「さほど痛くないなら、目くじらを立てることはない」と評価する言語社会もあるだろう。また、マイナスに評価したとして、その評価を表出する際に働く、社会的な規制のあり方も言語社会によって異なると考えられる。

　本章では、このようなマイナス待遇表現行動の多様性について、属性論的な観点から考察を試みる。「卑語形式の使用は男性に多く、女性には少ない」

など、マイナス待遇表現行動の属性差は、日常的に感じ取ることができる。卑語形式使用の属性差は、属性ごとの評価付与のあり方(価値観)や、マイナス評価の表出に対する社会的規制のあり方を反映したものであろう。

つまり、卑語形式の選択に属性差が存在するのは、評価付与や評価表出の仕方に属性差が存在するためであると考えられる。単純な場面と卑語形式との関係からだけでは、言語行動としての卑語形式選択の属性差を十分に捉えることはできない。

本章では、卑語形式が選択されるプロセスにおける、話し手の評価付与と評価表出のありようについて、世代差・性差といった観点から考察する。

2. マイナス待遇表現行動の規範意識

マイナス待遇表現行動は、表現対象をマイナスに待遇するため、失礼になったり、相手を怒らせたりして争いの原因になる場合がある。これは、特に感情性待遇のマイナス待遇表現行動に当てはまることである。このため、感情性のマイナス待遇表現行動には、良好な対人関係を維持するための「規制」が働く。たとえば、次のような会話を例にしてみる。

　　教師　：A君、最近元気がないね。
　　生徒A：（1）　お気遣いありがとうございます。
　　　　　（2）　へえ、気にしてくれるんだあ。
　　　　　（3）　うるせえ。ほっとけ。〈ぶっきらぼうな表情で〉

多くの学校社会においては、生徒Aの発話としては(1)が最も適切であろう。これに対して(2)や(3)は、先生に対しては「言ってはいけない」こととして認識されることが多い。(2)のような表現形式の不適切さを含む発話や、(3)のように言語形式だけでなく発言内容までもが不適切である発話を行う話し手は、社会言語能力（渋谷1992）が欠如していると見なされることになるだろう。

ところで、(1) が適切で (2)(3) が不適切としたが、これは筆者が考える「一般常識」に照らして行った判断である。つまり、筆者が推測した日本語社会の常識的な言語行動規範である。

　しかし、日本語社会というマクロな言語行動の社会的規範と、実際の言語行動の規範とは必ずしも一致するものではない。生徒Aの所属集団である学校で、教師と生徒とが友達のように話すのが常態化しているならば、生徒Aの (2) の発話は許容されるものであり、その集団内部ではマイナス評価を表出するものではないと考えられる。

　生徒Aにとって (2) の発話が、先生へのマイナス評価を表明するものでないならば、本研究ではこれをマイナス待遇表現行動の発話とは見なさない。もちろん、この学校外の人々が、(2)(3) を批判することはあるだろう。しかし、言語行動の多様性研究の立場からは、そのような一般論的な批判と、各言語社会との規範とを、いったん切り離して捉える必要がある。

　(2) のような事例を不適切として、訂正を求める行為は、訂正を求める側の規範を強要・推奨することである。このような規範の強要・推奨は、家庭や学校、職場における教育的な場面、異文化間コミュニケーションの中などでは、頻繁に行われているのではないだろうか。

　本章では、「常識」と呼ばれるような日本語社会の待遇表現行動の規範ではなく、世代・性別ごとに形成されているマイナス待遇表現行動の規範を捉えることを目的とする。また、待遇表現行動という表現産出プロセスにおける規範を考察するため、世代・性別ごとの待遇表現形式の出現状況だけでなく、事態へのマイナス評価の付与のあり方、マイナス評価の表出態度のあり方を考慮した分析を行う。

3. 調査の概要

　マイナス待遇表現行動の契機を含む状況を、以下のように設定した。

〈状況設定〉

____さんが道を聞くために、あなたのところに地図をもって来ました。あなたは一生懸命____さんのために道を探していますが、____さんは他の人と笑ってしゃべっています。道を見つけたので、____さんにこちらを見るようにいうときどのように言いますか。

____には実在する回答者の知人の聞き手（上同下の関係×親疎関係の6人）が入る。

　この状況設定を施した質問紙を、中学生（1名の女子高校生を含むが、以下「中学生」と呼ぶ）の男女と実年層（30代～50代）の男女に記入してもらい、回収した。調査時期は1997年である。調査票の配布は筆者がよく知る奈良県内の学習塾に依頼し、塾職員、塾生とその父母から回答を得た。人数は中学生76名（男32、女44名（女子高校生1名））、実年層70名（男29、女41名）の総計147名である。この場面設定において、どういう行為要求表現の述語部分を選択するかを、次の選択肢の中から選んでもらった。

〈選択肢〉

1. ミー　2. ミーヤ　3. ミーヨ　4. ミレ　5. ミヨ　6. ミロ　7. ミリ　8. ミテ
9. ミンカ（ー）　10. ミナハレ　11. ミナハレヤ　12. ミテクダサイ
13. ゴランクダサイ

　なお、選択肢に適切なものがない場合は、「その他」の選択肢が設けられており、どのような表現を用いるかを自由回答形式で答えてもらっている。
　江川（1990）は「場面接触態度」と称する発話意識を、「どの程度ことばづかいに気をつけるか」として、いくつかの場面で回答者に5段階評定させている。これによって、設定状況ごとの「接触態度の丁寧度」を求めた。このような調査法を参考にした上で、本調査では以下のような質問項目を設けている。

3. 調査の概要

あなたは内心怒っていますか。 （怒り評点）	**それは攻撃的な口調ですか。** （口調評点）
5p かなり怒っている	5p かなり攻撃的な口調だ
4p 怒っている	4p 攻撃的な口調だ
3p 少し怒っている	3p 少し攻撃的な口調だ
2p ほんの少し怒っている	2p ほんの少し攻撃的な口調だ
1p 怒ってはいない	1p 攻撃的な口調ではない

　話し手の状況に対する事態評価の様相を把握するために、上の〈状況設定〉に対して、「どの程度の怒りを抱くか（怒り評点）」を指標として5段階評価で尋ねている。また、発話時の表現態度の様相を把握するために、「どの程度攻撃的な口調になるか（口調評点）」についても5段階評価で尋ねている。

　なお、第8章で分析・考察をする別の面接調査では、回答者に「口調」という用語をどのように捉えているかを尋ねている。この調査では、回答者から「口調」に対する次のような認識が聞かれた。

- 「声の大きさ・はやさ・リズム」などの超分節的要素。
- 「皮肉な言い方かどうか」などの表現法。
- 「敬語・ことばの美しさや汚さ」などの言語形式に関するもの。

　このように、「口調」は表現態度を顕著に表す、言語的要素を含んだものとして捉えられている。

　事態評価や表現態度の決定に基づいて行われる、表現選択については、〈選択肢〉に示した行為要求表現の述語部分を分析項目として取り上げる。事態評価・表現態度が表現形式選択に与える影響は多種多様である。要求表現の述語部分は取りうる言語形式が多様であり、質問に回答する際にも多様な選択肢を与えることになる。

　以上のように、このアンケートの質問項目は、待遇表現の表現産出プロセスを考慮して作成されている。

なお、述部形式に注目しただけでは、言語行動の全体像を把握することは難しい。しかし、行為要求表現の述部形式には多様な表現方法があり、たとえばミロとミテ、ミナハレヤとゴランクダサイとでは、発話行動全体の印象は大きく変わる。このため、行為要求表現の述部形式の使用からは、待遇表現行動のありようを推定しやすい。そして、調査結果が意味ある傾向を見せれば、そのことが行為要求表現の述部形式の使い分けが、待遇表現行動として重要性を持つことを指摘することができる。

4. 卑語形式選択のプロセスとその属性差

4.1 卑語形式の出現状況

ここでは、従来の研究と同様に、設定状況と様々な待遇表現形式との対応関係を観察する。つまり、場面と言語形式との対応関係を分析する。そして、その観察からさらなる検討すべき課題を見いだす。

4.1.1 言語形式の分類

まず、選択肢・自由回答で表れた形式を大分類として敬語・中間・卑語として整理し、表1のように記号化した。敬語形式を用いているが、形式の意味として強要度が高いもの（ミナハレ・ミナサイなど）は中間形式に含めている。なお、回答語形がぞんざいであるという判断は、当該地域で言語形成期を過ごした筆者の内省による。丁寧形式には白丸系統、中間形式には白角系統、卑語形式には黒系統の記号を与えている。

なお、表1には、「その他」を選択し、自由記述で回答されたものについても反映させている。その際、「モー　イーンデスカ」など、語用論的に相手の注意を引いて間接的にこちらを見てもらうことを含意する回答は、直接的に行為を指示しない待遇度の高さを考慮して、敬語形式に分類した。

表 1　回答形式の分類

	語例	記号
敬語形式	ゴランクダサイ・ミテイタダケマスカ・ミテイタダケマセンカなど。待遇度の高い敬語形式。	◎
	ミテクダサイ・ミテクダサラナイなど。敬語形式。	○
	ココデスヨ・ワカリマシタヨなど要求の意図への理解をコンテクストに依拠させ、かつ敬語形式を含む回答。	§
	その他、敬語形式を含む回答。モー　イーンデスカなど。	@
中間形式	ミー	◇
	ミテ・ミテチョーダイ・ミテミ・ミテクレル	△
	ミナハレ、ミナハレヤ	#
	ミナサイ	*
卑語形式	卑罵形式。自由記述回答の中で回答された「アホ」「ボケ」「ムカツク」などの感情卑語。その他「コロスゾ」などの暴力的脅迫を含む。	★
	ミンカ（ー）・ミヤンカ類	▼
	ミロ・ミレ・ミヨなど命令形式	■

これらの形式に終助詞ヨがつく回答語形には、記号の上に終助詞をふる。たとえば、「ミロヨ」は「■̌ヨ」となる。

4.1.2　相手の違いによる卑語形式の出現傾向の変動

　表1の分類・記号化をもとに、図1～図4で、世代・性別ごとに、相手の違いによる表現形式の出現状況を整理した（無効回答を除く）。

　中学生の男女（図1、図2）、実年層の男性（図3）の場合、目上の関係から目下の関係になるほどに、ミンカ（ー）、ミヤンカ、ミロなどの卑語形式は出現割合が増加していく。

　卑語形式の使用には、相手との対人関係を維持するための規制がかかる。その規制を破ってマイナス評価を表出するという点で、卑語形式の使用は、感情性待遇の言語行動である。図1～図3でも、目上に対しては卑語形式の使用割合が減少する。このことは、5章5.3で示した卑語形式ヨルが目上に使用されにくかったという分析結果と同様に、卑語形式の規制の強度が相手によって変化するという、言語行動としての関係性待遇の性格を示している。

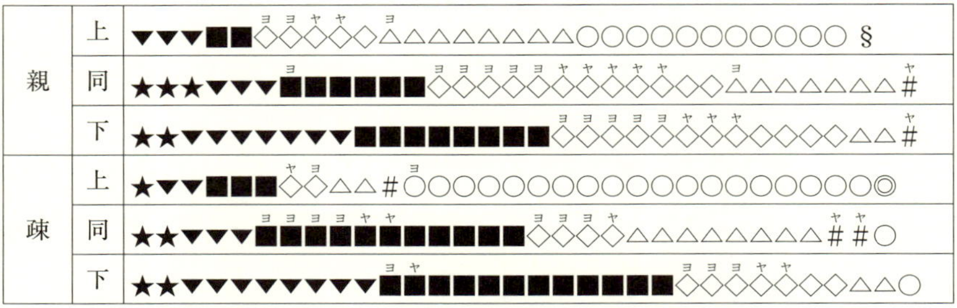

122 | 第6章　卑語形式選択における規範意識の属性差

親	上	▼▼▼■□◇◇◇◇◇◇◇◇△△△△△△△△○○○○○○○○○○○§
	同	★★★▼▼▼■■■■■■◇◇◇◇◇◇◇◇△△△△△#
	下	★★▼▼▼▼▼■■■■■■■■■■◇◇◇◇◇△△△#
疎	上	★▼▼■■◇◇△△#○○○○○○○○○○○○○○◎
	同	★▼▼■■■■■■■■■◇◇△△△△△##○
	下	★▼▼▼▼▼▼■■■■■■■■■◇◇◇◇◇△○

図1　男子中学生（親上 N=30、疎上同 N=31、ほかはすべて N=32）

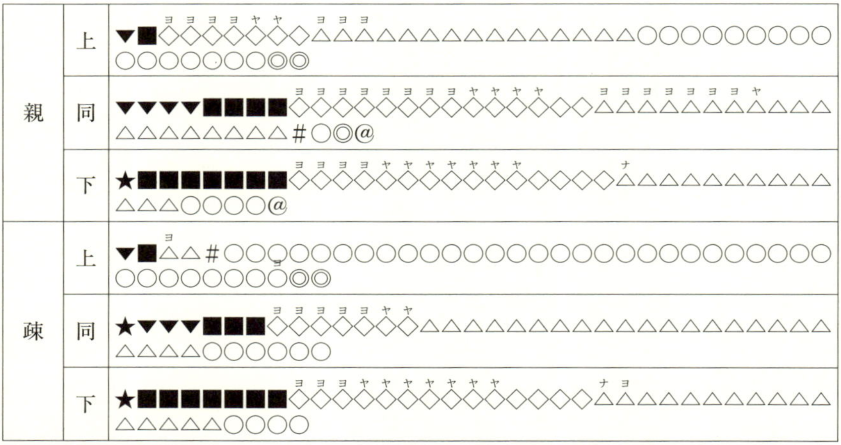

親	上	▼■◇◇◇◇◇◇◇◇◇△△△△△△△△○○○○○○○○○○○○○○◎
	同	▼▼▼▼■■■◇◇◇◇◇◇◇◇◇◇◇△△△△△△△△△△#○◎@
	下	★■■■■■■■◇◇◇◇◇◇◇△△△△△△△△△△@
疎	上	▼■△△#○○○○○○○○○○○○○○◎
	同	★▼▼▼■■■◇◇◇◇◇◇◇△△△△△△△△△
	下	★▼▼▼▼▼■■■■■◇◇◇◇◇◇◇◇△△△△△○

図2　女子中学生（親上 N=42、親同 N=43、親下 N=41、疎上同 N=44、疎下 N=42）

親	上	◇△##○○○○○○○○○○○○§
	同	▼▼■■■◇◇◇◇◇◇△△△△△△△△△△△#
	下	▼▼▼▼▼■■■◇◇◇◇◇△△△△△△§
疎	上	▼■##○○○○○○○○○○◎§§
	同	■■■■■◇◇◇◇◇△△△△△△#○○○○
	下	▼■■■■■◇◇◇◇◇△△△△△△

図3　実年層男性（親上 N=22、親同下 N=24、疎上 N=25、疎同下 N=23）

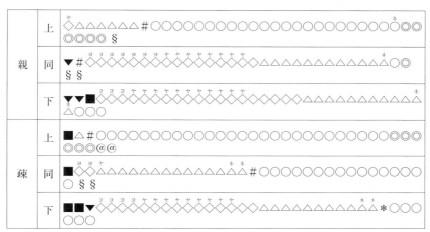

図4 実年層女性(親上 N=38、親同 N=34、親下 N=37、疎上 N=38、疎同下 N=36)

また、図4からは、実年層の女性は卑語形式の使用そのものが少ないことがわかる。ただし、これらの分析だけでは、次のようなことが明らかにならない。

実年層の女性は、この調査で設定したマイナス待遇の契機に対して、上下・親疎関係の違いを問わず許容して、マイナス評価を付与しないから卑語形式を回答しないのか。それとも、契機にマイナス評価を付与しているが、卑語形式の使用が社会的に許容されていないから、卑語形式を回答しないのか。

設定状況と待遇表現形式との対応関係のみを分析する場合、このような不明点を残すことになる。この点については、4.2 で考察したい。

4.1.3　属性別の卑語形式と卑罵形式の出現状況

マイナス待遇表現形式の中で、「卑罵語」「卑罵表現」と呼ばれるものがある。これらの用語には厳密な定義がないため、本書でいう「卑語」(1章 3.1.3)と混同されることがある。

ここでは、表1で「卑罵形式」とした「アホ」「ボケ」などの感情卑語

が、卑罵形式として他の卑語形式と社会言語学的に区別できることを、話し手の属性ごとの使用状況から示す。

全場面の全回答における卑語形式（ミンカ（ー）・ミヤンカ類、ミロ・ミレ・ミヨなど）と、その中の卑罵形式（★印：「アホ」「ボケ」「ムカツク」など）の出現率の順位は、次のようになる。

  卑語形式   男子中学生（41.5％）＞実年男性（22.0％）＞
         女子中学生（12.2％）＞実年女性（4.1％）
  うち卑罵形式 男子中学生（5.3％）＞女子中学生（1.2％）＞
         実年男女（0.0％）

ミンカ（ー）、ミロなどの卑語形式の出現率は、世代差より性差が大きい。卑語形式出現率の1位と2位は男性であり、3位と4位は女性である。女性よりも男性の卑語形式の出現率が高い。また、性別ごとの世代差を見れば、男性・女性とも中学生の卑語形式の出現率が、実年層のそれを上回る。

いっぽう、卑罵形式の出現率は、性差よりも世代差が目立つ。卑罵形式の使用は実年層では皆無であり、中学生では男性が5.3％、女性が1.2％となる。また、卑罵形式は、回答者の属性を問わず出現率そのものが極めて低い。このことは、卑罵形式に対する運用規制の厳しさ、とりわけ実年層での厳しさが著しいことを示している。

卑罵形式は世代差、その他の卑語形式は性差が大きい。卑罵形式とその他の卑語形式とでは、異なる使用傾向をもっていることになる。この点をもって、卑罵形式とその他の卑語形式とは、社会言語学的に異なる位置づけを与えることができる。しかし、卑罵形式の出現はわずかであるため、以下のマイナス評価を表出するプロセスについての分析では、卑罵形式と卑語形式を区別しないことにする。

4.2 卑語形式選択までのプロセスとその属性差

4.1.2で述べたように、卑語形式と場面との対応関係の観察では、表現プ

ロセス上の不明点が残る。この不明点について、口調評点（攻撃的口調の程度）の点数別に回答される語形を分析することで解明を試みる。卑語形式選択のプロセスを考察するため、ここでは、卑語形式の出現が多く見られる、疎遠な目下が相手の場面における回答分布状況（図5～図8）を示しつつ考察を行う。

4.2.1 実年層における卑語形式選択プロセスの性差 ―疎遠な目下場面―

　表現産出プロセスに注目すると、卑語形式の出現率に属性差が生じる理由として、次のような3つの仮説を立てることができる。

　　仮説1：事態に対して同程度のマイナス評価を付与しても、属性ごとにマイナス評価を表出する程度が異なる。
　　仮説2：マイナス評価の表出手段として、卑語形式を使う傾向にある話し手の属性と、卑語形式以外の表現手段でマイナス評価を表出する属性とがある。
　　仮説3：卑語形式が出現しない（する）属性があるのは、マイナス待遇の契機を話し手が許容する（しない）。

　図5～図7を見るとマイナスに扱う程度（ここでは攻撃的口調の程度）が強いほど、卑語形式（黒系統の記号）が含まれる割合が高くなる傾向が見られる。「マイナス評価表明の程度」と「卑語形式の選択」とは概ねの相関関係が見られるのである。

　この傾向は容易に予想されたが、図8（実年層女性）のみが、この傾向に当てはまらない。実年層女性は、実年層男性とマイナス評価表明の程度は大きく変わらないが、卑語形式の出現が少ない。つまり、マイナス評価表明の程度と卑語形式選択の蓋然性との相関には、回答者の属性による違いがあることが確認される。

　表2をもとに、実年層における「マイナス評価表明の程度」の性差を、さらに詳しく見てみよう。この表では、語形の回答がなく、怒り評点と口調

評点のみが回答されているものも集計している。

疎遠な目下に対する攻撃的な口調の程度と言語形式の出現（図5〜図8）

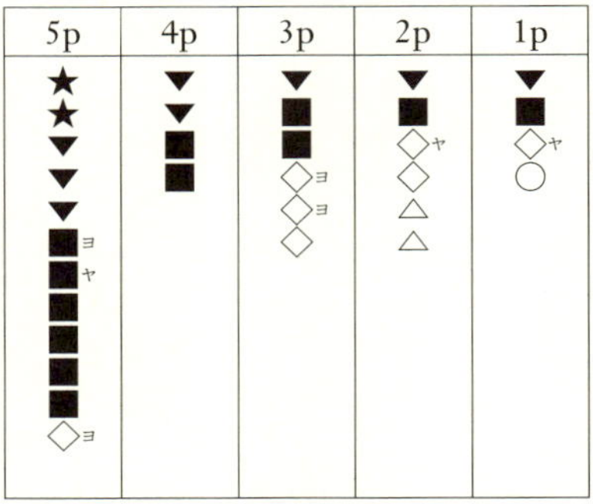

図5　男子中学生（N=32）

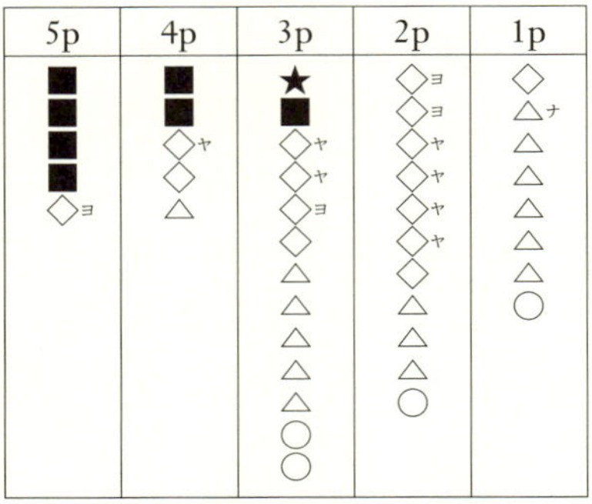

図6　女子中学生（N=42）

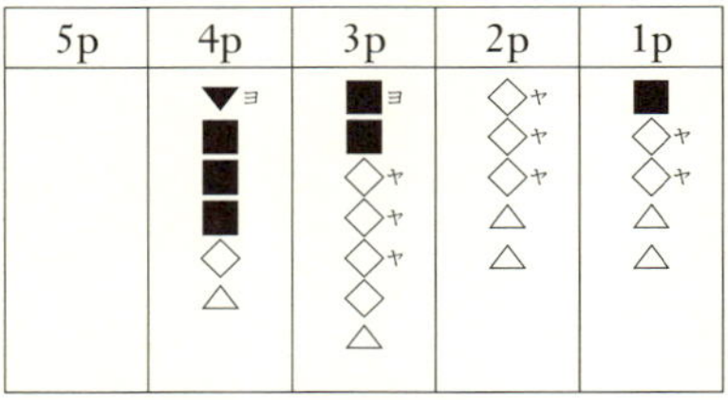

図7　実年層男性（N=23）

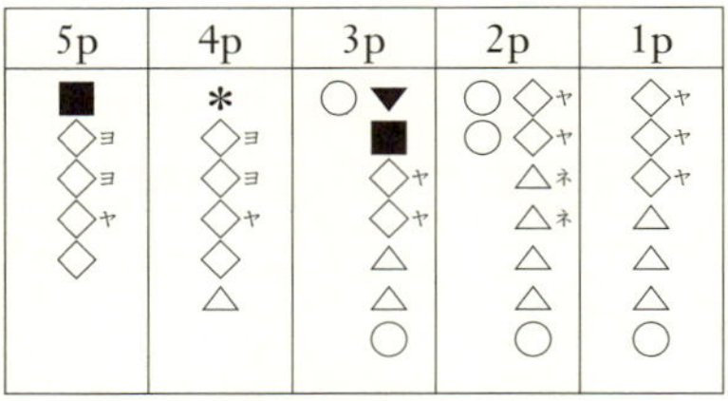

図8　実年層女性（N=35）

表2　卑語形式選択の表現プロセスの性差（実年層、疎下場面）

	怒り評点 平均	A	口調評点 平均	※卑語割合
男性	2.91	N.S.	2.61	4/6
女性	3.19	N.S.	2.81	1/11
B	N.S.		N.S.	*

※「卑語割合」は口調評点 4p 以上の回答中の卑語の割合を示す。
A 列は怒り評点と口調評点の有意差。B 行は有意な性差の有無を表す。
*：$p<0.05$　N.S. は有意差なし

疎遠な目下が聞き手の場面では、男女ともに怒り評点と口調評点との平均値間に有意差は見られない（t検定）。また、怒り評点と口調評点ともに、性差を確認することもできない（t検定）。これらの分析結果から推定されるのは、次のようなことである。

(4) 設定場面へのマイナス評価付与の程度に、明確な性差は見られない。（B行の怒り評点の検定）
(5) マイナス評価を攻撃的に表出する表現態度の程度にも、明確な性差は見られない。（B行の怒り評点の検定）
(6) A列の検定から、男女とも、設定場面へのマイナス評価を表出することへの規制は明確には見られない。（A列の両評点の検定）

実年層の男女の間には、非礼に対してのマイナス評価付与、その評価を表出する程度にも、明確な違いはない。しかし、口調評点4p〜5p、つまり非礼に対して攻撃的な口調で相手に話すとした回答者のうち、ミンカ・ミヤンカ・ミロなどの卑語形式を選択した割合は、男性は6人中4人であるのに対して、女性は11人中1人と差がある。両者の卑語選択比率には有意な差が認められる（χ^2検定、$p<0.05$）。この状況は、(7)のようにまとめられる。

(7) 設定場面へのマイナス評価付与の程度も、評価表出の程度も、男女間に大きな違いはないが、女性は男性よりも卑語形式を選択しない傾向にある。

実年層の女性は、4p以上の強い攻撃的口調になっても、男性よりも卑語形式の使用は少ないのである。したがって、先に掲げた仮説1は棄却されることになる。以下に、仮説1を再掲する。

仮説1（再掲）：事態に対して同程度のマイナス評価を付与しても、属性ごとにマイナス評価を表出する程度が異なる。

そして、仮説2が支持される。

> **仮説2（再掲）**：マイナス評価を表出するために、卑語形式を使う傾向にある話し手の属性と、卑語形式の使用以外の表現手段でマイナス評価を表出する属性とがある。

　実年層の女性は、卑語形式の選択については、社会的に強い規制を受けている。しかし、実年層の女性は男性よりも、マイナス評価を表出すること自体に強い規制を受けているとは言えない。実年層の女性は、卑語形式の使用以外の表現手段で、マイナス評価を表出していると考えられる。

　では、実年層の女性で、卑語形式以外のマイナス評価を表出する表現手段は何なのか。この点については、述語部分のみを考察対象とする本調査では十分に考察できないため、第9章4.3で検証を行う。

4.2.2 攻撃的口調と卑語形式出現の性差　—中学生の疎遠な目下場面—

　中学生では、実年層とは別の性差が見られる。実年層の表2と同様の集計方法で、中学生についても表3のようにまとめた。

表3　卑語形式選択の表現プロセスの性差（中学生、疎下場面）

	怒り評点 平均	A	口調評点 平均	※卑語割合
男性	3.47	N.S.	3.44	15/16
女性	3.38	*	2.71	6/10
B	N.S.		*	*

※「卑語割合」は口調評点4p以上の回答中の卑語の割合を示す。
A列は、怒り評点と口調評点の有意差。B行は有意な性差の有無を表す。
＊：$p<0.05$　N.S. は有意差なし

　表3では、中学生の疎遠な目下に対する怒り評点には、有意な性差が見られない（男性3.47、女性3.38）。しかし、口調評点を見ると、女子中学生のほうが男子中学生よりも、口調評点の平均点が有意に低い（男性3.44、女

性 2.71：t 検定)。

　中学生の男女は、事態に同程度のマイナス評価付与をしているが、その評価を口調として表出することについては、女性のほうが抑制的なのである。また、女子中学生は怒り評点平均と口調評点平均との間に有意差が認められる (怒り評点 3.38、口調評点 2.71：t 検定)。このことからも、女子中学生が、この場面においてマイナス評価の表出に対して強い規制を受けていることがわかる。

　表現形式の選択においても中学生の間に性差が見られる。表 3 の右列を見ると、男子中学生のほうが女子中学生よりも、卑語形式の出現割合が大きい。男子中学生 (図 5) では、攻撃性が高い口調評点 5p、4p に、16 件の回答がある。そのうち 15 件が卑語形式を使用している。これに対して、女子中学生 (図 6) では、口調評点 5p、4p が 10 件で、そのうち卑語形式は 6 件である。この割合の性差は有意である (χ^2 検定 $p<0.05$)。

　疎遠な間柄の目下が聞き手のとき、女子中学生は、男子中学生と同程度のマイナス評価を事態に付与しているが、男子中学生に比べて評価表明の程度が弱いため、卑語形式の選択も少なくなっていると見ることができる。

　この結果からは、実年層とは異なり、4.2.1 で提示した仮説 1 は採用されることになる。そして、仮説 3 は棄却される。

　仮説 1 (再掲)：事態に対して同程度のマイナス評価を付与しても、属性
　　　ごとにマイナス評価を表出する程度が異なる。
　仮説 3 (再掲)：卑語形式が出現しない (する) のは、マイナス待遇の契
　　　機に対して話し手が許容する (しない) ためである。

　以上から、設定された場面で疎遠な目下が相手のとき、実年層女性と女子中学生との間で、種類の異なる規制がかかっていることが推定された。実年層の女性はマイナス評価を表出する際の卑語形式の使用に規制がかかっているのに対して、女子中学生はマイナス評価を表出することに規制がかかっていると推定される。

4.2.3　卑語形式出現に至るまでのプロセスの多様性

　卑語形式の出現がまとまってみられる疎遠な目下場面を対象に、出現プロセスの多様性を考察してきた。その中で、まず、攻撃的な口調が強くなるにともない、卑語形式が選択されやすくなるという基本的な傾向が把握できた。

　しかし、実年層の女性は、攻撃的な口調が強くなっても卑語形式が選択されないという例外があった。この例外は、実年層の女性における卑語形式の使用規制の強さをうかがわせる。ただし、実年層の女性は、攻撃的な口調評点の平均値が他の回答者よりも低いわけではなく、他の表現手段でマイナス評価を表出している可能性が指摘された。実年層の女性は、マイナス評価表出というプロセスでは、他の属性の回答者よりも強い規制はかからないが、マイナス評価を表出するために表現形式を選択するプロセスで卑語形式の使用が規制される。

　いっぽう、中学生においても、女子中学生は男子中学生よりも卑語形式の選択が少なかった。しかし、その結果に至るプロセスは、同じく卑語形式の選択が少ない実年層の女性とは異なる。女子中学生の場合は、マイナス評価を攻撃的口調にして表明するプロセスで、女子中学生には男子よりも強い規制がかかっていた。このことが、卑語形式の選択を少なくさせたものと考えられる。

　同じ卑語形式の選択が少ないという結果であっても、実年層女性と女子中学生とを比較すると、言語行動論的には大きく意味合いが異なる。言語形式の選択だけでなく、評価表出自体が強く規制される女子中学生のほうが、実年層の女性よりも強い規制を受けていると見るべきであろう。

5.　分析結果の位置づけ

　本章では、マイナス待遇表現行動における卑語形式の選択プロセスについて、その世代差・性差の一端を明らかにした。以下で、本章で得られた知見をここでまとめ、研究上の位置づけについて述べる。

A. 卑語形式の＜使用＞は、目上に対して規制が強くなるという点で関係性待遇の性質を持つ。(4.1.2)
B. ただし、卑語形式は同じ話し相手であっても、感情的なマイナス評価のあり方によって使用が左右される感情性待遇の性質を持つ。(図5〜図7)
C. 卑語形式の使用には性差が大きいが、卑罵表現の使用は世代差が大きいという点で、卑語形式と卑罵表現とは、社会言語学的に区別される。(4.1.3)
D. マイナス待遇の契機が存在する場面で、卑語形式の使用が見られにくい場合、次の2つの理由が考えられる。
    D-1. 事態へのマイナス評価を表出することは許容されるが、卑語形式の使用によって表現することが規制されるため、卑語形式が出現しにくい。この場合、卑語形式以外の表現手段でマイナス評価を表出していると考えられる。(実年層女性)
    D-2. 事態をマイナスに評価しているが、その評価を表出することが規制されるため、卑語形式が使用されにくい。(女子中学生)

　山﨑 (1963) に見られるように、卑語形式は動作主と話し手の上下関係との対応で、敬語形式とともに分析されてきた。また近年は、真田・友定 (2011) のように、卑語形式や罵詈雑言の地域的バリエーションを拾遺する研究が見られる。真田・友定 (2011) の成果をもとに、日高 (2013) では、西日本で敬語が発達していることと関連づけて、同地域では補助動詞の卑罵表現（さげすみ表現）も発達していることが指摘された。
　卑語形式の研究は、敬語形式の運用と関連づけた関係性待遇の観点からの議論や、地域的バリエーションについての俯瞰的・拾遺的研究が主流であったと言えるだろう。上のA〜Cのように、卑語形式の「運用」についての知見は、これらの研究を待遇表現論的に補完するものである。
　また、Dの知見は、関係性待遇の観点からだけではなく、評価とその表出というより言語行動論的な観点から、属性論的な多様性を明らかにする研

究の端緒として位置づけられるであろう。そして、各属性の発話スタイルの存在と、そのジェンダー論的な問題点を示唆している。

第7章

マイナス待遇の契機への評価と
その表出の世代差

1. 契機に対する評価表出態度という観点

　本章では、前章と同じ調査から得られたデータに基づいて、設定した状況へのマイナス評価の付与と、その評価を表出する態度の世代差を捉えることを試みる。そして、その世代差を個人の加齢変化に置き換えて見た場合に得られる知見を整理する。

　なお、調査の詳細は、前章3節を参照してほしいが、この調査で設定した状況については以下に再掲する。

〈状況設定〉

> ＿＿さんが道を聞くために、あなたのところに地図をもって来ました。あなたは一生懸命＿＿さんのために道を探していますが、＿＿さんは他の人と笑ってしゃべっています。道を見つけたので、＿＿さんにこちらを見るようにいうときどのように言いますか。

＿＿には実在する回答者の知人の聞き手（上同下の関係×親疎関係の6人）が入る。

　ここで設定されている状況は、回答者にマイナス待遇表現行動を、「常に」引き起こすものではなく、マイナス待遇の言語行動を引き起こす「契機」に

すぎない。この契機に遭遇して、話し手がマイナス待遇表現行動を発動させないケースも、本章での考察対象となる。

　強い攻撃的口調になると卑語形式が用いられる場合もあるが、用いられない場合もある（前章図5～図8）。逆に攻撃的な口調でないと内省される発話でも、卑語形式が使用される場合もある。卑語形式の使用は、必ずしも話し手の表現姿勢を正確には反映しない。

　よって、卑語形式の出現を分析するだけでは、マイナス待遇表現行動の特徴は捉えきれない。表現形式の選択に至る前に、話し手はマイナス待遇の契機に対して、どのような評価を付与し、その評価をどのように表出しようとしたか。その意思は、まさに話し手の対象に対する「待遇」のあり方であり、選択された待遇表現形式と待遇意図との関係性を理解するために、重要な意味を持つ。

　したがって、表現形式の選択を不問にして、各話者属性では、「どういうつもりで」マイナス待遇の契機に対処する傾向にあるかという点も、考察の対象となりうる。

　そこで、本章では、前章と同じ調査データを用いて、卑語形式などの言語形式の選択以前の段階である、事態への「評価を付与し、その評価を表出する態度」のあり方、すなわち評価表出態度の世代差を考察対象とする。そして、その世代差から評価表出態度の加齢変化のあり方を推定する。

　なお、前章では、卑語形式の選択と攻撃的口調の程度との関係に注目した。このため前章では、卑語形式が多く回答される話し相手（疎遠な目下）を相手とした場面のデータが分析の中心となった。しかし、本章では、卑語形式の選択を問題としないので、すべての人物設定における回答を分析の対象とする。

2.　評価表出態度の世代差と習得

　ことばの世代差について、柴田（1995）では「十代は、まだ、ことばの学習中である」とし、「十代のことばは、二十歳代以上と切り離して、言語発

達や教育効果なども考えながら別途研究すべき」との考えを示している。井上（1999）においても、「敬語については、十代はまだ完全な日本語の話し手とはいえない」と指摘される。

　これらの主張の根拠として示されたのは、鶴岡市や白河市における共通語化や、よその人に自分の父母を「チチ」「ハハ」と言うかなどに関する世代差のデータであった。敬語表現、共通語などの使用には、場面に応じて使い分けるという社会的スキルが求められる。そのようなことばは十代においては未習熟であるというのが柴田、井上両氏の指摘である。マイナス待遇表現行動においても、対人関係を維持しつつ対象をマイナスに待遇する場合には、高度な社会的スキルとしての表現操作が必要である。よって、柴田・井上の考え方を、前章の分析結果に適用してみることは不自然ではない。

　前章では、女子中学生という十代の話者が、設定状況に対してマイナスの評価を付与しつつも、攻撃的口調になることが規制される傾向があることを指摘した。これに対して、実年層の女性は、卑語形式はほとんど使用しないが、攻撃的な口調にはなると意識されるため、卑語形式以外の表現手段によってマイナス評価を表明すると考えられた。

　このような世代差を加齢変化として見ると、「女性は、中学生から加齢するにしたがって、卑語形式以外でマイナス評価を表現する手法を習得していく」ということになるだろう。

　また、男子中学生は、疎遠な目下相手に攻撃的口調になると回答した16件中15件で、卑語形式を回答していた。この状況から、男子中学生は「卑語形式の使用規制の社会的ルールが、中学生のうちは身についていない」ということを指摘しうる。

　卑語形式の使用は敬語と同様に、話し手が対象に対する評価や待遇の仕方を表し分ける社会的技能である。そして、感情卑語によって端的（直情的）にマイナス評価を表出することよりも、批判や非難の内容を述べたり、語用論的にマイナス評価を表出したりするほうが、複雑なことばの操作技能が必要である。中学生は、そのような技能面において、未習熟な段階にあると考えられる。

ただし、用いられる待遇表現形式や表現技能に世代差があるとしても、その世代差が、マイナス待遇の契機に対する「評価表出態度の世代差」であるとは限らない。実年層女性のように、卑語形式を回答しなくても強いマイナス評価を表明していると回答者に内省される場合もあるし、男子中学生のように、マイナス評価をさほど表明していないと内省しているのに、卑語形式を回答する場合もある。

つまり、卑語形式の回答の世代差は、必ずしもマイナス待遇の契機に対する対処意識の世代差を表しているとは言えないのである。そして、その契機への対処意識に世代差があるなら、その世代差は評価表出態度の習得プロセスを示していると考えられる。

この様相を捉えるために、この調査では、表現産出プロセスの様相を探る質問項目を2種類設けている。一つはこの場面での「怒り評点」であり、本研究ではこれを話し手のマイナス評価付与を示す一指標としている。もう一つは「攻撃的口調評点」（以下、口調評点）であり、表現態度のあり方を示す一指標としている。回答者には、いずれの評点も同様の、5段階の程度で内省してもらっている（6章3節参照）。

これら2種類の質問への回答パターンとして、次の4種が設定できる。等号・不等号は、怒り評点と口調評点の点数の大同小を表している。

　　Aパターン：　内心怒りなし・攻撃的口調ではない
　　Bパターン：　内心の怒り評点＞攻撃的口調評点
　　Cパターン：　内心の怒り評点＝攻撃的口調評点
　　Dパターン：　内心の怒り評点＜攻撃的口調評点

これらの回答パターンから、それぞれの評価表出態度を、次のように推定し、【　】に示したように名づけた。

　　Aパターン【無発動】：マイナス評価を付与しない。攻撃的口調にもならず、マイナス待遇表現行動は発動していないと推定される。

Bパターン【抑制】：内心の怒りほど攻撃的口調ではない。マイナス評価を抑制して表出する。

Cパターン【直表出】：内心のマイナス評価と攻撃的口調の点数が同値。ただし、Aパターンを除く。マイナス評価をそのまま表現しようとする。

Dパターン【過剰表出】：内心のマイナス評価よりも攻撃的口調のほうに高い点数をつける。この場合、悪態をつくことによって仲間内の連帯意識を強化するといった表現効果を狙ったものと考えられる。また、必要以上に攻撃的になって「虚勢を張る」（星野 1971）ことや、必要以上に怒って教育的な配慮をしていることも考えられる。

以上の分類に基づいて、それぞれの回答パターンの世代差を分析する。そして、中学生と実年層それぞれの、マイナス待遇の契機に対する評価表出態度の傾向的な違いを見いだしていく。

3. マイナス待遇の契機に対する評価表出態度

3.1 中学生の傾向

前節で設定した4つの回答パターン（評価表出態度）の出現は、話し手の世代、話し相手の上下・親疎関係によってどのように変動するだろうか。まずは、中学生の各評価表出態度の出現率を表1、図1に示した。

表1では、各評価表出態度の出現率を話し相手ごとに整理し、これと同じデータを、図1ではコレスポンデンス分析の手法で示した。コレスポンデンス分析では、近くに配置される変数は、互いに関係が深いものとして解釈できる。寄与率（R）は各軸の説明力の高さを示すが、図1では第1軸の寄与率が0.63と高くなっている。したがって、図1の第1軸（横軸）を中心に、各評価表出態度の配置と話し相手との位置関係を見ると、表1ではわかりにくい各評価表出態度の出現傾向が見えやすくなる。第2軸（縦軸）も寄

率は 0.36 と低くはないが、第 1 軸による解釈のほうが優先される。

表1　中学生の回答パターン

評価表出態度	親しい関係			疎遠な関係		
	上 (N=76)	同 (N=76)	下 (N=77)	上 (N=75)	同 (N=76)	下 (N=74)
無発動	*34.7%	26.0%	23.7%	**9.2%	**8.0%	**12.2%
抑制	29.3%	*33.8%	27.6%	**60.5%	**41.3%	*33.8%
直表出	21.3%	22.1%	*35.5%	17.1%	**37.3%	**40.5%
過剰表出	*14.7%	18.2%	**13.2%	**13.2%	**13.3%	**13.5%

* 印は各相手内での評価表出態度の出現率の有意差（残差分析 *:$p<0.05$、**:$p<0.01$）

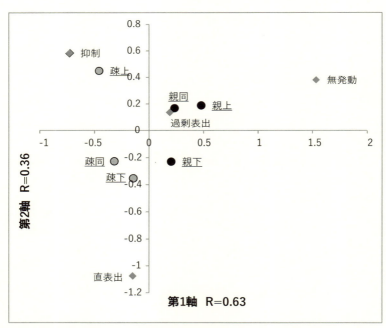

図1　中学生の評価表出態度の分布（コレスポンデンス分析）

　図1を第1軸で見ると、親しい話し相手が右側、疎遠な話し相手が左側に位置している。このことから、評価表出態度の決定は、親疎関係が影響することがわかる。また、第2軸（縦軸）を見ると、親疎それぞれの中で相手

との上下関係が図の中でも上下に配置されている。

これらから、4つの回答パターンの選択には、第1要因として親疎関係、第2要因として上下関係が作用していると解釈される。また、上下関係では、親しい間柄よりも疎遠な間柄で図1上の広がりは大きく、疎上に対して顕著な回答パターンの特徴を見せる。

以下では、回答パターンごとに分析を加える。ただし、「過剰表出」については、実年層と対比しつつ 3.2.3 で触れる。

3.1.1　中学生の「無発動」の出現

図1では、マイナス評価を付与・表出しない「無発動」パターンは、極端に右に配置される。これは、中学生では「無発動」パターンが親しい相手に生じやすく、疎遠な相手には生じにくいことを示している。このことは表1の「無発動」の出現率が、疎遠な相手にはいずれも他の回答パターンよりも、有意に低いことからもわかる。

つまり、中学生の場合、親しい相手に対しては、設定されたマイナス待遇の契機をマイナスに評価せず許容する傾向にある。同じマイナス待遇の契機であっても、相手との関係によって評価傾向が変わるのである。

3.1.2　中学生の「抑制」と「直表出」の出現

中学生の場合、疎遠な間柄では、事態に付与したマイナス評価ほどには攻撃的口調にならない「抑制」の態度をとる傾向がある。この点は、表1や図1の「抑制」の位置から示される。表1では、「抑制」の出現率が60.5％となり、疎遠な間柄でのすべての評価表出態度の中でも出現率が最も高く、図1でも「抑制」は疎遠な相手とともに左の象限に位置する。

また、興味深いのは、中学生は親しい同等（親同）の相手においても、「抑制」が他の評価表出態度よりも有意に高い出現率（33.8％）を見せることである。第6章の図1、2では、親同に対する75件中20件（26.7％）で卑語形式が回答されていた。この卑語形式の出現率は、実年層（10.3％）と比べると高いものである（χ^2 値 6.242、$p<0.05$）。

つまり、中学生は、親同には卑語形式を多用するが、中学生にとって親同はマイナス評価を抑制して表出する配慮が必要な間柄でもあるようである。したがって、卑語形式が選択されやすい中学生は、親同に対するマイナス評価の表出に配慮がない世代であるとは言えない。マイナス評価を抑制して表出する配慮の意識と、卑語形式が選択されやすいこととは、切り離して考えるべきである。

　「抑制」とは異なり、配慮がなされていない、あるいは弱いと考えられる評価表出態度が、「直表出」である。「直表出」は、マイナス評価と同程度の攻撃的口調で表出するとする回答パターンであり、これは、目下に対して多くなる。図1の「直表出」は、第2軸の下方に位置し、親下・疎下も下方に位置している。

　表1においても、親疎を問わず目下への「直表出」の出現率が、4回答パターンの中で有意に高い。疎遠な同等の相手に対しても、「直表出」は有意に高い出現率を見せるが、「直表出」の出現は、親疎関係よりも、相手が目下であるか否かに強く影響を受けるようである。

3.1.3　中学生の評価表出態度と対人関係

　中学生の場合、「無発動」の出現のあり方から、相手との親疎関係によって、そして次に相手が目上か否かで、マイナス待遇の契機への許容度が変動することがわかった。

　また、親同の相手に「抑制」が多く出現するところにも、中学生の特徴がある。最も心理的に近い関係にあると思われた親同にも、中学生の場合は、マイナス評価の表出には気を遣うことが多いようである。では、どのような相手なら、マイナス評価をそのまま表出できるかというと、中学生の場合、それは親疎を問わず「目下」である。中学生には、目下に対しては内心の怒りを、そのまま攻撃的口調に反映させる「直表出」が多いという傾向が見られた。3.2.2で述べるが、この傾向は、実年層には見られない中学生の特徴である。

3.2 中学生と実年層の評価表出態度の比較

次に、中学生と実年層の回答パターンの傾向を対比させつつ、評価表出態度の世代差を見ていく。実年層の回答パターンについては、表2と図2を参照されたい。

表2 実年層の評価表出態度

評価表出態度	親しい関係			疎遠な関係		
	上 (N=63)	同 (N=62)	下 (N=59)	上 (N=60)	同 (N=62)	下 (N=58)
無発動	*34.9%	33.9%	25.8%	29.0%	16.7%	**10.3%
抑制	31.7%	22.0%	*35.5%	**41.9%	*36.7%	34.5%
直表出	25.4%	30.5%	21.0%	*14.5%	35.0%	**48.3%
過剰表出	**7.9%	**13.6%	17.7%	*14.5%	*11.7%	**6.9%

* 印は各相手内での各評価表出態度の出現率の有意差（残差分析 *:$p<0.05$、**:$p<0.01$）

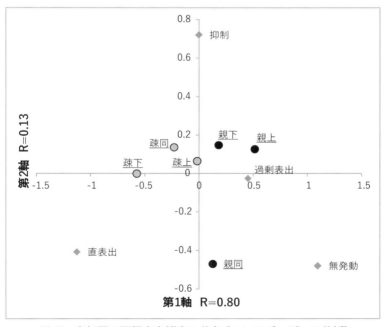

図2 実年層の評価表出態度の分布（コレスポンデンス分析）

図2のコレスポンデンス分析では、第1軸の寄与率が0.80と図1よりも高く、第2軸の寄与率は0.13と図1よりも低い。図1よりも図2では、第1軸の意味が重くなっている。

さて、図2を見ると、中学生の場合と同様、実年層でも右側に親しい相手、左側に疎遠な相手が配置されている。そして、疎の間柄では、寄与率の高い第1軸に沿って、疎上・疎同・疎下の順に配置される。実年層でも、中学生と同様、回答パターンの選択に、親疎関係が第1要因として、上下関係が第2要因として働いているようである。

また表2では、中学生と同様に、疎遠な間柄では、「マイナス評価の表出を抑える（抑制）」、「そのまま表出する（直表出）」のいずれかの評価表出態度に回答パターンが集中している。中学生も実年層も、疎遠な間柄では、疎遠であるがゆえに話し手との関係を詳細に規定するための、相手の人物に関する情報量を多く持たない。よって「疎遠である」ということ以外の人間関係性が考慮されにくいため、評価表出態度の選択が限定的なものになると考えられる。

ただし、実年層の場合、疎遠な間柄の目上（疎上）に対しては、中学生よりは評価表出態度が特定のものに偏らない。図2でも、疎上は最も原点の近くに位置し、傾向が見えにくい。このような状況は次のように解釈できる。

実年層に、疎上の人物を想定してもらうと、勤務先の違う部署の人や、仕事上の取引先、近所で頻繁には会話しない年上の人など、様々な関係性の人物が回答される。いっぽう、中学生の場合は、担任ではない先生など、学校内の狭い人間関係の中での人物が疎上として想定される。中学生から実年層になるにしたがって、対人関係が広く多様になることが、「疎上」という場面設定の中で、実年層の評価表出態度を特定のものに偏らせないのであろう。

以下、評価表出態度ごとに世代差を分析する。

3.2.1 「無発動」の出現の世代差

図2（実年層）で「無発動」が、親しい間柄の相手が分布する右側に位置することは、実年層も中学生の場合と同じである。図2の「無発動」と相手

との関係を見ると、その出現要因として、まずは親疎関係が影響し、とりわけ親しい同等（親同）に出現しやすいことがわかる。

中学生では、疎上に「抑制」が際立って多く出現していた（表1）。これは疎遠な間柄の中でも、とくに相手が目上であるということが、「マイナス評価の表出」を規制する要因になるという傾向を示すものである。

いっぽう、実年層では、疎上に対して中学生よりも「抑制」が20%程度少なく、逆に「無発動」が20%程度多い。実年層は、親疎を問わず、目上に「無発動」が多いことになる。実年層は、目上が引き起こしたマイナス待遇の契機に「マイナス評価の表出」をしないだけでなく、「マイナスに評価すること」すらしなくなる傾向がある。

加齢するにしたがって、上下関係が待遇表現行動プロセスのより深部に影響を与えるようになる様子がうかがえる。

3.2.2 「抑制」と「直表出」の出現の世代差

「無発動」が多く出現する分、実年層の「抑制」の出現率は、全体的に中学生よりも低い（表1、2）。とりわけ、親同が相手のときには、22.0%と出現率が他の相手よりも低い。図2でも、「抑制」を中心点として、親同以外の相手が似た距離間隔でプロットされるが、親同だけが、「抑制」から遠くに位置づけられている。

実年層は、多くの相手に対して「抑制」パターンが選択されるが、相手が親同のときだけが例外となっているのである。親同には、マイナス評価をそのまま表出する「直表出」でも、独自の動きが見られる。実年層では、「直表出」が出現率30%を超えるのは親同のみである。また、「無発動」も出現率が30%を超える。親しい間柄では、設定した状況を許容するか、マイナス評価を「抑制」せずそのまま表出する傾向が、他の相手よりも強い。つまり、実年層では、親同は他の相手よりも、「気の置けない相手」として、意識されているようである。

親同が気の置けない相手であることを示す分析結果は、当然のようであるが、中学生と対比するとそうとも言えない。中学生の場合は、実年層とは異

なり、親同が相手のとき、マイナス評価の表出を「抑制」するパターンの出現率が有意に高かった。この設定した状況において、親同には、中学生の間は、卑語形式が多用されるものの、マイナス評価を抱いても評価表出を抑えようとする。つまり、親同は中学生にとって「気を遣う相手」である。

次に、実年層の「直表出」は、疎遠な目下（疎下）には出現率が48.3％と、他の評価表出態度よりも有意に高いが、親しい目下（親下）に対しては21.0％と出現率は高くないことに目を向ける。この点もまた、中学生とは異なっている。中学生は、親疎関係を問わず、相手が目下の場合に「直表出」が出現しやすかった（表1）。

しかし、実年層にとっては「親下」は、マイナス評価表出を「抑制」しなければならない相手となっている（表2）。親しい間柄においては、目下であっても対象にマイナス評価を表出することに対する規制が、実年層では強い。

次に疎の関係を中心に見てみよう。疎上への「抑制」は中学生・実年層ともに有意に高く出現し、出現率もほぼ同値である。しかし、疎上への「直表出」の出現は、中学生では有意に低くはなかったが、実年層では有意に低くなっている。また、中学生の「無発動」は疎上に対して出現率が有意に低かったが、実年層では有意に低いわけではない。これらを考え合わせると、実年層は、マイナス評価の付与と評価の表出において、相手が目上であることが中学生よりも強い影響を与えていることがわかる。

3.2.3 「過剰表出」の出現の世代差

マイナス待遇の契機に対する怒りの強さよりも、攻撃的口調がさらに強くなる「過剰表出」は、中学生も実年層も出現率は低い。中学生は親同以外、実年層は親下以外の相手には、他の3パターンよりも、「過剰表出」の出現率は有意に低くなっている。そして、有意に低いとされない、中学生の親同、実年層の親下は、マイナス評価の表出を抑制されやすい相手であった（表1、2）。

つまり、出現の多寡を逆転して見ると、マイナス評価の表出を「抑制」す

る必要性の小さい相手に対して、「過剰表出」の態度になりやすいということになる。これを踏まえると、「過剰表出」は、気安い間柄で生じやすい評価表出態度であり、そのような間柄で「みせかけのマイナス待遇表現行動」（4章5.5）として行われやすいものと解釈できる。

3.3 評価表出態度の世代差を加齢変化として見る

以上の分析から、中学生と実年層とでは、マイナス待遇の契機に対する評価と表出のあり方は、かなり異なっていることがわかった。実年層の回答者は、中学生の回答者の家族が中心であったが、両世代のマイナス待遇表現行動のあり方は、大きく異なっている。これらの中学生と実年層との差を、マイナス待遇表現行動の加齢変化とする立場から、整理していく。相手ごとの評価表出態度の出現傾向の世代差を整理すると、図3～図5（次ページ）のようになる。

3.3.1 マイナス待遇の契機への穏便な対応

今回の設定状況については、「無発動」（図3）に見るように、マイナス待遇の契機に対しては、加齢とともに許容する相手が多くなる。加齢するにつれ、設定状況のマイナス待遇の契機に対して、寛容になっていく。加齢とともに、事態の評価基準が変わって、マイナス評価を下す事態の種類も変化していくとも考えられる。しかし、マイナス評価を事態に下した場合は、加齢とともに、ほとんどの相手には評価表出を抑制する慎重さを身につけるようになる（図4）。

加齢にともない、設定場面のマイナス待遇の契機への対応は、穏便な方向へと変化していく。それは、「無発動」に見る「マイナスに評価しない」という事態評価のレベル、「抑制」に見る評価表出のレベルの両面で見られた。

3.3.2 マイナス待遇の契機への対応に見る「親しさ」の加齢変化

中学生のうちは、親しい同等の相手には有意に「抑制」が多く出現したが、実年層では「直表出」が多く出現した（図4、5）。つまり、設定された

マイナス待遇の契機への対応を見る限り、実年層にとっての親同は「気の置けない」間柄であるが、中学生にとっての親同は「気を遣う」間柄であることがわかった。このことは、中学生では「直表出」が親同には多くない（22.1％）が、実年層の親同では「直表出」「無発動」ともに出現率が30％を超えることからも裏づけられる。

図3　中学生から実年層にかけての「無発動」パターンの変化

↓：有意に出現率が低い。濃い網掛：有意に出現率が高い。薄い網掛：出現率30％以上

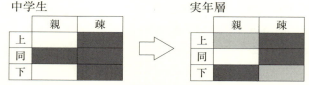

図4　中学生から実年層にかけての「抑制」パターンの変化

濃い網掛：有意に出現率が高い。薄い網掛：出現率30％以上

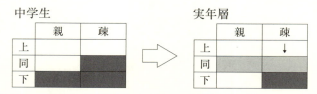

図5　中学生から実年層にかけての「直表出」パターンの変化

↓：有意に出現率が低い。濃い網掛：有意に出現率が高い。薄い網掛：出現率30％以上

3.3.3　マイナス待遇の契機への対応に見る上下関係の加齢変化

　実年層では、目上に対する「無発動」「抑制」パターンの出現が多く、「直表出」が疎上に対して少ない。このことは、加齢とともに親疎関係だけでなく目上への対応を強く意識して、マイナス待遇表現行動を行うようになるという加齢変化を示しているものと見られる。マイナスの待遇表現行動において日本語話者は、まず親疎関係によって表現態度を変えなければならないということを習得する。中学生の親同への親しさが「気を遣う親しさ」であったことを踏まえれば、日本語話者は、まずは親しい相手への気遣いを習得するのかもしれない。そして、加齢とともに目上への対応を加味していくという、待遇表現行動の習得プロセスが想定できる。

　また、中学生では、親疎を問わず目下に対する「直表出」の出現率が、実年層よりも有意に高かった（親 35.5％、疎 40.5％）。いっぽう、実年層では親しい目下に対しては、「直表出」の出現率は 21.0％と高くない。

　設定されたマイナス待遇の契機に対して、まずは、中学生のように目上に弱く、目下に強く対応するという社会的な力（power）に沿う表現態度を示すようになり、次に実年層のように、目下に対しては自分の社会的な力を行使することに慎重な態度を示すようになる。しかし、目下へのマイナス評価表出行動は、対人関係を維持する必要性が低い、疎遠な間柄では規制は強くならない。

　恒常的に付き合いがある親しい関係の中では、目下に対する立場上の力を行使することは、その人の品位が問われる。また、加齢につれ、目下は守られるべき対象としての性格を強めるのかもしれない。このような仮説の検証や、マイナス待遇表現行動の対人関係による違い（関係性待遇）を明らかにすることが、日本語社会における「上下関係」のあり方を、より詳しく説明することになるだろう。

3.4　回答パターン分析の意義

　本章では、言語形式の選択を考察対象から外し、事態把握と評価表出のあり方をパターン化し、マイナス待遇の契機に対する評価表出態度の世代差を

見た。卑語形式の選択には世代差があったが、その世代差を単なる場面や話し手の世代との対応だけでなく、「どのようなつもりで」マイナス待遇の契機に対応しようとするかを分析した。

この分析から、同じ事態に対する評価や対応が、相手や世代によって変化することが示された。また、「目上」「親しい同等」「親しい目下」などの相手が、世代によって異なる関係性で捉えられていることが、回答パターンの分析から見えてきた。

日本語(行動)における「親しさ」「目上」「目下」とは、どのようなものであるのか。それらの概念を一個人は、社会進出するにしたがって、どのように変容させるのか。このような観点のうち、とりわけ、親しい相手や目下に対する言語行動は、敬語などのプラス待遇表現行動と比べると注目度が低い。しかし本章では、これらの人間関係の中での待遇表現行動について、以下のような知見が得られた。

日本語(行動)において、中学生という世代が卑語を多く使っても、親しい同等にマイナス評価を抑制して表現する傾向があること。それが、実年層になると「気の置けない間柄」へと変化していくこと。その反面、実年層は、その他の相手にはマイナス評価の表出を抑制しがちであること。また、実年層になると、目下に対して、社会的な力を行使して安易にマイナス評価を表明することを控えるようになること。

こういった知見は、コミュニケーションのための言語教育や、他言語との対照言語行動研究においても適用できるのか。関心がもたれる。

4. 回答のばらつきから見る待遇表現行動規範「強度」の世代差

4.1 規範の強度の指標としての標準偏差

人々の認識や行動を同じ方向に向かわせる社会的な慣習を「規範」と呼ぶならば、前節で見た4つの評価表出態度のうち、特定の評価表出態度に回答パターンが集中するのは、待遇表現行動の強い規範意識の表れであると考

えられる。

　強固な規範について問うた場合、回答の個人差は小さいものとなり、回答は一つないしは少数のものに集中する。逆に弱い規範であれば、回答の個人差は大きくなり、回答は多種のものに拡散する。

　たとえば、疎上に対する中学生の評価表出態度は「抑制」に集中しており、その出現率は60.5％である（表1）。いっぽう親同への「抑制」も、ほかの評価表出態度よりは有意に出現率が高いが、その出現率は33.8％である。同じ「抑制」の評価表出態度をとる傾向があると言っても、相手が「疎上」のときほど、「親同」が相手のときは、マイナス評価を抑制的に表出する評価表出態度をとることは、強い規範ではないと推定できる。「親同」相手に抑制的な評価表出態度をとることは、中学生の特徴であることをすでに述べたが、それは中学生の規範として強いものではないのである。

　中学生と実年層との間で、マイナス待遇の契機に対する評価の与え方や、表出態度の決定には、どの程度の規範の力が働いているのか。世代ごとの待遇表現行動の個人差の大小（規範性の強度）から、その規範性のあり方を観察することができる。

　そこで本節では、このような規範性の「強度」の指標として、5段階評点で回答を得た「怒り評点」と、攻撃的な「口調評点」の標準偏差を分析することにした。

4.2　マイナス待遇の契機への評価と表出態度評点の平均

　設定されたマイナス待遇の契機に対する「怒り評点」と「口調評点」の平均値を見ると、契機に対する評価と表出態度の概ねの傾向がつかめる。両評点の世代ごとの平均点は、それぞれ表3、4のとおりである。

表3　怒り評点の平均（最低点1、最高点5）

	親しい関係			疎遠な関係		
	上 (N=63)	同 (N=62)	下 (N=59)	上 (N=60)	同 (N=62)	下 (N=58)
中学生	2.17	3.30	2.53	3.42	2.66	3.42
実年層	1.86	2.32	2.07	2.57	2.30	3.08

表4 攻撃的口調評点の平均（最低点1、最高点5）

	親しい関係			疎遠な関係		
	上 (N=63)	同 (N=62)	下 (N=59)	上 (N=60)	同 (N=62)	下 (N=58)
中学生	1.97	2.25	2.41	2.54	3.07	3.03
実年層	1.42	1.92	2.02	1.85	2.18	2.73

　表3、4を見ると、中学生の場合、親同に対しては怒り評点が高く（3.30）、口調評点が低い（2.25）。評価表出態度の分析では、中学生は、親同に対して「抑制」の態度を多くとっていた。表3から、その抑制は、強い怒りを抑制して表出するものであったことがわかる。そのほか、実年層は全体的に、怒り評点・口調評点ともに中学生よりも低いことや、怒り評点は、点数の変動が上下関係との関係で読み取りにくいが、口調評点は中学生、実年層ともに、目上に対しては低く、上下関係の影響が明確であることなどがわかる。

　ただし、各回答者が平均点に近い評点を回答しているのか。あるいは、回答された各評点は平均点付近に集中せずにばらついているのかは、平均点の分析からは観察できない。

4.3　世代ごとの評価と表出態度のばらつき

　回答の個々人によるばらつきの大小は、回答の標準偏差の値の大小から観察できる。そして、標準偏差から、各回答の平均点からのばらつきを見ることによって、各世代の回答の規範の強さを測ることができる。

　一つ一つのデータが平均点に近い値であるほど、つまり、回答のばらつきが小さいほど、標準偏差は小さな値をとる。逆に一つ一つのデータが平均点から遠い値であるほど、標準偏差の値は大きくなる。

　次ページの図6～図9は、それぞれの評点の回答のばらつきを標準偏差で示したものである。

　これらの図から、怒り評点、口調評点の別を問わず、また、相手との関係の違いを問わず、指摘できる世代差が図6～図9では見られる。すべての図で、実年層の標準偏差は、中学生の標準偏差を下回る。つまり、実年層のほうが、回答者個々人による評点のばらつきが小さい。

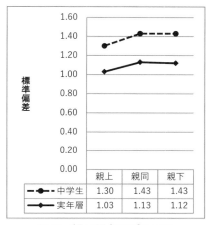

図6 怒り評点のばらつき
（親しい間柄）

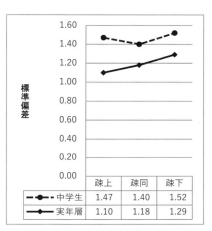

図7 怒り評点のばらつき
（疎遠な間柄）

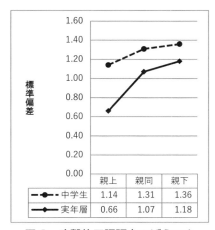

図8 攻撃的口調評点のばらつき
（親しい間柄）

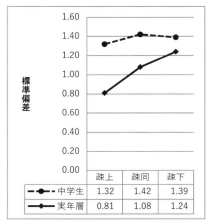

図9 攻撃的口調評点のばらつき
（疎遠な間柄）

このことは、この設定場面における、マイナス待遇の契機に対する評価付与や表現態度のあり方は、中学生では実年層よりも個人差が大きく、その規範性が弱いことを示している。つまり、中学生は待遇表現行動の規範を習得・形成しきっていないことが推定される。

また、親上・疎上の怒り評点と口調評点の標準偏差は、中学生の疎上（図7）を除いて、他の相手よりも低い値をとる。いっぽう、目下に対しては、親しい間柄の怒り評点を除いて、目上・同等よりも標準偏差が高くなっている。目上に対する評価付与と口調のあり方には、統制された強い規範があるが、目下には目上に対してのような強い規範はない。

さらに、疎遠な間柄の相手への怒り評点と口調評点の標準偏差は、中学生の同等を除いて、親しい相手よりも高い値をとる。疎遠な間柄の相手のほうが、評価付与と表現態度のあり方は統制されないようである。

4.4　回答のばらつきの分析から得られる考察の視点

このような分析をとおして、従来とは異なる、待遇表現行動の分析の視点を得ることができる。

従来の待遇表現行動における、相手による待遇表現形式の使い分けの分析は、親疎・上下などの相手に、どのような形式が使用されるかを明らかにするものが多かった。その分析は、各待遇表現「形式」の待遇的な意味を明らかにするために有効であった。待遇的な意味は、対人的なことばの使い分けという言語行動から帰納されるものである。しかし、そもそも、使い分けという言語行動が、相手が変わっても、同じような確実性で実現されるかどうかは、ほとんど問題にされてこなかった。

中学生の待遇表現行動は、表現形式の選択以前に、事態への評価や、表出態度が実年層よりも安定しない。表現・待遇される事態が、どのように評価され、どのような言い方をすればよいのかということ自体に、中学生は強い規範を持てずにいるのである。

この状況が、中学生の待遇表現形式の選択を、不安定なものとさせているのだろう。「十代は、まだ、ことばの学習中」（柴田1995）と指摘される。ま

た、尾崎（1997）では、待遇表現形式がどの程度の機能負担量を持っているかを明らかにしようとした。そのようなことばの待遇的な意味や選び方の習得だけではなく、待遇表現行動の習得には、事態への評価、表現態度のあり方の習得が含まれていることが、この分析から指摘できる。

また、疎遠な間柄や、目下への評価付与や表出態度のあり方は、親しい間柄や目上に対してよりも安定していない。逆に目上に対しては安定している。事態への評価や、とるべき表現態度が規範として安定している目上に対する待遇表現行動は習得しやすいだろう。いっぽうで、とるべき表現態度が規範として安定していない、疎遠な間柄や目下に対する待遇表現行動は、その習得は重要であるが、難しいものであろう。

なぜなら、疎遠な間柄や目下の相手に対しては、一人一人の話者が、手本とすべき評価付与、表現態度のあり方についての規範が弱いからである。

このような状況が、日本語社会の様々な社会集団や、他言語との間で、どのような多様性を見せるのかということも、対人関係を調整する言語行動の研究課題として興味深い。

5. まとめ

前章および本章に見られた分析結果によって、事態把握から卑語形式の選択に至るまでのプロセスには、図10（次ページ）のような加齢変化が想定できる。

図10は、加齢変化と同時に、卑語形式の選択というマイナスの待遇表現行動が、どのような要因に影響を受けて成立しているかという点についても示したものである。太い矢印は加齢変化を、細い矢印は評価表出態度や卑語選択への影響関係を示している。

この図は、左上の「中学生：強い怒り」から矢印をたどると、理解されやすい。本章の4.2の表3で見たように、中学生は設定された事態を、実年層よりも強い怒りをもって把握する。その怒りは、とりわけ親しい同等や疎遠な相手に強くなるが、そのまま怒りを表出できないため、「抑制」の評価表

出態度がとられる。

しかし、「抑制」の評価表出態度がとられているにも関わらず、中学生は卑語形式が多く選択されることも、分析結果としての事実である（第6章、第9章5節）。これは、卑語形式の使用に対する社会からの規制が、中学生には未だ浸透していないからであると考えられる。中学生の間は、評価表出態度の規制は働いても、表現選択の規制はあまり働いておらず、2つの規制は独立している。また、前章で女子中学生の傾向に見たように、中学生は、マイナス評価を表出するための多様な表現技術が未習得であることも、卑語

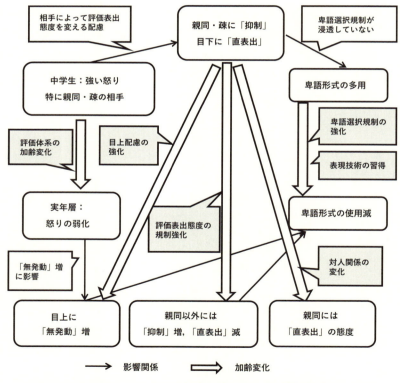

図10　中学生から実年層にかけてのマイナス待遇表現行動の変容

形式を多用することに関係しているだろう。

　いっぽう、実年層になると、同じ設定場面に対して、強い怒りを抱かなくなる（図10左「実年層：怒りの弱化」）。このことは、加齢にともない、何をどのように評価するかという、評価体系が変化していくことを示している。

　評価体系が変化し、この場面設定に、怒りを抱かないことも多くなるため、実年層では「無発動」が出現しやすくなる。これに加えて、マイナス評価を表出することは、社会進出にともない規制されるようにもなる。目上や目下に対してマイナス評価を表出することも、中学生から実年層になるにつれ、規制が強化される。これらから、評価表出態度としては、「抑制」が増加し、「直表出」が減少する。これら「無発動」「抑制」の増加と、「直表出」の減少は、実年層の卑語形式の使用減に影響を与えていると考えられる。

　また、実年層になると、卑語形式を選択すること自体の規制も強化され、さらに卑語形式を用いなくてもマイナス評価を表出できる表現技術も身についてくる。このような加齢変化も、実年層で卑語形式の出現率が低いことと関連しているだろう。

　規制が強まり、卑語形式を使用することも少なくなる加齢変化の中で、実年層では、親しい同等の人物が相手のときには、怒りをそのまま表出する「直表出」が多くなる。これは、中学生とは異なる結果であったが、「親しい同等」という相手の対人関係が、待遇表現行動上、変化したことを表している。

　以上から、卑語形式の選択というマイナス待遇表現行動には、次のような要因が関与していると考えられる。

1. 属性ごとの事態に対する価値付与のあり方
2. 属性ごとの卑語形式使用そのものに対する規制のあり方
3. マイナス評価表出態度に対する規制のあり方
4. 属性ごとに特有の対人関係把握のあり方
5. 属性ごとの表現技術習得のあり方

第8章

発話レベルの
マイナス待遇表現行動の分析(1)
―相手との対人関係による変化―

1. はじめに

　本章では、発話レベルのマイナス待遇表現行動の分析を試みる。卑語形式ではなく、発話や談話レベルでのマイナス待遇表現行動の研究は、いくつかの手法で行われてきた。悪態は、感情的な強いマイナス待遇表現行動であるが、W. Labov (1971) では儀礼的悪態のやりとりの分析がなされた。関崎 (2013) のように、話し手の対象に対する「否定的評価」を、談話の中で表出する手法について整理した研究も見られる。

　発話行為としての不満表明 (complaining) も、事態へのマイナス評価を表出するマイナス待遇表現行動である。不満表明については、発話レベルでの特徴が分析されている（初鹿野・熊取谷・藤森 1996、藤森 1997、李 2006 ほか）。初鹿野・熊取谷・藤森 (1996) では、不満表明を第二言語習得の観点から考察し、ストラテジーの使用状況や話線構造にまで分析が及んでいる。

　これらの研究では、いずれも話し手・聞き手のほか、文脈や場面の構成要素の違いを踏まえた分析がなされる。場面の構成要素がマイナス待遇表現行動に与える影響としては、第3章3.3に示した比嘉 (1976) の指摘についても考慮したいところである。以下に再度掲げる。

> 日本語の類義語の使い方は－中略－社会的にきびしく規制されているのでその制約そのものを破ることがきわどい悪態のつき方になる－中略－。日常の生活で「あなた」とさえ呼べない目上の人に向かって「おまえ」とか「きさま」と呼び、普段、命令形の使えない相手に「これを読め」のような直接命令文を使うことは、－中略－非常に効果のある悪態のつき方である。

　比嘉は、対人関係を維持するために、言語行動の「制約」があり、その制約が対人関係のあり方によって変動することを指摘した。話し手の世代・性別・所属集団や言語社会によっても、その「制約」のあり方は異なるだろう。

　第6章で具体的な姿の一端が明らかになったように、目上に対しては、感情卑語の選択が規制される。感情卑語の使用は、上下親疎などの対人関係よりも、話し手の感情性を優先して行われる感情性待遇の言語行動である。そして、上下親疎などの対人関係は、感情性待遇の規制力の強さに違いを与える。

　感情卑語の使用に見られた規制と、マイナスの感情を表出しようとする欲求との力関係は、分析対象を発話行動に拡大したとき、発話にどのような影響をもたらすだろうか。本章では、状況設定による面接調査で得られた発話データをもとに、対人関係のあり方によるマイナス待遇表現行動の変化について、発話レベルでの分析を試みる。

2. 発話レベルのマイナス待遇表現行動における分析の留意点

2.1 語用論的な性質

　マイナス評価を表出する手法には、単に卑語形式を選択するだけでなく、様々な修辞法や方略がある。このため、表現形式の丁寧さやぞんざいさのみからでは、分析対象とする発話がマイナス待遇表現行動なのかどうかを判定

することができない場合がある。

　　（1）　大変でしたね。ご苦労さまでした。
　　（2）　図太いヤツだな、お前は。

　（1）（2）がマイナス評価表明であると解釈されるのは、いずれも話し手が対人関係の維持のために「言うべきでない」ことを言っていると、聞き手が判断する場合である。（1）の発話は、文字通りにねぎらいの意図を表すこともできれば、無駄な仕事をした相手に対する皮肉な態度を表すマイナス評価の表明にもなる。逆に（2）は、文字通りに解釈すれば相手へのマイナス評価表明となるが、相手の積極的な姿勢を褒めるというプラスの待遇表現行動にもなりうる（第4章 5.5「みせかけのマイナス待遇表現行動」を参照）。

　（1）（2）ともに、その発話がマイナス待遇表現行動と判断できるのは、対人関係の維持のための制約を破っていると判断する場合であり、この判断には、文脈や話し手の意図を踏まえるという、語用論的な参照行為が必要である。待遇表現行動の待遇性を判断するためには、語用論的な解釈が必要なのである。

2.2　マイナス待遇表現行動の2つのタイプ

　先に掲げた（1）がマイナス待遇表現行動であった場合は、話し手が敬語使用によって、対象との過剰なへだて（大石 1975）を表している。大石（1975）は、初対面の人などに敬語を使うことを、「距離を置いた話し方」とした。そして、初対面の人相手に敬語を使わないと無作法に感じるのは、その行為にへだてがなく、初対面の人相手にとるべき距離がとれていないためであるとする。

　逆に、ごく親しい間柄でとってつけたように敬語を使ったりすれば、「気味が悪い」「なにを怒っている」のかと感じさせ、「親密をさまたげる」と指摘した。へだてのない表現が、無作法と感じられるか、好ましく感じられるかは、話し手・相手・場合によるという（大石 1975: 62–63）。

第8章 発話レベルのマイナス待遇表現行動の分析(1)

へだては話し手から対象を遠ざける扱いをする待遇表現行動であると言ってよい。しかし、すべての「へだて」がマイナス待遇表現行動となるわけではない。敬語使用によるへだては、相手との対人関係上の適正距離を保つためのものであれば、対人関係を良好に維持する言語行動となる。本書では、この場面に応じた対人関係の「適正距離」が論点となる。

皮肉としての(1)は、へだてが過剰であると判断される。これによって、分析者は、話し手が相手をマイナスに評価していると判断する。表現技術としては、(1)の場合は、過剰なへだてに、敬語という表現形式を選択するという手法が用いられているが、対人関係上の距離を遠ざける表現技術は、もちろん、敬語によってのみではない。

（3）　お早いお着きでいらっしゃいますね。
（4）　腹が立つ。もう知らん。寄るな。
（5）　〈発話なし。顔を一睨みしてそのまま帰る〉

(3)では、敬語使用のほかに、発話時の状況と文字通りの表現内容とのあからさまなギャップが、話し手の皮肉の意図を聞き手に推論させる。このような、相手を過剰に遠ざける表現態度を、文字通りの意味内容によって表出したのが、(4)の「もう知らん。寄るな」の部分である。また(5)のように、〈発話なし〉や〈そのまま帰る〉ことによって、相手との接触自体を、非言語的に断ち切る遠ざけ方もありうる。使用する言語形式や発言内容、非言語行動は様々であるが、いずれも対人関係の適正距離以上に遠ざける手法である。

（6）　ばかやろう。遅いんだよ。
（7）　どういうこと？　今何時だと思っているんだ？

いっぽう、(6)では、「ばかやろう」と罵倒したり、「遅いんだよ」と非難したりしている。(7)では、「どういうこと？」「何時だと思っているんだ？」などと、疑問の文型をとっているが、相手から返答を求めていない。

これらは、相手から返答を求めるよりも、相手に詰め寄ることを主目的とした、問いつめの表現態度をともなう発話である。

(6)(7)はいずれも相手に対して、対人関係の距離を、適正距離以上に縮める表現行動である。他に(4)「腹が立つ」といった要素による、自身の相手に対する悪感情の表出、(5)の実質的行動である〈一睨み〉によっても、話し手は積極的に相手に関与することができる。

ここにマイナス待遇表現行動の2つのタイプを認めることができる。すなわち、待遇対象が言ってほしくないこと、言うと不快だと感じるだろうことに踏み込んで述べるタイプの表現行動と、相手を遠ざけて対人関係を脆弱にさせるタイプの表現行動である。本書では前者を〈過剰関与型〉、後者を〈敬遠型〉と呼ぶことにする[1]。

そして、これらのマイナス待遇表現行動を行うためには、待遇表現形式や表現内容、実質的行動の選択といった多様な表現法があることが(1)〜(7)を例にして確認された。多様な表現法のうち、どのような状況で、どのような言語行動が、過剰関与型や敬遠型のマイナス待遇表現行動になるのか。この点については、一つの発話には、発話の機能的要素、待遇表現形式など複数の言語要素が含まれ、それぞれの要素がそれぞれの表現態度を表出できることに留意したい。

たとえば、前掲(7)の用例も、丁寧体が用いられると(7')ようになり、過剰関与と敬遠の両方の表現態度が表出されることになる。

(7再掲) どういうこと？　今何時だと思っているんだ？
(7')　　 どういうことですか。今何時だと思ってるんですか。

(7')は、相手を問いつめているという点では過剰関与型のマイナス表現行動である。しかし、この発話が(7)と同様、親しい友人に対するものであるならば、普段から用いない丁寧体の使用は、適正距離よりも過剰に相手を遠

1　インポライトネスとの相違点については、第3章3節、本章5節を参照してほしい。

ざける敬遠型のマイナス待遇表現行動にもなる。

　また (4) の「寄るな」のように、敬遠型の機能的要素を用いると同時に、普段は使用しない命令形を使用することで、過剰関与の待遇性が示されている。

　このように、過剰関与型と敬遠型のマイナス待遇表現行動は相容れないものではなく、両者が組み合わさることで複雑なマイナス評価表明の効果をもたらすことがある。それゆえに、発話レベルのマイナス待遇表現行動は、機能的要素や待遇表現形式などの複数の観点から分析する必要がある。

3.　データの収集方法

　2節で述べたマイナス待遇表現行動の性質やタイプは、発話レベルの待遇表現行動を分析する際の観点でもある。その観点から、どういった表現の運用がどのように規制されているかを明らかにする。また、以下の分析では、相手との上下・親疎の関係による発話行動の傾向の違いを相対的に観察することで、相手ごとの言語行動の規制のあり方を推定する方法をとる。

　場面設定は、話し手が非礼を受けるというものであり、その場面でどのように発話するかを聞く面接調査を実施した。実施期間は1996年11月から12月である。設定した非礼は次のようなものである。

弱非礼場面
（　）さんが道を聞くためにあなたのところに地図を持ってきました。あなたはその人のために一生懸命道を探していますが、その人はあなたの友達と横で笑ってしゃべっています。地図で道を見つけたので、こちらを見るように言うときどのように言いますか。

強非礼場面
今度も（　）さんのために地図で一生懸命道を探していますが、なかなか道を見つけられません。もう10分も探していますが、（　）さんはずっ

とあなたの友達と笑ってしゃべっています。あなたは我慢して一人で道を探していましたが、疲れてイライラしてきました。今度は一生懸命探しているあなたをおいて、どこかに行こうとしています。（　）さんを引き留めて（　）さんもこちらを見るように言うときどのように言いますか。

（　）内には、親疎関係、上下関係（目上、同等、目下）をクロスさせた6人の人物が入る。それらの聞き手は、回答者が実生活で接触する実在の人物を設定してもらっている。また、回答者がこれらの場面でマイナス評価をもつかどうかの指標として、「どの程度怒っているか」を尋ねた。さらに、表現態度についての指標として、「どの程度怒った口調か」ということについても尋ねている。

インフォーマントは実年層（30代〜50代）男女各10名。若年層（主に中学生）男女各10名の計40名である。

この調査では、質問紙法ではなく、面接調査法を採用した。発話レベルのマイナス待遇表現行動を分析する際に、発話時の心情や、回答者が日常的に接触する人物、職場の雰囲気などといった情報を得ることについても目論んだためである。また、発話者の意識により近づくため、筆者の出身地で方言の語感についての内省が可能な、奈良県にフィールドを絞った。

4. 対人関係によるマイナス待遇表現行動の変化

4.1　機能的要素の分類

各場面における回答者による口頭での発話回答から、以下のような、発話を構成する言語行動上の機能的な要素（以下、機能的要素）が抽出された。

〈回答例〉
1： bセンセー　aチョット　ヨロシーデショーカ
2： bチョット　eドコイクノ　gチョット　マッテクダサイヨー
3： bワエ（オマエ）　hヒトニ　サガサセトイテ　eナンド（ナンダ）
　　fシャベンノモ　エーカゲンニセー
4： b○○サン　cサガシテンノ　アリマセンネケド　dアト　ドーシ
　　マショー
5： iモーシラン　iジブンデサガシテー

A．発話の切り出し
　　a．断り（発話の切り出しに際して相手に断りを入れる）
　　b．呼びかけ（発話の切り出しに際して相手の注意を喚起する）
B．話し手のマイナス評価が明示的でない機能的要素
　　c．状況描写（話し手が把握している状況を評価を明示せずに描写する）
　　d．現状にどう対処するか相手の意向を問う
C．話し手のマイナス評価が明示的な機能的要素
　　e．問いつめ（相手を攻撃するのが主な目的。相手の返答を要求する
　　　ことを主な目的としない）
　　f．非礼の停止を求める。
　　g．非礼の改善を求める。
　　h．非礼の指摘・批判（非礼と見なした事態の描写や批判を行う）
　　i．接触回避表明（相手との接触を避ける意志を表す）

　Aの発話の切り出しには、「お話し中、すみません」などのメタ言語行動表現（杉戸1983bほか）や、「あのう」などの感動詞、呼称などによる呼びかけが多く用いられる。発話の切り出しに用いられるこれらの各種表現は、話し手の表現態度が表れやすい。よって、発話の冒頭で用いられながらも、発話全体の待遇性を方向づける役割を果たしうる。
　また、発話を構成する機能的な要素をa〜iに分類した。このうち、cと

dは文字通りの意味では、マイナス評価の表出が明示的でないものとしてBにまとめ、マイナス評価が明示的な要素e〜iはCにまとめた。

4.3 マイナス評価が明示的でない機能的要素の運用 —呼びかけの場合—

実年層の全回答における発話の切り出しに関する表現形式の出現状況を、表1、2に示した。

表1 発話の切り出し方の使い分け〈実年層・男性〉
C：context S：speaker（age） H：hearer

C	S＼H	親上	親同	親下	疎上	疎同	疎下
弱非礼	MA (58)	○	●	●	○	◎	●
	MB (54)				#		
	MC (54)			●		◆	●
	MD (50)			●		●	●
	ME (44)				☆		
	MF (42)		#		#	#	
	MG (38)	○	●●●	●◆◆	○☆	☆	
	MH (35)						
	MI (35)	○	◎		○	◎	◎
	MJ (34)	○●●	●◎	●	#●		
強非礼	MA (58)			●		●	
	MB (54)						
	MC (54)						
	MD (50)						●
	ME (44)						
	MF (42)				#		#
	MG (38)	○	●	●●	☆		●●
	MH (35)	◎					
	MI (35)	○	◎	▲	○	◎	●◎
	MJ (34)	○●	●●●	●●●●		●	

☆：切り出しの断り。オハナシチュースミマセンなど　#：躊躇を表す形式。アー　アノーなど　○：役職敬称（先生、支店長など）　◎：〜サン・〜クン・アナタ　●：チョット、ホラなど感動詞　▲：名前の呼び捨て　◆：卑罵的よびかけ（ワエ〈お前〉、コラ）　☐：「○○サン、○○サン」「チョット チョット」などの連続した呼びかけ（☆#は含まない）。

表2 発話の切り出し方の使い分け〈実年層・女性〉

C : context S : speaker (age) H : hearer

C	S＼H	親上	親同	親下	疎上	疎同	疎下
弱非礼	FA (56)	◎#	◎◎●	#◎●●	☆○	◎#	◎●●
	FB (55)						
	FC (53)			●			
	FD (49)			◎	☆	☆	
	FE (48)	●	●	●	☆		☆
	FF (47)			●●	●		●●
	FG (47)						
	FH (33)						
	FI (32)	◎			◎		◎
	FJ (30)			◆			
強非礼	FA (56)	◎	◎◎	●●●	○○	◎	◎
	FB (55)						
	FC (53)				☆		
	FD (49)			●●	☆	●●	●
	FE (48)		●				
	FF (47)			●			◎
	FG (47)						
	FH (33)						
	FI (32)						
	FJ (30)	#			#	#	

☆：切り出しの断り。オハナシチュースミマセンなど　#：躊躇を表す形式。アー　アノーなど　○：役職敬称（先生、支店長など）　◎：〜サン・〜クン・アナタ　●：チョット、ホラなど感動詞。　▲：名前の呼び捨て　◆：卑罵的よびかけ（ワエ〈お前〉、コラ）　□：「○○サン、○○サン」「チョット チョット」などの連続した呼びかけ（☆#は含まない）。

　発話の切り出しに現れる呼びかけは、記号◆の「ワレ」「コラ」などの卑語形式や、名前の呼び捨てなどが用いられると、マイナス評価が明示的である。そして、これらの卑語形式は、目上に対しては使用が規制され、全く出現しない。しかし、他にも目上に出現しにくく、同等や目下に出現しやすい呼びかけがある。

4.3.1　唐突な関与によるマイナス待遇表現行動

　表1、2では、同等や目下には卑罵的呼びかけ（◆）、名前の呼び捨て（▲）が、MC（54）、MG（38）、MI（35）、FJ（30）によって行われるが、目上には全く行われない。同等や目下には感情性待遇のマイナス待遇表現行動の規制が弱く、目上には強いことがわかる。

　実年層男性（表1）では、親上には「○」「◎」などの白丸系の記号が多く出現する。これらは「先生」「支店長」など、役職敬称による呼びかけや、「〜サン」「〜クン」など関係性待遇の性質を持つ接尾辞である。回答者の実年層男性は、全員が給与所得者である。彼らの場合、親しい目上への呼びかけ8件中7件が、○役職敬称によるものである。実年層男性は、職場内で親しい目上を想定することが多い。そのような事情が、役職敬称によって、相手が目上であることを表示し、対人的な距離を示しながら発話を切り出す傾向に表れる。

　実年層女性（表2）は、回答者10名のうち8名が専業主婦であった。このため、女性では役職敬称の出現数が少ない。専業主婦という話者属性には、職場組織内でのような役職上の上下関係が存在しない。専業主婦の場合、職場内ほど明確な上下関係の中で生活していないと考えられる。

　このためか、実年層の女性では、疎遠な目上には、目上を指示する待遇的な意味を持つ形式よりも、「☆」「♯」の記号が、他の相手より多く出現しやすい。☆印は「オハナシチュー　スミマセン」など、発話を切り出す際に断りを入れる要素であり、♯印は「アノー」などの感動詞を用いて、相手に関与することへの躊躇を示すものである。両要素ともに、発話による唐突な関与を回避し、適切な対人関係上の距離を調節しながら、相手に関与しようとするプラスの待遇表現行動である。

　この唐突な関与を回避する配慮と比べると、「チョット」「ホラ」など、聞き手の感覚に直接訴えかける表現行動は、相対的に唐突である。そして、「チョット」「ホラ」などは、目上には、親疎・非礼の強弱を問わず、目上には1件以下しか出現しない。これらの呼びかけが目上に出現しにくいのは、「チョット」「ホラ」が敬語形式ではないことのほかに、相手との関与を切り

出す呼びかけとしては、目上に対して「規制されるべき」唐突さであることの表れであると考えられる。

　その唐突さへの制約は、疎上にはさらに強く、「オハナシチュー　スミマセン」などの切り出しへの断りを出現させる。逆に、マイナス待遇表現行動の規制が弱い親しい目下に対しては、「コラ」などの卑罵的な感動詞による呼びかけを含めた感動詞による呼びかけ（●、◆）が、弱非礼場面では男女ともに10件中5件、強非礼場面では3件の発話で出現している[2]。

　「チョット」「ホラ」のように、聞き手の感覚に躊躇なく唐突に踏み込む発話の切り出しは、目上に対しては強く規制されている。それゆえに、目上に対して「チョット」「ホラ」などで発話を切り出すことは、規制を破る効果が大きく、強い過剰関与型のマイナス待遇表現行動になりうる。

　これら「チョット」「ホラ」などは、字義通りにはマイナスの待遇的意味を持たない。これらの感動詞は、マイナスの待遇的意味を言語形式に備えたマイナス待遇表現「形式」ではない。また、呼びかける相手が目上であることを指示するプラスの待遇表現形式でもない。しかし、上で分析したように、「チョット」「ホラ」の待遇表現「行動」上の特徴が明らかになった。

　図1を見ると、感動詞による呼びかけの待遇性がより明らかになる。

　目上・同等・目下（親疎を問わない）へのそれぞれの「呼びかけ」のうち、「〇役職敬称」「◎クン・サン」「●感動詞（卑罵的でない）」の表現形式が占める割合を示したものである。

　同等や目下に対する呼びかけには、感動詞によるものがそれぞれ55.0％、75.0％と多く占めている。いっぽう、目上には10.5％の出現率である。マイナス待遇の意味を持たない表現形式であっても、対人的な適正距離を遠く保つべき目上には、「チョット」「ホラ」などの感動詞は、「言うべきでない」ものとして回避されている様子がうかがえる。

---

[2] このような感動詞の使用傾向は口頭で発話してもらう形式の調査方法で得られやすく、質問紙法では得られにくいだろう。

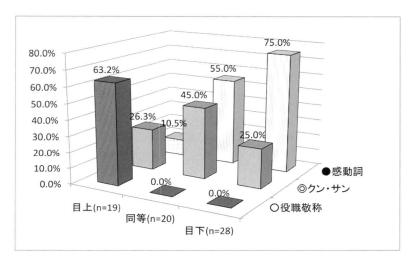

図1　対人関係による呼びかけの違い

　「オハナシチュー　スミマセン」「アノー」などを用いて、唐突な関与を避けるべき相手には、「チョット」「ホラ」などによる相手への働きかけは唐突であり、その唐突さは、過剰関与型のマイナス待遇表現行動になりうる。逆に、「チョット」「ホラ」で通常は話しかける相手に、「オハナシチュー　スミマセン」と話しかけると、過剰に距離をとりすぎる「敬遠型」のマイナス待遇表現行動になるものと推定される。

4.3.2　くどい呼びかけによる過剰関与

　表3は、実年層男女20人の弱非礼場面・強非礼場面で、「～サン、～サン」「～クン、チョット」「チョット、チョット、チョット」のような、連続する呼びかけの出現数をまとめたものである。目上・同等・目下はそれぞれ親疎をまとめて集計している。したがって、表3中の目上・同等・目下の発話の母数は、回答者の男女20人×弱非礼・強非礼（2場面）×親疎（2種の相手）の合計80発話となる。このうちの連続する呼びかけを含む発話数を、表3にまとめた。

表3 連続する呼びかけを含む発話の数
（80発話中）

	目上	同等	目下
出現数	2	5	11

　強く関与することが抑制的になる目上に対しては、連続する呼びかけは少なく、目下には多くなる。卑罵的でない呼びかけであっても、一回一回の呼びかけは相手に関与するものであり、呼びかけを連続させることは、相手への関与量を増大させ、くどく相手に関与することになる。そのくどさが、距離を遠く保つべき相手には過剰な関与になりうることが、目上への連続する呼びかけの出現数の少なさから推定できる。

4.3.3 「唐突さ」「くどさ」がマイナス待遇表現行動になるとき
　これまでの分析から、「唐突さ」「くどさ」などが相手によっては、規制されることが指摘された。しかし、一つ一つの表現形式・表現要素にマイナス評価が明示的でないため、その形式・要素の運用は、規制されるべき表現行動として話し手の意識に上りにくいのではないだろうか。こういった言語行動を無意識に行い、期せずして、相手に不快な思いをさせることもあるだろう。
　逆に、聞き手への待遇法として、これらの規制を破り、意図的に「唐突さ」「くどさ」を表現すれば、過剰関与型のマイナス待遇表現行動となる。

4.4　マイナス評価が明示的な機能的要素の運用
　次に、マイナス評価が明示的な表現要素の運用の全体像を、表4、表5にまとめた。両表の網かけは、以下のような文体上の特徴を示している。

4. 対人関係によるマイナス待遇表現行動の変化 | 171

□：丁寧体の使用　　■：丁寧体と普通体の混用
▨：過剰な「へだて」としての丁寧な文体の使用（話者の内省より）

表4　マイナス評価が明示的な機能的要素の出現状況〈実年層・男性〉

C：context　　S：speaker(age)　　H：hearer

C	S＼H	親上	親同	親下	疎上	疎同	疎下
弱非礼	MA (58)	○	○	▲○	○	○	○○
	MB (54)	○○	○○	○○	○○	○○	○
	MC (54)	○	▼○	▼■	▼■	■◆▼	▼■
	MD (50)	○		▲	○		▲
	ME (44)	▲	▲	▲	▲	▲	▲
	MF (42)	○○	○○	○○	○○	○○	○○
	MG (38)	▲					▲
	MH (35)	○▲▲	○▲	○▲	○▲	○▲	○▲
	MI (35)	○	○○	▲○○			
	MJ (34)	○	▲○○	○○▲	○▲▲		○▲
強非礼	MA (58)	▲	◆▲	◆◆▲	▲	◆▲	◆▲
	MB (54)	○▲	○▲	○▲	○▲	○※	○＊
	MC (54)	◆	◆	×	×	×	×
	MD (50)	※	※	■◆	※	※	◆
	ME (44)	▲	▲	▲	▲	▲	▲
	MF (42)	○	○	○	○	○	○
	MG (38)	▲▲	◆▲	◆▲	▲▲	▲▲	◆▲
	MH (35)	◆◆■▲	◆▲	◆▲	◆▲	◆▲	◆▲
	MI (35)	○○◇	◆◆▲	◆▲▲	○○○◇◇	◆◆▲	■■◆
	MJ (34)	◆▲	◆▲	◆▲	◆▲	◆▲	◆▲

○：状況描写（ココニ　アリマスヨ。ミツカリマシタ。ワカランナー。など）
◇：意向をうかがう。（アト　ドーシマショー。ココチガイマスカ。など）
◆：問いつめ（ワカラナクテ　イーノカ。ドコイクノ。）
▼：非礼停止要求（エーカゲンニセーヨ。シャベッテヤント。など）
▲：非礼改善要求（コッチ　ミテクダサイ。マッテクダサイ。など）
■：非礼の指摘・批判（ドッカイクナンテ　トンデモナイヨ。など）
※：接触回避表明（モー　シラン。ジブンデ　サガシテ。など）
×：無視（放っておく。協力を放棄する。）

表5 マイナス評価が明示的な機能的要素の出現状況〈実年層・女性〉

C：context　S：speaker(age)　H：hearer

C	S／H	親上	親同	親下	疎上	疎同	疎下
弱非礼	FA (56)	▲	▲◆	◆◆▲	▲	▲○	▼▲◆
	FB (55)	○▲	○▲	○▲	○▲	○▲	○▲
	FC (53)	▲	○▲	▲	○▲	▲	▲
	FD (49)	▼▲	▼▲	▼▲	▲	▲	■▼▲
	FE (48)	▼○▲	■▲○▲	■▼○	○▲	○▲	○▲
	FF (47)	◆◇▲	○▲	○	○▲	○	○
	FG (47)	○▲	▼▲◆	○	○	▲	○
	FH (33)	○▲	○▼▲	○	○▲	○▼▲	○▲
	FI (32)	◆	▲◆	○	○	▲◆	▲◆
	FJ (30)	○○○	○◆	○○	○	◇	○
強非礼	FA (56)	▼▲	▼▲■	▼▲	▼▲○■	▼▲■▼▲	▼▲○■▲
	FB (55)	▲	▲	▲	▲	▲	▲
	FC (53)	◆▲	◆▲	◆▲	▲	◆▲	▲
	FD (49)	○※	■▲▲	◆■▲	○○	○○※	◆▼▲
	FE (48)	▲	◆○▲	◆■○	○▲	◆○▲	■◆■
	FF (47)	◆◆	○	○	◆○※	○	○
	FG (47)	◆▲	▲◆	▼■◆▲	◆▲	◆※	◆■
	FH (33)	◇◆◆	◆▲	◆◇▲	◆◆	◆▲	◆◇▲
	FI (32)	▲○	▲	▲■	▲○▲	▼▲	▲■▲
	FJ (30)	○＊	○	○※	○※	○	○※

○：状況描写（ココニ　アリマスヨ。ミツカリマシタ。ワカランナー。など）
◇：意向をうかがう。（アト　ドーシマショー。ココチガイマスカ。など）
◆：問いつめ（ワカラナクテ　イーノカ。ドコイクノ。）
▼：非礼停止要求（エーカゲンニセーヨ。シャベッテヤント。など）
▲：非礼改善要求（コッチ　ミテクダサイ。マッテクダサイ。など）
■：非礼の指摘・批判（ドッカイクナンテ　トンデモナイヨ。など）
※：接触回避表明（モー　シラン。ジブンデ　サガシテ。など）
×：無視（放っておく。協力を放棄する。）
＊：非言語行動による敬遠（地図を返す。）

　過剰関与となりうる機能的要素は黒系統の記号で表現した。具体的には、問いつめ（◆）、非礼停止要求（▼）、非礼改善要求（▲）、非礼の指摘・批判

(■)である。敬遠型のマイナス待遇表現行動となりうる機能的要素には、相手との接触回避表明（※）がある。

こういった機能的要素だけで、マイナス評価は表明されるわけではない。2.2で示したように、待遇性を表現する言語事象は多様である。無視する[3]（×）、地図を返す（＊）という非言語行動や、文体や卑語助動詞の選択などからもマイナス評価が明示される。

4.4.1　機能的要素と丁寧体の使用

強非礼場面では、弱非礼場面よりマイナス評価の指標の「怒り」が強くなる。この場面への評価の違いは、機能的要素の出現に影響を与えている。表4、表5から、男女問わず弱非礼場面ではマイナス評価が明示的でない機能的要素の状況描写（○）が多く、強非礼場面ではマイナス評価が明示的な機能的要素（黒系記号）が多くなることが数量的な分析を待たずとも明らかである。この傾向は、マイナス待遇表現行動が抑制される目上に対しても消えない。

これに対して、丁寧体の使用は、弱非礼場面であっても強非礼場面であっても、丁寧体を用いる人に対しては一貫して用いる傾向にある。MC（54）の聞き手が疎の上の強非礼場面では無視、FH（33）の聞き手が親の上の強非礼場面での丁寧体文と普通体文の混合体使用の2例を除くと、目上に対して弱非礼場面で丁寧体を用いて、強非礼場面で普通体を用いているのは2例（35発話中）にすぎない。

また、疎の同年、目下に対する丁寧体の使用が、非礼の強弱で普通体に変化することもほとんどない。つまり、丁寧体・普通体の選択は、非礼の強弱という変数にほとんど影響を受けない、関係性待遇の性格が強い言語行動であることがわかる。丁寧体・普通体の選択よりも、機能的要素の選択のほうが、マイナス評価を敏感に表明できる言語行動であるとも言える。

また、女性が、敬語を上下関係よりも親疎関係によって使い分けること

---

[3] 無視（×）という回答はその理由を聞き、敬遠の意図があることを確認している。

は、しばしば指摘される。女性が親疎関係で敬語を使い分けるという指摘は、目上でなくとも、親しくない間柄では敬語を用いる状況から説明される。しかし、表5において、実年層女性は疎下に丁寧体（を含む）発話が回答されるのは、両場面10件中3件のみである。親下にも丁寧体の発話は皆無であり、従来指摘されていた実年層女性の親疎関係による丁寧体と普通体の使い分けの傾向は、目下の関係には及びにくいことが、表5からは指摘される。

4.4.2 マイナス評価が明示的な機能的要素の使い分け

マイナス評価を明示する機能的要素は多様であり、その種類の選択によって対人関係上の配慮が行われている。その具体的な使い分けを、表6から表10にまとめた。

表の数値は、弱非礼場面・強非礼場面、男女のデータをまとめて算出した出現件数である。表4、5の非礼改善要求（▲）は、どの場面・相手にも多く出現して使い分けの傾向が見られにくいため、分析対象から外した。

表6 ◆ 問いつめ

	親	疎	計
上	11	6	17
同	16	13	29
下	16	13	29
計	43	32	75

表7 ▼ 非礼停止

	親	疎	計
上	3	2	5
同	5	5	10
下	5	5	10
計	13	12	25

表8 ■ 指摘・批判

	親	疎	計
上	1	2	3
同	4	2	6
下	8	9	17
計	13	13	26

表9 ◆▼■ 過剰関与型

	親	疎	計
上	15	10	25
同	25	20	45
下	29	27	56
計	69	57	126

表10 ※＊× 敬遠型

	親	疎	計
上	3	4	7
同	1	7	8
下	2	5	7
計	6	16	22

問いつめ（ワカラナクテ　イーノカなど、表6）、非礼停止要求（エーカゲンニ　セーヨなど、表7）、非礼の指摘・批判（ドッカイクナンテ　トンデモ

ナイヨなど、表8）といった、マイナス評価が明示的な機能的要素の使用は、相手による規制のあり方に、共通する部分と異なる部分とがある。

共通する部分は、これらの過剰関与型の機能的要素が、目上に対して用いられにくいということである。目上に対しては、問いつめが17件、非礼停止要求は5件、指摘・批判は3件と、同等・目下よりも出現数が少ない。異なる部分は、非礼の指摘・批判（■）のように、目上だけでなく同等の聞き手に対しても用いられにくいものがあるということである。

非礼の指摘・批判のようなマイナスに評価した事態に接し、諭すような表現態度を表出する要素は、目下に対して多く用いられている。諭すような表現態度をとると、その相手を目下扱いしているように受け取られやすいため、同等の相手には使用されにくいと推定される。

このような点からは、機能的要素の使用についても、その種類によって、相手による使用する制約が異なっていることがわかる。

これら、過剰関与型の機能的要素の出現数を表9にまとめた。過剰関与型の機能的要素の運用規制を、出現数の少なさに置きかえて見れば、目上＞同等＞目下の順で強い。しかし、相手との親疎関係には大きな影響を受けない。

いっぽう、敬遠型は逆の結果となる（表10）。敬遠型の内容を表す機能的要素は、出現数は少ないものの、親しい相手には6件、疎遠な相手には16件と明らかな差がある。その使い分けは上下関係よりも、親疎関係に影響を受け、疎遠な関係の相手に敬遠型の表現態度はよくとられている。普段から人間関係が希薄な相手には、関与を続ける必要性が低いためであろう。

5. おわりに―ポライトネス理論に触れつつ―

本章では、発話レベルでのマイナス待遇表現行動を分析するにあたっての問題点を検討し、表現形式・文体のみによるマイナス待遇表現行動の分析の限界を指摘した。また、マイナス待遇表現行動に過剰関与型・敬遠型の2つのタイプを認めた。

これらを踏まえ、場面想定法による面接調査から得た発話回答データから、対人関係によるマイナス待遇表現行動のあり方の分析を試みた。そしてまずは、呼びかけの要素の分析からは、発話の唐突さ、くどさといった特徴が、過剰な関与となりえることを指摘した。また、過剰関与となりうる呼びかけが、上下・親疎の軸で使い分けられる様子を明らかにした。

呼びかけの表現形式は、潜在的にマイナス待遇表現行動で用いられる意味的な性質を持っているが、その効果を発揮するかどうかは、使用状況による。潜在的にマイナス待遇表現行動になりうる発話の特徴が、発話の現場のどのような条件下で、マイナスの待遇表現行動となるのかという点については、会話資料などによるさらなる検証が必要であろう。

また、本章では、マイナス評価が明示的な機能的要素のうち、過剰関与型の機能的要素の使用には上下関係が強く影響し、敬遠型の機能的要素の使用には親疎関係が強く影響していることも明らかにした。

敬語や卑語といった待遇表現形式以外の発話行動にも、社会的に規定される上下・親疎関係が影響を与えている。このような適正な距離の取り方は、Brown & Levinson (1987) で提唱されているポライトネス理論のフェイスを補償する行動として捉えることも可能であろう。

いっぽうで、過剰関与型や敬遠型の機能的要素が、上下関係や親疎関係によって使い分けられる顕著な傾向は、話し手による聞き手への待遇表現行動が、聞き手個人への待遇であるのと同時に、社会に規定された言語行動のルールに基づこうとして行われているものであることを示している。つまり、「聞き手個人のフェイスを補償する」ことだけではなく、「対人関係の社会的秩序の維持」を重要視する話し手の言語行動の志向がうかがえる。

フェイス侵害度の重みを決定づける一要素として上下関係・親疎関係[4]を考慮することは、相手個人との対人関係を良好に保つことに主眼を置いた言語行動の観察につながる。しかし、日本語社会[5]においては、上下関係や親

4　Brown & Levinson (1987) における、ある場面でのフェイス侵害度の重み (Wx) を構成する要素としての P や D に当たる。

5　むろん、日本語社会だけの特徴と主張する意図はない。

疎関係といった社会的・公的な対人関係の制度を維持することに主眼を置いて、話し手は言語行動を変化させているという見方も可能である。この見方は、日本を含む非西欧社会におけるセルフが、社会的なセルフであり、社会の人間関係に応じて変化し、その時々で場の中に自己が位置づけられるとする、井出祥子の主張（井出 2006）とも関連する。

　つまり、たとえば「目上」という「社会」や「公」に権威づけられた相手へのマイナス待遇表現行動は、目上「個人」との対人関係より、むしろ、目上をマイナスに待遇することで生じる批判、社会的・公的制裁を意識して行われるとも考えられるのである。そのように考えれば、親しい話し相手に対して話題の目上の人物を敬語形式で待遇する、素材待遇の言語行動も説明できる部分がある。話題に出した目上の人物を、目上として待遇しないことが、話し手の社会的評価を下げるという側面は否定できないだろう。

　また、社会的・静的な人間関係のあり方に言語行動が影響を強く受ける言語社会においては、対人的な言語行動の具体的なあり方は、当該社会が「目上」や「目下」などをどのように価値づけているかという、個別社会の対人関係観に影響を受けることになる。

　そのような観点に基づいて、多様な個別社会の、多様な言語行動の特徴を捉えるという、対人的言語行動研究のアプローチがありうる[6]。

6　このようなアプローチの実践として、筆者は感謝・謝罪の言語行動を分析したことがある（西尾 2012b）。

第9章

発話レベルの
マイナス待遇表現行動の分析(2)
―補償的表現スタイル―

1. はじめに

　待遇意図や表現欲求を表出するために用いられる言語的・非言語的要素は多岐にわたる。その要素には、語彙・文型・文体・文の長さ・音調・話題などが含まれる（南1987）。そして、それらの言語要素が複雑に、あるいは単純に組み合わさり、待遇表現行動は形をなす。

　対象へのマイナス評価を表明する際、対人関係維持のため規制や配慮は、こういった要素の組み合わせにどのような影響を与えるであろうか。また、言語や言語変種の待遇表現形式の体系性、話し手の言語運用能力といった点から、マイナス待遇表現行動が制約を受けることもある（第6章参照）。そういった規制の中で各言語要素の選択はいかにして行われ、そして要素をどのように組み合わせて、ひとまとまりの発話を構築しているのか。

　この発話構築に、話し手の属性による傾向があるならば、その傾向に沿って行われる言語行動は、属性ごとのマイナス待遇表現行動の表現スタイルとして見なすことができる。そのような表現スタイルについて、特徴の一端を明らかにすることが本章の目的である。

　とりわけ、本章では、話し手が特定の言語要素の使用について社会的な規制を受ける場合、他の言語要素を用いてマイナス評価を表明しようとする言

語行動の特徴を指摘する。そして、この特徴が各属性に傾向的に確認できる場合、本章ではこれを、マイナス待遇表現行動の補償的表現スタイルと呼ぶ。

なお、本章では、第8章で分析対象とした調査から得たデータに基づいて、分析・考察を行う。

2. 規制を受ける表現の諸要素

プラスの待遇表現行動は、しかるべき行動形態を実現しないと失礼になってしまうことが多い。

　　（飛行機内でキャビンアテンダントが眠っている乗客に）
　　お客様、お休み中申し訳ございませんが、シートベルトをお締め下さいませ。

この表現の言語要素を、次のように操作すると失礼、または場違いな表現になってしまう。

　　文型：お客様、お休み中申し訳ございませんが、シートベルトを<u>締めなさい</u>。
　　表現の意味的内容の連鎖順序：
　　　　<u>シートベルトをお締め下さいませ。</u>お客様、お休み中申し訳ございません。
　　語彙：<u>お客さん、寝てるところすみませんが</u>、シートベルトをお締め下さいませ。
　　表現量：お客様、シートベルトをお締め下さい。
　　言語変種：お客さん、お休み中えらいすんまへん、シートベルト締めとくんなはれ。

このように、プラス待遇表現の場合、文型・連鎖順序・語彙・表現量・言

語変種などの言語要素[1]の選択には何らかのルールがあり、待遇意図を表すために、統制される性格を持つ。言い換えれば、場の品位や対人関係を維持するために言うべきことを言う性格が強い。これに対してマイナス待遇表現行動は、先にも述べたように、対人関係を維持するために設けられている規制を破る性格が強い。

そして、多様な言語要素の運用には、場面、地域、性、世代などの社会言語学的な変数が関与することが予想される。

3. 分析の対象

上述のように、待遇表現行動において規制される言語要素は数多い。それらをすべて分析対象とすると、分析結果も難解なものとなるだろう。そこで、ここでは、分析対象を1) 機能的要素、2) 機能的要素数、3) 卑語形式の3点とする。

1) の機能的要素には、第8章4.1で行った分類に「罵倒・脅し（ボケ、シバクゾなど）」を加える。具体的には、以下のようなものである。

　　問いつめ（ワカラナクテ　イーノカ。ナニ　カンガエテンノ。など）
　　非礼停止要求（エーカゲンニセーヨ。シャベッテヤント。など）
　　非礼改善要求（コッチ　ミテクダサイ。マッテクダサイ。など）
　　非礼の指摘・批判（ドッカイクナンテ　トンデモナイヨ。など）
　　罵倒・脅し（ボケ、シバクゾ。など）
　　接触回避表明（モー　シラン。ジブンデ　サガシテ。など）

2) の機能的要素数とは、1) で分類した発話内の要素の出現数を指す。2) の機能的要素数について以下で補足する。

相手に向かって発話すること自体が相手への関与である。第8章で述べ

---

[1] 言語行動を構成する言語要素については林 (1978) に詳しい。

たように、マイナス評価が明示的でない待遇表現形式や機能的要素であっても、それらをくどく用いることによって、相手への関与の量が大きくなり、過剰な関与になりうる。その典型的な発話回答は次のようなものである。

　　　オイ　チョット　ドコ　イクネン。　チョット　チョット　ミテミー。
　　　　　　（強非礼場面の実年層男性（34）の回答。親同が聞き手）

　この発話には、「ドコ　イクネン」と問いつめの要素があるほか、4つの呼びかけの要素が、畳み掛けるように使用されている。
　この発話内の「オイ」「チョット」は、それぞれが呼びかけという一要素で、一文節である。「ドコ　イクネン」は問いつめという一要素で、二文節である。一つの機能的要素には文節数に幅があったり、同種の表現内容が一つの発話にいくつかあったりするが、文節数が少ない機能的要素も、重ねて使用されることで過剰な関与を行う手段として、有効なマイナス評価表明の要素となりうる。このため、相手への関与の度合いを、機能的要素数で測定する。
　そして、3）の卑語形式としては、次のような項目を認定した。

　　詰問の表現
　　　　（上述の「問いつめ」に同じ。問いつめは言語行動の一種でもあり、
　　　　卑語形式でもあると見なした）
　　行為要求表現の詰問形（コッチ　ミンカ。など）
　　行為要求表現の命令形（コッチ　ミロヨ。など）
　　卑罵的語彙（ボケ。アホンダラ。コラ。など）
　　対称詞（ワエ（ワレ、お前の意）、オマエ。など）

　当該方言を母方言とする筆者の内省によれば、行為要求表現におけるぞんざいさの相対的位置関係は表1のようなものとなる。

4. 発話回答の多角的分析

表1 当該方言の行為要求表現の述語部分　今回の調査で得た主な語形のみ

このうち、網掛けを施した「ミロ、ミンカ、ミヨ」を卑語形式として見なした。真田・宮治・井上(1995)では奈良県西吉野村・大塔村における命令表現が詳しく調査され、表1で見られる以外の語形も確認されている。しかし、今回は本調査で出てきた語形のみを表に配置している。網掛けのない「ミー（下降調）」についてもややぞんざいであるが、より極端な形式をここでは卑語形式として扱う。

4. 発話回答の多角的分析

4.1 回答の全体像

弱非礼場面・強非礼場面（第8章3節参照）における、1) 機能的要素、2) 機能的要素数、3) 卑語形式の回答状況は、表2のとおりである。

この表は、設定した相手6人に対するすべての回答を集計したものである。また、表中の(e)は各属性カテゴリーで120回答中（2場面×相手6人×10人）の出現数である。

表2　各属性120回答における回答状況

	マイナス評価明示要素（a）	全機能的要素総数（b）	a／b（%）（c）	機能的要素の種類（d）	卑語形式を含む発話数（e）
実年男性	115	245	46.9%	1.80種類	22回答
実年女性	176	297	59.3%	2.25種類	0回答
男子中学	126	172	73.3%	1.41種類	62回答
女子中学	147	174	84.5%	1.43種類	12回答

まずは、表2のうち、世代差に注目したい。実年層は中学生よりも機能的要素の総数（b）が多い。また、全機能的要素に占めるマイナス評価が明示的な要素の割合（c）は、中学生の方が高く、中学生が端的にマイナス評価を表明するのに対して、実年層は様々な要素を駆使して発話を構築していることがわかる。一発話内で用いられる機能的要素の種類も、中学生より実年層のほうがも多い（d）。さらに、表には示していないが、一発話回答における機能的要素の組み合わせパターン数も、若年層は35パターンであるのに対して、実年層は88パターンと中学生の2倍以上であった。これらをまとめると(1)(2)のようになる。

(1) 実年層の発話回答では、機能的要素が多く使用され、要素の種類・組み合わせパターンも多様である。
(2) 中学生の発話回答には、機能的要素が少なく、要素の種類・組み合わせともにあまり多様性がない。

この世代差を表現技法の習得のプロセスと考えれば、中学生のうちは様々な機能的要素を操る能力が未成熟であるが、加齢とともに多種多様な機能的要素の運用能力が向上するようになると解釈できる。

次に性差に注目する。性差は（a）（e）の項目で顕著である。マイナス評価が明示的な機能的要素数（a）は、男性より女性に多くの使用が見られる。その反面、卑語形式を含む発話（e）は、女性よりも男性に多い。卑語形式（e）は、男子中学生＞実年層男性＞女子中学生の順で多く用いられ、実年層女性には全く用いられていない[2]。これらをまとめると(3)(4)のようになる。

(3) マイナス評価が明示的な機能的要素の使用は、女性に多く、男性に少ない。
(4) 女性には卑語形式の使用が少なく、男性には多い。

2　この属性間の順位は、第6章での命令表現の卑語形式の分析結果と一致する。

各性別内での世代差も興味深い。（ e ）の卑語形式は男性の場合、各世代 120 回答中、中学生は 62 回答に卑語形式が含まれるが、実年層では 22 回答と 40 件少なくなる。また、女性の場合、卑語形式を含む回答は若年層が 12 件で、実年層では皆無となる。卑語形式の使用には明確な性差がありながら、その中で世代差がある。この世代差は、中学生が加齢にともない、卑語形式使用の規制についての言語行動規範を身につけていくプロセスと見なすことができるだろう。

　ここまでの分析から、回答の世代差を加齢にともなう変化に置きかえた場合、（5）（6）のような 2 つの加齢変化を推定することができる。

　　（5）　加齢にともない、卑語形式の運用が規制されるようになる。
　　（6）　加齢にともない、機能的要素の運用能力が向上し、多種多様の機能的要素を使用し、要素数も増加する。

マイナス評価が明示的な機能的要素は、加齢にともなう、顕著な規制強化は見られない。むしろ、実年層女性は 176 件、若年層女性は 147 件で、実年層では 29 件多い。いっぽう、卑語形式使用の規制は実年層女性に顕著であった。

　以上、（1）〜（6）の分析結果についてのさらなる解釈は、表現態度と発話の特徴との関係性の分析をもとにして、次節で行う。

4.2　表現態度と発話の特徴

4.2.1　表現態度から見た「卑罵」表現

　前章では各言語要素の相手による使い分けを分析したが、ここでは言語要素の運用にかかる規制に注目する。このため、表現態度（怒った口調）の程度ごとに言語要素の出現状況を見ていきたい。まずは、卑語形式の出現状況を見ていく。口調がどの程度怒ったものであるか（表現態度の程度）ということと、卑語形式の用いられ方との関係は表 3 〜表 6 のようになる。

表現態度×卑語形式（表３〜表６）

表３　実年層男性

口調 ＼ 卑語表現	命令	卑罵	総回答数
とても怒った	42.9%(9)	4.8%(1)	21
怒った	14.3%(2)	0.0%(0)	14
少し怒った	17.9%(5)	0.0%(0)	28
ほんの少し怒	10.3%(3)	3.4%(1)	29
怒っていない	12.5%(3)	0.0%(0)	24

表４　実年層女性

口調 ＼ 卑語表現	命令	卑罵	総回答数
とても怒った	0.0%(0)	0.0%(0)	2
怒った	0.0%(0)	0.0%(0)	15
少し怒った	0.0%(0)	0.0%(0)	35
ほんの少し怒	0.0%(0)	0.0%(0)	37
怒っていない	0.0%(0)	0.0%(0)	31

表５　男子中学生

口調 ＼ 卑語表現	命令	卑罵	総回答数
とても怒った	77.3%(17)	27.3%(6)	22
怒った	65.0%(13)	0.0%(0)	20
少し怒った	50.0%(11)	0.0%(0)	22
ほんの少し怒	32.3%(10)	0.0%(0)	31
怒っていない	44.0%(11)	0.0%(0)	25

表６　女子中学生

口調 ＼ 卑語表現	命令	卑罵	総回答数
とても怒った	28.6%(6)	9.5%(2)	21
怒った	10.5%(2)	0.0%(0)	19
少し怒った	0.0%(0)	0.0%(0)	24
ほんの少し怒	11.1%(3)	3.7%(1)	27
怒っていない	3.6%(1)	0.0%(0)	28

％は横計。（）内は実数。また、総回答数の合計が属性間で一致しないのは「無視する」という回答を総回答数にカウントしていないためである。

　実年層女性では命令表現・卑罵表現ともに、全く使用が認められなかった。ぞんざいな言語形式の運用に対して、厳しい規制が存在していることが示されている。

　命令表現の「ミロ」「ミヨ」「ミンカ」については、実年層男性と女子中学生が、「とても怒った口調で」という表現態度のときに、大幅にその出現率が上昇する（実年層男性10％台→40％台、女子中学生10％台以下→30％弱）。もちろん、用いない場合のほうが多いのであるが、実年層男性と女子中学生の場合、命令表現が使われるとするならば、極めて感情的な口調のときであるということがわかる。

　いっぽう、男子中学生の場合は、怒った口調が強くなるにつれて、命令表現の出現率は徐々に上昇する。この４属性の中では最も連続的に命令表現

が使い分けられている。このような傾向は、第5章で分析した関西方言の卑語ヨルも同様である。

　このように、命令表現は属性ごとに個性を持って運用されていることがわかる。これに対して、卑罵表現の運用は、男子中学生の「とても怒った口調」のときに集中し（27.3％）、表現態度の程度によって段階的に出現率が上昇するという様相を見せない。他の性・世代では、ほとんど卑罵表現は使用されないが、表3、4、6で使用が見られる全5件中、3件は「とても怒った口調」のときに使用されている。評価段階・表現態度決定段階ともに極めてマイナスの方向性を持ったときに卑罵表現は使用されるのである。

　この点は、マイナス待遇表現行動における卑罵表現の用いられ方の特徴である。西尾（2007: 194）では、「罵る」という行為には、次の2つの条件が含まれるとしている。

A. 激しい感情の高ぶりが表現されている。
B. 話し手は、事態への強いマイナス評価を表明している。

「卑罵語」とその他の「感情卑語」、また、「卑罵・罵倒」とその他のマイナス待遇表現行動とは、こういった性格の有無によって、区別することが可能である。そして、その区別によって、マイナス待遇表現行動のより詳細な把握が可能になる。このような区別は、当然のもののようであるが、これまでの待遇表現研究でこの区別をしているものは、ほとんど見られない。しかし、待遇表現行動の多様性を説明するにあたっては、有効なことがある。

　たとえば、実年層男性や女子中学生にとっての命令表現は、「とても怒った口調」のときに使用されることが多かった（表3、6）。また実年層の女性は、「とても怒った口調」であっても、使用されることがなかった。上に述べた、卑罵とその他のマイナス表現行動との区別を踏まえれば、実年層の男女や女子中学生にとって、命令表現の使用は、卑罵表現を使用するときのような、強いマイナス待遇性をもった言語行動である。これを卑罵的なマイナス待遇表現行動と呼んでもよいだろう。このような形で、マイナス待遇表現

行動の表現スタイルを説明することが可能になる。

前章の冒頭に示した比嘉(1976)からの引用のように、対人関係を維持するための言語行動の制約が、話し手の世代・性別によって異なっていることは、ここでも示された。そして、命令表現を用いるという行為の属性論的な意味の違いは、制約の強さとその制約の破り方という点から規定されることが指摘できる。

4.2.2 実年層女性の表現スタイル

マイナス評価を表出する際、ある言語要素の運用に強い規制がある場合、表現欲求を充足させるためにどういった処置がなされるのか。その様相を、卑語形式の運用に強い規制がかかっている、実年層女性の表現スタイルに注目して分析してみよう。

卑語形式でマイナス評価を表明しない(できない)実年層女性は、マイナス評価を強く表明しない(できない)のではなく、他の言語要素の運用によってマイナス評価表明を行っているという仮説を第6章4.2.1で示した。しかし、その場合、どういった言語要素の運用によって、マイナス評価が表明されているのかという点にまでは、考察が及ばなかった。

ここで扱っているデータにおいても、実年層女性は卑語形式が全く用いられていない。しかし、実年層女性ではマイナス評価が明示的な機能的要素が多く用いられ、機能的要素数も多かった。

実年層男女が一つの回答で、マイナス評価が明示的な機能的要素をいくつ用いているのか、口調(表現態度)の程度ごとに見てみよう(表7、8)。口調の程度(5点〜1点)と、一発話内のマイナス評価が明示的な機能的要素数との間の相関係数は、実年層男性が0.36 ($p<0.01$)、女性は0.50 ($p<0.01$)となり、両者に相関が認められる。

つまり、実年層男女ともに、怒った口調の程度が強くなるほど、マイナス評価が明示的な機能的要素の出現数は多くなる傾向がある。ただし、実年層男性は、一発話内のマイナス評価が明示的な機能的要素数は、口調の強さによる増加の幅が小さい。いっぽう、実年層女性は口調の強さによる、一発話

内の要素数の増加の幅は大きい。実年層女性は強いマイナス評価の表明に、「問いつめ」「非礼停止」「非礼改善」「非礼の指摘・批判」などの機能的要素を用いることが、重要な手段となっている。

表現態度とマイナス評価が明示的な機能的要素数との相関（表7、8）

表7　実年層男性　　相関係数　0.36

口調＼黒記号数	\multicolumn{6}{c}{マイナス評価の要素数}	発話内黒記号平均出現数
	0	1	2	3	4	5	
とても怒った口調　　5点	1	13	5	2	／	／	1.38
怒った口調　　　　　4点	3	7	1	2	1	／	1.26
少し怒った口調　　　3点	7	9	10	2	／	／	1.25
ほんの少し怒った口調　2点	14	12	3	／	／	／	0.62
怒った口調ではない　1点	13	8	3	／	／	／	0.58

表8　実年層女性　　相関係数　0.50

口調＼黒記号数	\multicolumn{6}{c}{マイナス評価の要素数}	発話内黒記号平均出現数
	0	1	2	3	4	5	
とても怒った口調　　5点	／	／	／	／	1	1	4.50
怒った口調　　　　　4点	／	4	6	2	／	／	2.07
少し怒った口調　　　3点	1	18	13	3	／	／	1.51
ほんの少し怒った口調　2点	1	17	16	2	1	／	1.60
怒った口調ではない　1点	7	21	3	／	／	／	0.87

　図1、2（次ページ）は口調の強さと一発話内の機能的要素数（マイナス評価が明示的でないものを含む）との相関を示したものである。

　口調の変化にともなう、機能的要素数の推移に性差があることは、両図から明らかである。実年層女性は、怒りの口調が強い発話であるほど、一発話あたりの機能的要素数が多くなる。このことは、口調の程度と一発話あたりの機能的要素数の相関係数が、男性 0.10（n.s.）となり相関が認められないが、女性では 0.33（$p<0.01$）となり相関が認められることからもわかる。

　実年層男性では口調の強さと機能的要素数との相関は弱いが、実年層女性では相関がある。前章では、相手への関与のくどさが、相手への過剰な関与となり、マイナス評価表明の手段になりうることを指摘した。実年層女性

は、卑語形式を全く使用しないが、多くのことを述べることによって、相手に対して過剰な関与を行う傾向がある。

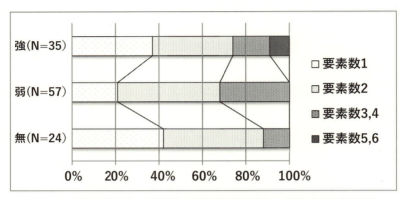

図1　口調の強さと一発話内の機能的要素数との相関（実年層男性）

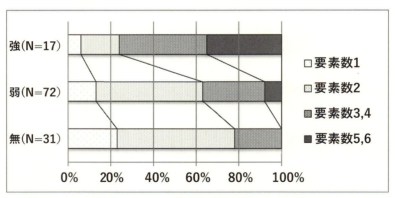

図2　口調の強さと一発話内の機能的要素数との相関（実年層女性）

図1、2の凡例
強＝怒った口調・とても怒った口調 弱＝ほんの少し怒った口調・少し怒った口調 無＝怒った口調ではない　　　　（　）内はそれぞれの口調における発話の総用例数

以上のような状況から実年層男性に比べて、実年層女性は機能的要素・機能的要素量によって聞き手に過剰な関与をし、マイナス評価を表明するという傾向を読み取ることができる。実年層女性は卑語形式の運用が厳しく規制されているために、マイナス評価が明示的な機能的要素を用いたり、機能的要素数を多く用いたりして、相手に過剰に関与する。これによって卑語形式の運用が強く規制されて用いられないことを補償し、実年層女性らしいマイナス待遇表現行動のスタイルを構築しているということになる。

4.3　マイナス待遇表現行動のスタイル

　以上から、マイナス評価表明のためにどの言語要素の運用に重きを置くかによって、マイナス待遇表現行動には以下に示すような言語表現スタイルを想定することができる。

　　言語形式重視型：コッチ　ミロヨ　ボケ
　　　　　　　　　　　　（強非礼場面、14 歳男子の回答。疎同が聞き手）
　　機能的要素重視型：ナニ　ヤッテンヨ　コッチ　ミーヨ
　　　　　　　　　　　　（強非礼場面、13 歳女子の回答。親同が聞き手）
　　機能的要素＋要素量活用型：チョット　マチ　ジブンノコトヤロ　ヒトニ
　　ヤラシトイテ　ナニシテンノ　ヨーカンガエ
　　　　　　　　　　　　（強非礼場面、49 歳女性の回答。疎下が聞き手）

　男子中学生のマイナス待遇表現行動は言語形式重視型。女子中学生は、卑語形式を用いず少ない機能的要素で端的にマイナス評価を表明する機能的要素重視型。そして、実年層女性は機能的要素と、その量によってマイナス評価を表明する機能的要素＋要素量活用型である。このようにして、属性ごとの表現スタイルが存在することを知りえる。
　むろん、これらの表現スタイルには折衷型が存在している。実年層男性は卑語形式が 4 属性内で 2 番目に多い。そして、機能的要素数も 2 番目に多い（表 2 参照）。実年層男性は、言語形式重視型と機能的要素＋要素量活用

型の折衷的なスタイルである。

5. 補償的表現スタイルの解釈

　これまでの分析により、同じ場面を設定しても、マイナス評価を表明するに際して、属性ごとに特定の言語表現スタイルが志向されるという傾向が認められた。なぜ、そういった現象が生じるのかについて、筆者の解釈を以下に示す。

　まず、中学生は機能的要素数・マイナス評価を明示する機能的要素の種類も少ない。記号の組み合わせパターン数も実年層の半分以下であった（実年層88パターン、中学生35パターン）。中学生は多様な機能的要素を複雑に組み合わせるよりも、卑語形式を用いることによって、マイナス評価を表明している。これには社会言語能力・語用論的能力（渋谷1992）の未成熟さが関わっているであろうことをすでに述べた。

　つまり、中学生には、マイナス待遇表現行動を行うにあたって、表現能力上の規制（制約）が存在する。この規制（制約）に対する表現欲求の補償として、男子中学生には、卑語形式の運用が目上以外には用いられることが憚られない回答状況が見られた。親疎の目上に対して、中学生は80回答中、卑語形式が含まれる発話回答は3件しか出現しないが、同等、目下の相手には160回答中、69件出現する。実年層は目上、同等、目下の全体で、卑語形式の出現は24件のみである。

　これらの状況からは、中学生では、表現能力上の規制（制約）だけでなく、目上以外の相手であれば、卑語の使用を厳密に回避しなくてもよいという規範が存在するとも考えられる。世代差を加齢変化として見れば、第7章5節で述べたように、中学生には、卑語の使用規制が未だ浸透していないとも言える。

　ただし、この69件のうち、女子中学生の卑語形式を含む回答は11件と少ない。女子中学生には、卑語形式の出現が少ないことから、その使用の規制は男子中学生よりは強い。これは女性という属性に卑語形式の運用が厳し

いことの表れとして位置づけられる。そして、中学生ゆえに、表現能力の未熟さという規制（制約）も強い。

　これらを補償する手段として、女子中学生には聞き手との関与を避ける敬遠型の表現が多く使用されるという特徴がある。中学生の敬遠型の要素を含む発話は15件であるが、それらのすべてが女子によるものである。

　実年層になると、卑語形式の運用は同等、目下に対しても規制が強くなる。しかし、この規制に対して、多彩な機能的要素を駆使することによってマイナス評価の表明が補償される（表2参照）。また、卑語形式の運用に対する規制が最も強い実年層女性は、関与しすぎてはいけないという規制を破り、機能的要素数を増やすことでマイナス評価表明を行っている。

　これについても、マイナス評価を表明するという表現欲求の充足が規制の強い言語要素によってできない場合、規制の弱い別の言語要素の運用規制を破ることで、それを補うというマイナス待遇表現行動の性質を示唆している。実年層男性は、卑語形式の運用にやや強い規制がかかる。これに対する補償として、実年層の男性は、マイナス評価が明示的な機能的要素という別の規制の弱い言語要素でマイナス評価を表明している。しかし実年層女性とは異なり、機能的要素数はマイナス評価表明に強く関わっていない。大人の男性の多弁は避けられる傾向にある。

6. むすび

　ここではマイナス待遇表現行動のスタイルを、言語形式・機能的要素・機能的要素量という複数の言語要素から分析した。データの量、音調、言語変種の選択など、分析する言語要素の選定などに課題は残るが、場面設定から得られたひとまとまりの発話が構築されるときの方向性について、社会言語学的な観点から分析することができた。

　またここでは、世代・性という観点からの分析が中心となった。しかし、重要なのは、世代差・性差が確認されたことだけではない。マイナス待遇表現行動の発話レベルの考察において、前提となるべき事柄が2つ明らかに

なったことである。その一つは、マイナス待遇表現行動への規制は話者の属性によって異なっていることである。もう一点は、ある言語要素に使用の規制が強い場合、規制の弱い言語要素によってマイナス評価を表明し表現欲求を補償する、いわば「補償的表現スタイル」が存在するということである。この場合、限られた言語要素を個別に分析して、言語行動のあり方全体の違いを考察することには注意が必要である。

さらに、言語要素にかかる規制のあり方は、人々の言語行動に関する慣習、能力などによって影響を受けると考えられる。女性が上品なことばづかいを好むという慣習はこれまで指摘が多いが、その慣習が発話構築に及ぼす影響についても、ここではその一端を明らかにすることができた。

また、命令形などの卑語形式は話者の属性によって、運用のされ方が大きく異なった。同じ命令形であっても、その使われ方が属性によって卑罵的であったり、なかったりする。待遇意図と言語形式との結び付き方が属性によって異なっていることを示す一例であるといってよいだろう。

なお、卑語形式が実年層の女性にこれほどにも強く規制されている理由については、今回はデータの性質上述べることができなかった。この点については規制のあり方の通時的考察が必要となるかもしれない。しかし、「規制のあり方」と「その理由」は、女性の言語行動に限らず、様々な社会的変数に適応して考えるべき研究課題である。

第10章

大学生における
マイナス待遇表現行動の地域差
―待遇表現行動の地域的変異―

1. はじめに

　ここまでは、待遇表現産出のプロセスモデル（第4章）を援用し、フィールドを特定地域（関西、奈良県）に絞って、特定の待遇表現形式（卑語形式ヨル）の待遇性や、待遇表現行動の性差・世代差についての考察を行ってきた。

　これに対して本章での主眼は、対象地域を拡大し、マイナス待遇表現行動の地域的変異研究の一例を示すことにある。日本語社会の中で、待遇表現行動の地域的バリエーションは、どのような形で存在するであろうか。

　敬語形式、卑語形式などの待遇表現「形式」のバリエーションや、身内尊敬用法の有無、無敬語などの待遇表現「体系」のバリエーションは、これまでに数多くの調査によって確認されている。その他にも、言語行動のバリエーション研究としては、発話量、談話の要素・機能的要素の選択、談話展開などの地域差や世代差を捉えようとしたものがあり、西尾（2008）では、それらを整理し、この分野の研究の展望を述べている。

　しかし、事態評価から表現選択に至るまでの表現産出プロセスを対象とした研究は、地域差研究にまで及んでいるとはいえない状況である。話し手による事態評価の地域差は、事態把握の社会規範の地域差である。そしてその事態評価に基づく、表現態度の形成や表現の選択に地域的な特徴があるなら

ば、それは待遇表現行動の地域的なバリエーションである。本章では、このような観点から、日本語行動の地域的多様性について、その一端を明らかにすることを試みる。

2. 表現行動のバリエーション

まずは、「表現行動のバリエーション」について述べる。

「表現行動」という術語は、言語行動と非言語行動とを包含する活動という意味で用いられる[1]。いっぽう、バリエーション(variation: 変異)は、表現の意味的同一性(referential sameness)が確保された複数の言語形式を指す。「ことばの意味」という点を厳密に考えれば、ことばのバリエーションの考え方を言語行動・表現行動に当てはめるのは、「バリエーションの内容を拡大して解釈」(渋谷 1998)しているということになる。

しかしながら、同論で渋谷が述べるように、バリエーションの規定の拡大によって、「研究対象もさまざまに広がる可能性」があり、研究対象の広がりは言語や言語行動の多様性を多角的に把握することにつながる。

実際、表現行動のバリエーションを考える場合、「同一性」を何に求めるかによって、様々な性質の異なる現象が考察対象となる。たとえば、「依頼」「詫び」など言語行動の目的に同一性を求めた場合に現れる表現行動のバリエーション。話の切り出し方など、会話を構成する特定の機能的なまとまりに同一性を求めた場合に現れる表現行動のバリエーションなどである。

本章で考察対象とするのは、表現産出の各プロセスに同一性を求めた、事態に対する評価の表出法に関するバリエーションである。たとえば、友人が待ち合わせに遅刻してきたという事態に対する待遇表現行動としては、次のA、B、Cのように、異質なバリエーションが考えられる。

---

[1] 言語行動と非言語行動を区別し、両者を「表現行動」と呼ぶ林(1978)と立場を同じくする。なお、本調査では非言語行動についてのデータは得られたものの、質・量ともに十分とは言えないため、考察から外すこととした。

A．事態への反応のバリエーション

「事態」に同一性を求めた、表現行動のバリエーション。

例1：遅刻という事態に対する表現行動のバリエーション。
- 1–1．相手が遅刻するという事態に対してマイナス評価を表出する表現行動を行う。
- 1–2．遅刻という事態に言及しない表現行動を行う。
- 1–3．遅刻の理由を案じ、相手を気遣う表現行動を行う。

B．評価表出態度のバリエーション

「事態評価」に同一性を求めた、表現行動のバリエーション。

例2：相手の遅刻にマイナス評価を下したときの表現行動のバリエーション。
- 2–1．マイナス評価を抑制して表出する。
- 2–2．マイナス評価をそのまま表出する。
- 2–3．マイナス評価を過剰に表出する。
- 2–4．マイナス評価を表出しない。

C．態度表出方法のバリエーション

「表現態度」に同一性を求めた、表現行動のバリエーション。

例3：相手の遅刻について、強く（弱く）マイナス評価を表出するときの表現行動のバリエーション。
- 3–1．遅刻したことを非難する。
- 3–2．遅刻した相手を罵倒する。
- 3–3．今後、遅刻しないように改善を求める。

以下で、これらのバリエーションについての説明を加える。

　事態を設定し、その事態での発話行動を回答として得る調査・実験は、これまで依頼や不満表明などの発話行為研究の中で、数多くなされてきた。この種の調査で性差や世代差、母語話者と非母語話者の違いなどを論じるもの

は、A の事態への反応のバリエーションを考察対象としたものとして位置づけられる。

　A の事態への反応のバリエーションを分析する研究には、留意すべき点がある。たとえば、感謝の言語行動の調査・実験では、回答者に感謝行動を引き起こす「契機となる」状況設定を行う。しかし、その設定された状況で、回答者が感謝の言語行動を行うことは本来、保証されていない。この場合の感謝行動の分析は、感謝行動の契機への対応について、その一部を分析しているに過ぎないのである。

　B の評価表出態度のバリエーションは、話し手が事態をマイナス評価で把握することに同一性を求める。評価表出態度とは、第 1 章 3.2.2 で述べた事態への評価を踏まえた対象の扱い方のことである。このバリエーションでは、「遅刻を腹立たしく思う」という評価に同一性を求めて、その評価をそのまま表出するかという評価の表出の程度や、皮肉や罵倒、教育的指導など、どのような態度で表現するかという態度決定の多様性、さらには、その態度決定に基づく具体的な表現行動の多様性が考察対象となる。第 7 章で行った分析は、評価とその表出の関係のバリエーションに関するのものであり、B のバリエーションの分析の一例である。

　C の態度表出方法のバリエーションでは、たとえば「遅刻を〈強く〉腹立たしく思い、それを抑制せずに表出する」という表現態度に同一性を求める。その特定の表現態度のもとに現れる表現行動の多様性が考察対象となる。

　以上のように、表現行動のプロセスのどの段階に同一性を求めるかによって、「同じ状況」で現れる表現行動のバリエーションは、より詳細に分類できる。そして、これらのバリエーションを区別することで、待遇表現行動における人々の配慮や表現法の多様性について、より詳細な理解を得られることが期待できる。これらの観点は、対照言語行動研究にも応用できるであろう。

　こういったバリエーションのうち、本章では特に評価表出態度（4 節）と態度表出方法（5 節）の地域的なバリエーションについて、質問紙調査の結果を

もとに考察する。

3. 調査
3.1 調査対象

ここでは、秋田大学、大阪大学、追手門大学、大阪府立大学、鹿児島大学の大学生 363 名のデータを対象とする[2]。回答者の情報は表 1 を参照されたい。

表 1　回答者の在籍大学と男女　　　（単位：人）

大学（地域）	地域出身者		
	男	女	計
秋田大学（秋田県中心）	58	51	109
大阪大学（関西圏）	6	13	19
追手門大学（関西圏）	37	22	59
大阪府立大学（関西圏）	24	44	68
鹿児島大学（鹿児島県中心）	54	54	108
合計	179	184	363

本調査で回収された 502 件のうち、中学生・高校生時代に外住歴がない回答者のデータ（363 件）を分析対象とする。

本章における「外住歴」について補足しておく。回答者の選定において、地域言語の変化の解明や記述を目的とする方言調査では、言語形成期と呼ばれる 15 歳前後までの居住地を問題とすることが多い。この言語形成期に外住歴がないことをもって、その話者が地域を代表することばの話し手であると認める。

しかし、対人関係に関わる言語行動においては、幼少期に過ごした地域よりも、上下関係や親疎関係などがはっきり現れてくる中学生からの居住地域が重要であると判断した。よって、今回の分析では回答者の中学・高校・大

---

[2] 調査時期は大阪府立大学は 2006 年。ほかは 1999 年である。本章は西尾（2000）に、大幅な加筆修正を加えたものである。

学における居住歴を重視している。以上の基準から、大学が所在する地域で中学・高校期を過ごした回答者のことを、表1に示した「地域出身者」としている。秋田大学では東北圏内、大阪大学・追手門大学・大阪府立大学では関西圏内、鹿児島大学では九州圏内で居住し続ける回答者が「地域出身者」に該当する。

ただし、関西圏以外は各大学がある県の出身者が大多数を占めている[3]。よって、大阪大学・追手門大学・大阪府立大学の地域出身者は「関西圏」で、秋田大学と鹿児島大学の地域出身者はそのまま大学名で分析を行うこととする。

そのほか、回答者の所属するクラブ・サークル団体があるか。あるのであれば、それは体育会系か文化系かを尋ねている。内訳は表2のとおりである。

表2 クラブ・サークルへの所属状況

	体育会系	文化系	両方	所属なし	無効回答
人数	99	88	5	135	36

この質問は、大学生内部での所属集団の違いによる、マイナス待遇表現行動の多様性を把握するために設定したものである。「両方」の回答は、体育会系・文化系のいずれにも含めて分析する。

3.2 調査法

調査法としては、国内の各地で量的なデータが必要であるため、質問紙法を採用した。第8、9章で分析の対象とした面接調査では、想定した状況での発話を口頭で実現してもらっている。この方法では、設問への回答以外についての有益な情報が多くの回答者から得られた。回答の際の音調や、表現選択の意図、設定した話し相手との関係性などについての情報である。

いっぽう、今回の質問紙調査でも、パラ言語・非言語行動情報について回答する者がいたが、例外的で少数である。よって、パラ言語・非言語行動情

---

[3] 東北圏出身者109人のうち89人（81.7％）が秋田県出身者、九州圏出身者108人のうち106人（98.1％）が鹿児島県出身者である。

報などを無視した上で、それでもなお現れてくる特徴を、本章では分析することとする。

3.3 状況設定と回答項目

本調査で行った状況設定は、次のイラストに示したものである。

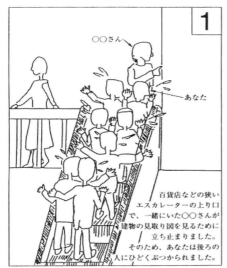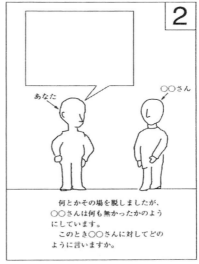

図1　状況設定

イラストで状況を説明したのは、文章から回答者が思い浮かべる状況に、なるべく個人差が生じないようにするためである。

本章では、この状況で、マイナス待遇表現行動の規制が最も緩やかであると予想される「地元の一番親しい同性の友人」が話し相手の場合について分析・考察を行う。「地元」としているのは、回答者が新入生の場合、まだ大学内で友人がいない可能性があることを考慮してのことである。これによって、新入生は高校時代などの友人を想定して回答できる。

この状況での発話を筆記回答してもらった後、話し相手ごとにどの程度の

マイナス評価[4]で事態評価しているかを、図2のようなスケールに丸をつける形で回答してもらった。

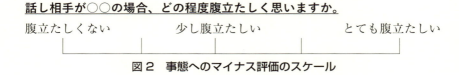

図2　事態へのマイナス評価のスケール

　なお、これらのスケールは集計・分析する際、左から順に1～5の評点を与えている。第7章と同様に、これら2つの評点の大小関係から、各回答における評価表出態度を推定する。そして、その評価表出態度の地域的バリエーションを見いだすことが、本章の目的の一つである。
　さらに、どの程度の腹立たしさを表現しようとしたか（表現態度）について、図3のようなスケールで回答してもらっている。

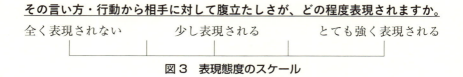

図3　表現態度のスケール

4.　事態評価から表現態度を形成するまで

4.1　評価表出態度の分類

　上述の調査法では、腹立たしさという事態評価から表現態度を決定するまでの評価表出態度に、いくつかのパターン回答を設定することができる。回

4　「腹立たしさ」をどの程度表現するかはマイナス待遇行動の一側面に過ぎない。しかし、「冷たくあしらう」「攻撃的に言う」「皮肉にほのめかす」など、非言語行動を含めた広範な表現行動を「腹立たしさを表現する」ということができる。

答者は、5段階評価のスケールを2つ回答するため、理論的には25の回答パターンが存在する。これら25種類の回答パターンごとに評価表出態度を推定し、表3のような分類を行った。第7章2節でも表3でいうところの「大分類」による分析を行ったが、本章では、7章の調査よりもやや規模の大きい調査が実現したため、さらに詳細に回答パターンを分類し「小分類」を設けている。

表3　評価表出態度の分類

分類記号	分類		回答パターン
	大分類	小分類	腹立たしさ－表現態度
a	無発動	なし	1－1
b	一致型	弱評価一致型	2－2　3－3
c		強評価一致型	4－4　5－5
d	無表出型	弱評価無表出型	2－1　3－1
e		強評価無表出型	4－1　5－1
f	抑制型	弱評価微抑制型	3－2
g		強評価微抑制型	4－3　5－4
h		強評価強抑制型	4－2　5－2　5－3
i	誇張型	無評価微誇張型	1－2　1－3
j		無評価強誇張型	1－4　1－5
k		弱評価微誇張型	2－3　3－4
l		弱評価強誇張型	2－4　2－5　3－5
m		強評価誇張型	4－5

　小分類名称内の〈無〉〈弱〉〈強〉や〈微〉は、次のような基準による名づけである。まずは、評点を〈1〉〈2、3〉〈4、5〉にくくり、それぞれを〈無〉〈弱〉〈強〉とした。次に事態へのマイナス評価評点と表現態度評点が一致しない場合は、その差の絶対値が2以上のものと1のものとを区別している。この区別が、それぞれ〈強抑制・強誇張〉〈微抑制・微誇張〉という名称に反映されている。

　評点1は、腹立たしさによる事態把握・腹立たしさの表出は「しない」という内省の回答である。腹立たしさ評点・腹立たしさの表出評点のいずれかが、評点1の場合は、もういっぽうの評点の〈強〉〈弱〉で、名称を決定し

た。

4.2 評価表出態度の傾向

4.2.1 評価表出態度の地域差・性差・集団差

表3の分類にしたがって、地域ごとに評価表出態度のパターン分布を集計した結果が表4である。

表4　評価表出態度の地域差の検証

相手： 親しい同年代の同性	秋田大 N=109	関西圏 N=146	鹿児島大 N=108	全体 N=363
a 無発動	8.3%	6.8%	10.2%	8.3%
b 弱評価一致型	32.1%	35.6%	39.8%	35.8%
c 強評価一致型	7.3%	6.8%	2.8%	5.8%
一致型合計	39.4%	42.5%	42.6%	41.6%
d 弱評価無表出型	5.5%	5.5%	4.6%	5.2%
e 強評価無表出型	0.9%	0.0%	0.0%	0.3%
無表出型合計	6.4%	5.5%	4.6%	5.5%
f 弱評価微抑制型	8.3%	8.2%	8.3%	8.3%
g 強評価微抑制型	4.6%	6.8%	3.7%	5.2%
h 強評価強抑制型	2.8%	0.7%	1.9%	1.7%
抑制型合計	15.6%	15.8%	13.9%	15.2%
i 無評価微誇張型	2.8%	4.1%	2.8%	3.3%
j 無評価強誇張型	0.9%	0.0%	0.0%	0.3%
k 弱評価微誇張型	15.6%	16.4%	16.7%	16.3%
l 弱評価強誇張型	4.6%	6.2%	5.6%	5.5%
m 強評価誇張型	1.8%	2.1%	1.9%	1.9%
誇張型合計	25.7%	28.8%	26.9%	27.3%

表4からは有意な地域差が確認されない。本調査の発話筆記回答では地域ごとに多彩な方言が用いられ、言語形式の地域差は著しい。しかし、マイナス評価をどのように表出するかという、評価表出態度の面では地域ごとの多様性が見られない。むしろ、大学生における回答が、3地域間で驚くほどに近似していることが注目される。

このような評価表出態度の近似は、日本語社会の地域間の共通性と多様性

とが、それぞれどのような側面に顕著であるかという問題を考える上で、示唆的な結果である。

なお、他の属性（性別、所属クラブ・サークル）を変数として、有意差検定を試みた（表5、6）。その結果、一部の回答パターンに、回答者の性別と所属するクラブ・サークルの違いによる出現率の有意差が確認された（χ^2検定、残差分析 *：$p<0.05$、**：$p<0.01$）。

表5　評価表出態度の性差

相手：親しい同年代の同性	男 N=179	女 N=184
* a 無発動	11.2%	5.4%
* f 弱評価微抑制型	5.0%	11.4%

表6　評価表出態度の所属クラブ・サークルによる差

相手：親しい同年代の同性	体育会 N=104	文化 N=93	なし N=135
* g 強評価微抑制型	**0.0%	8.6%	6.7%
* 誇張型合計	*37.5%	26.9%	*21.5%

性差としては、男性に「a 無発動」というマイナス待遇表現行動が発動しないパターンが多く、女性には「f 弱評価微抑制型」が有意に多い。これに対して、体育会系では強いマイナス評価を微抑制する「g 強評価微抑制型」タイプの回答がない。またi～mを合計した「誇張型合計」は体育会系に多く所属クラブ・サークルがない回答者には少ない。

設定した状況におけるマイナス評価を表出する際の評価表出態度は、話し手の背景社会に影響を受ける。地域という観点からは多様性を認めにくいが、性別や所属集団といった社会的属性の観点からは、評価表出態度の多様性が認められる。

4.2.2　大学生全体での傾向

次に、回答者の性別や所属集団といった属性を無視して、全体を集計した場合、どの表現態度形成のプロセスが多く出現するかを表4の「全体」の

欄から見る。最も集中するのは、大分類の一致型 41.6% であるが、それでも回答者の半分以下である。今回の状況設定でのマイナス待遇表現行動の評価表出態度は、一つのタイプに回答が集中せず、個人差が大きい。

しかし、マイナス評価を抑制しないという点で共通する「一致型」と「誇張型」の合計は、合わせて 68.9% と約7割に達する。設定された状況の親しい間柄では、マイナス評価を抑制せずに表出することが多いとは言えそうである。第7章では、中学生は親しい間柄の相手に対して、抑制的な評価表出態度が多く、実年層は非抑制的な評価表出態度が多かったことを示した。本章での大学生の傾向は、第7章の中学生の傾向よりも、実年層の傾向に近い。

ただし、一致型は b 弱評価一致型に回答が偏る。強い腹立たしさで事態を評価した場合は、一致型は選択されにくい（c =5.8%）。また、他の強いマイナス評価を事態に付与している回答パターンも出現率は低い（e =0.3%、g =5.2%、f =1.7%、m =1.9%）。型を問わず、強い腹立たしさで事態把握する割合は、合計 14.9% である。

このような結果は、本調査の状況設定が、強いマイナス評価を回答者に喚起しなかったことを示すものである。より強いマイナス評価が付与される事態下での評価表出態度の地域差・性差・集団差については、今後の検証を待たねばならない。

5. 表現態度と表現・機能的要素の選択

評価表出態度には地域差が見られにくいが、ある評点の腹立たしさの表出のもと、選択される言語表現には地域差が見られる可能性がある。つまり、2節で述べた C の態度表出方法バリエーションにあたる、表現態度に同一性を求めた表現行動のバリエーションについて、本調査では分析の余地が残っている。

そこで、腹立たしさの表出の程度と、それぞれの程度の表出態度のもとで使用される言語表現のバリーションを分析する。

5.1　分析項目

　表現態度を表出するために有効に働く表現要素の地域差を、対比的に示すことによって、表現行動の地域ごとの特徴を分析することができる。次の(1)～(4)の回答は、同じ表現態度評点「3（少し腹立たしさが表現される）」での本調査の回答であるが、かなり異なる特徴を備えている。

(1)　<u>ナニ　タチドマッテルノ(a)</u>　<u>チョット　ジャマダヨ(b)</u>（関西圏）

(2)　<u>イキナリ　トマルナ(c)</u>（秋田大学）

(3)　<u>オマエ(d)</u>　ナニ　カンガエテルンヨ(e)　<u>ハズカシーヤツダナ(f)</u>（鹿児島大学）

(4)　ヘンナトコデ　<u>タチドマラントイテヨ(g)</u>　<u>ビックリシタヤンカモー(h)</u>（関西圏）

　(1)の(a)は、疑問の文型をとっているが、疑問に対する返答を相手に期待せず、相手への強い関与を示す問いつめの表現である。(1)は、(a)と「相手が起こした望ましくない状況」の描写・判断(b)からなっている。(2)では、直接的な禁止表現で行為要求がなされている(c)。

　ほかに(3)では、相手の人物そのものを卑語形式「オマエ」(d)で待遇し、「ハズカシーヤツ」という評価的語句で描写・判断(f)しているのに対し、(4)では「ビックリシタヤンカ」と「話し手自身のこと」について言及(h)している。また、(2)と(3)(4)とでは発話量が大きく異なる。

　こういった発話の評価表出の形態に、地域的な傾向は認められるだろうか。本調査で量的分析に耐えうるデータ数を確保できた、「命令・禁止表現」「問いつめ表現」「マイナス評価語彙」の3種類を分析対象とする[5]。

5　本章の前稿にあたる西尾（2000b）でも、同様の分析を行っているが、関西調査の追加、分析項目の再定義のため、集計値が異なる。

5.1.1 命令・禁止の表現

一つめの分析対象は、(5)(6)のように、命令形・禁止形(動詞終止形＋ナ)および、これらに終助詞が付いたものである。ここでは、(7)のように、「〜しないか」の否定疑問の形をとる命令表現、(8)のように、命令形に引用の接続助詞「ッテ」が付加したものも分析対象とする。

(5) マワリノコトモ　カンガエロヨ。(鹿児島大学)
(6) オイ　トマンナ。(秋田大学)
(7) ハヨ　サキ　イカンカイ。(関西圏)
(8) ハヤグ　イゲッテ。(秋田大学)

引用節内の命令表現は、(9)のように待遇性が希薄になる。

(9) 昨日は、カラオケで後輩に「歌え歌え」って言われて、まいったよ。カラオケは苦手なんだけどね。(作例)

実際には後輩は「歌ってください」と言っていても、引用節内では「歌え」となり、行為要求表現は待遇性が削がれる形で引用されることが多い。このため、(5)〜(7)と同様に分析するべきではない。

しかし、(8)のような発話文では、「ッテ」は引用節を形成する働きを持たず終助詞化している。このため、(8)のような例は「命令形＋終助詞」の形と見なした。

これらの分析対象から、マイナス評価を表出する際に、命令や禁止といった強い行為要求を行うことについての地域差を分析する。

5.1.2 「何を／なぜ〜するのか」「どうなっているんだ」系の問いつめ

二つめの分析対象は、(10)や(11)のように、「何を／なぜ〜するのか」という形、(12)のように「どうなっているんだ」の形をとる問いつめ表現である。

（10）　オマエ　ナニ　シトン。（関西圏）
　　（11）　ナンデ　アンナドゴロデ　トマッタナヤ。（秋田大学）
　　（12）　ドナイヤネン。（関西圏）

　李（2003）では「問いつめ」について、「相手の意見を再確認し、相手の意見を批判的にとらえ」「聞き手に直接的な返答を要求するものではなく、聞き手の意志・行動を批判し、攻撃するのが主な目的」としている。また、西尾（1998）や本書第8章2.2では、「問いつめ」を「相手を攻撃するのが主な目的」「相手の返答を要求することを主な目的としない」行為としている。
　李（2003）の問いつめの規定によるならば、「ドカント　ジャマニナルヤンカ」のような表現[6]が分析対象となる。本章の前稿である西尾（2000b）でも問いつめ表現として、これを分析対象とした。
　しかし、確認要求表現の形をとる問いつめと、（10）〜（12）に掲げた問いつめとでは、マイナス評価の表出程度に違いがあると感じられる。このため、本章では確認要求表現の形をとる問いつめを集計対象から外した。

5.1.3　設定状況に対するマイナス評価語彙の使用

　三つめのこの項目では、相手がエスカレータで起こした状況について、話し手がマイナス評価を明示する語彙を扱う。

　　（13）　チョット　<u>ジャマダヨ</u>。（鹿児島大学）
　　（14）　ナン　<u>ボケーット</u>　ツッタッテンノ。（秋田大学）
　　（15）　ハヨ　ドカナ　<u>メーワクヤン</u>。（関西圏）
　　（16）　<u>アカン</u>ヤン。（関西圏）

　（16）では、〜シタラアカン、〜スレバダメなどは禁止表現であるため除外している。ほかに、「<u>ムシンケーナ</u>　ヤッチャナ」「オマエ　<u>サイアク</u>」「ア

---
[6] 「認識の同一化要求」（三宅1994）のうち、その要求が相手への批判的な態度でなされていると判断できる表現。

ホ」のように、状況に対してではなく、相手の人物そのものを低く評価するものや、「アブナイジャン」のように事態把握内に話し手がマイナス評価を認めていることが判別しにくい語彙は、分析対象から除外している。

5.2 表現態度の程度と表現要素の表れ方における地域性

前節に示した表現要素が腹立たしさを表出する程度（図3、表現態度のスケール）によって、どのように使用されるかをここでは分析する。先に述べたとおり、設定された状況に対しては、評価表出態度に地域差は見られない。そのような状況で、表現態度の一側面（腹立たしさの表出の程度）と、前節で取り上げた各種表現要素との関係に地域差がある場合、これは本章2節の態度表出方法のバリエーションの存在を指摘することになる。

各評点における回答数は表7のとおりである。

表7　腹立たしさの表出評点から見た地域出身回答者の分布

	評点1	評点2	評点3	評点4・5	計
秋田大学	16 (15%)	25 (24%)	43 (41%)	21 (20%)	105
関西圏	18 (12%)	36 (25%)	57 (39%)	34 (23%)	145
鹿児島大学	16 (15%)	27 (24%)	45 (42%)	18 (17%)	106

表現態度評点4と評点5は出現数が少なかったためまとめて集計している。また、一つの発話に2種類以上の分析対象となる表現要素がある場合も、一つずつカウントし、全回答数のうちの出現率を求めている。同じ種類の表現要素が一つの回答にある場合は、重複してカウントしていない。各要素の出現率は、発話内にその要素が一つでも現れた場合のものである。なお、評点の回答がない場合があるため、合計値は回答者数とは一致しない。

表7からは、各評点における回答の分布に、地域差がほぼ認められないことがわかる。いずれかの地域が、設定された状況で、腹立たしさの表出の強さに特徴ある意識傾向を示すことはない。

各地の大学生は、設定された状況に対して、概ね似た表現態度で表現を「行おうとしている」ようである。この点についても、評価表出態度と同様

に、日本の大学生内での待遇表現行動の共通性が見いだされる。そのような類似する表現態度が、どのような言語表現によって実現されているかという点について、つまり、態度表出方法のバリエーションについて、以下で確認していく。

5.2.1　マイナス評価表出のタイプとその地域差

命令・禁止表現、問いつめ表現、マイナス評価語彙といった言語表現が、マイナス評価の表出に果たす役割に、ここでは後に述べる4つのタイプを認めることができた。それらのタイプは、マイナス評価表出の表現態度評点と、それぞれの言語表現の出現率との関係から推定される。

以下の図では、「命令」「問詰」「語彙」は、それぞれ「命令・禁止表現」「問いつめ表現」「マイナス評価語彙」を表す。(秋)(西)(鹿)は、それぞれ「秋田大学」「関西圏」「鹿児島大学」を表す。また、「モデル」は、マイナス評価表出タイプを特徴づける典型的なグラフの波形を示したものであり、実測値ではない。

5.2.1.1　高マイナス待遇タイプ

図4のそれぞれの出現率は、表7の各地、各評点の回答数を100とした場合のものである。図4は折れ線グラフの波形が、腹立たしさの表出評点が高いほど、出現率が高くなる。この波形タイプに当てはまる言語表現は、強いマイナス待遇性を持ち、対人関係を良好に保つために使用が規制されていると考えられる。このため、典型的には、モデル曲線のようにマイナス評価の表出が弱い場合は、出現率が抑えられる。

また、このタイプには、関西圏の問いつめ表現とマイナス評価語彙が当てはまっている。秋田大学のマイナス評価語彙は評点3から4・5にかけての上昇がわずかである。この秋田大学の事例は、次に述べる中低マイナス待遇タイプとの中間に位置づけることができる。

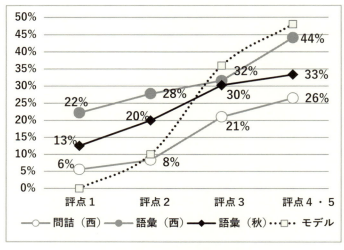

図4　高マイナス待遇タイプ

　関西圏の「ジャマ」「アカン」などのマイナス評価語彙は、腹立たしさを表出しない評点1でも、他地域よりも出現率が高い。しかし、評点4・5で出現率はより高くなり、強いマイナス評価を表出するために使用されていることも確認できる。この場合には、マイナス評価を表出するための音声的特徴についても考慮が必要であろう。

　強いマイナス評価を表出するために使用される言語要素が、評点1でも使用される状況は、「ジャマ」「ダメダ」などの使用に規制がかかっている地域の話者からすれば、関西方言話者が「あけすけにものを言う」「柄が悪い」といった印象をもたれる一因となっているのかもしれない。

5.2.1.2　中低マイナス待遇タイプ

　「中低マイナス待遇」と判定される言語表現は、図5のモデル曲線のように、評点2や3など、マイナス評価表出が中低程度のときに出現率がピークを迎える。高マイナス待遇タイプとは、評点4・5の出現率が評点3よりも低下する点が異なる。

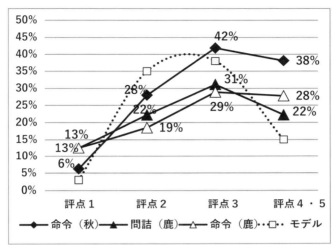

図5　中低マイナス待遇タイプ

このタイプには、秋田大学と鹿児島大学の命令・禁止表現と鹿児島大学の問いつめ表現が当てはまる。

ただし、評点3から評点4・5にかけての出現率の下降はわずかであり、高マイナス待遇タイプとの違いが顕著ではない。秋田大学の命令・禁止表現と問いつめ表現、鹿児島大学の命令・禁止表現は、評点2程度の「弱いマイナス評価を表出するものではない」という待遇性を持つと考えられる。

第9章で述べたように、マイナス待遇表現行動は、ひとつの言語表現によって行われるものではなく、複数の言語表現を駆使して行われる。図5の各地域の各表現は、評点3までは単独でもマイナス評価表出の程度の指標となりうるが、評点4以上でも図5の各種表現は使用され、他の表現との組み合わせで強いマイナス評価が表出されるものと考えられる。

5.2.1.3　汎用型マイナス待遇タイプ

図6は、「汎用型マイナス待遇」と名づけた。マイナス評価を表出しない（評点1）では使用されにくいが、マイナス評価の表出時には、評価の強弱を

問わず出現する。評価表出の強さの程度を問わず、汎用的にマイナス評価の表出に使用される、このタイプの言語表現の使用を「汎用型マイナス待遇」とした。

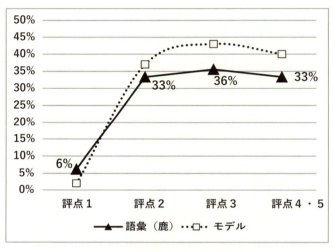

図6 汎用型マイナス待遇タイプ

　鹿児島大学のマイナス評価語彙は、腹立たしさを表出しない場合は使用が抑制的であるが、弱いマイナス評価を表出する際に使用される。また、それ以上の強いマイナス評価を表出する際にも、同程度の割合で使用され続ける。単独では、強いマイナス評価を表出できないが、強いマイナス評価を表出するときにも発話内で使用され続けると見られる。また、このパターンに当てはまる言語表現の使用は、状況をマイナスに評価し、その評価を表出しているが、感情性の「強弱」とは関係があまりない。

　マイナス評価語彙は、秋田大学と関西圏では高マイナス待遇タイプであり、同じ言語表現であっても、その待遇性は異なっている。秋田大学の命令・禁止表現も汎用型マイナス待遇タイプに近い（図5）。

5.2.1.4　マイナス評価表出無相関タイプ

　各言語表現の待遇性は、折れ線グラフの波形によって推定される。図7のモデル線のように、グラフの波形が横軸と平行するに近いものであれば、当該の言語事象は、マイナス評価の表出に関与していないことになる。

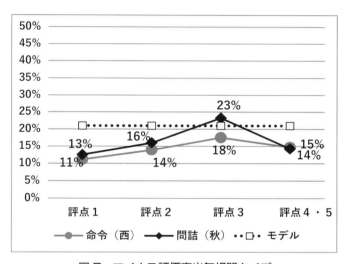

図7　マイナス評価表出無相関タイプ

　出現率の高低は、当該の言語表現がマイナス評価の表出に使用されることの頻度を示すものである。たとえ、出現率が高くても、図7のモデル線に近い波形を示す言語表現は、マイナス評価の表出には寄与しておらず、別の理由で出現率が高くなっていると考えられる。
　または、評点4・5よりも強いマイナス評価を表出する表現態度のときに、出現率が上昇する強いマイナス待遇表現形式とも考えられる。
　このような「マイナス評価表出無相関タイプ」は、図7では、関西圏の命令・禁止表現、秋田大学の問いつめ表現に見られた。両者とも、わずかに評点3で出現率が上昇するが、顕著ではない。

5.2.1.5　各タイプの地域別出現傾向

　図4の関西圏の問いつめ表現とマイナス評価語彙の出現状況と、図5の秋田大学と鹿児島大学の命令・禁止表現と秋田大学の問いつめ表現の出現状況とを比べると、それぞれの地域のマイナス待遇表現行動の特徴が見えてくる。

　関西圏の問いつめ表現とマイナス評価語彙は、腹立たしさの表出の程度が高くなるにつれ、出現率が段階的に上昇し続ける。この状況は、関西圏においては、両言語表現の運用規制が、マイナス評価の表出態度が強くなるにつれて、徐々に弱まることを示している。つまり、待遇表現行動の中で、個々の表現要素の運用規制が細かく段階づけされている。

　いっぽう、秋田大学と鹿児島大学では、図4に見られるように命令・禁止表現や問いつめ表現は、評点3以上の腹立たしさの表出で高い出現率を見せる。評点3と4・5との間で出現率の上昇を見せた関西圏と比べると、規制の段階性が細やかではない。この点は、鹿児島大学のマイナス評価語彙（図5）についても同様である。

5.2.2　命令・禁止表現に見るマイナス評価表出の地域差

　命令・禁止表現の地域差についての分析結果は、図8のようなものである。命令・禁止表現の使用には、2つの地域差が観察される。

　このグラフに見る一つめの地域差は、出現率の高さである。秋田大学では、評点2という微弱な腹立たしさの表出で、命令・禁止表現が他の地域よりも多用される。そして、評点3以上でも評点2よりも、さらに多くの命令・禁止表現が使用される。この状況は、秋田大学では、命令・禁止表現がマイナス評価の表出機能を有し、かつ他地域よりも多用する習慣があることを示している。

　鹿児島大学の場合も、折れ線グラフは似た波形を示すが、出現率は秋田大学ほど高くない。この場合、鹿児島大学でも秋田大学と同様に、評点2程度では使用が規制されるマイナス待遇性の強さを持つが、秋田大学ほどはマイナス待遇表現内で命令・禁止表現を使用する習慣がないということになる。

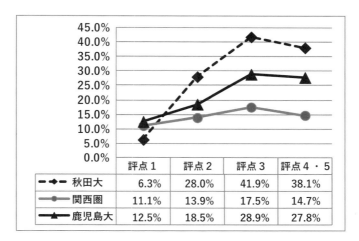

図8　表現態度評点と命令・禁止表現の出現　オイ　ドケヨなど

さらに、関西圏の命令・禁止表現は、3地域内では最も出現率が低く、無相関型に近い波形である。今回の状況設定では、関西は命令・禁止表現が3地域内で最も使用される習慣がないことが示される。あるいは、関西では評点4・5よりもさらに強いマイナス待遇性を持つということも考えられる。

このように、表現要素のマイナス評価表出の強さとは別に、地域によって、マイナス評価の表出に使用されやすい表現要素とそうでない表現要素とがあることがわかった。

第2の地域差は、命令・禁止表現の使用の性差に関するものである(表8)。

表8　命令・禁止表現を含む回答数の性差

	男	女	合計
** 秋田大	**21	**13	34
関西圏	19	3	22
* 鹿児島大	*23	*2	25

クロス集計表の残差分析　＊＊：$p<0.01$　＊：$p<0.05$

関西圏・鹿児島大学では、それぞれ22件、25件の命令・禁止表現を含む回答があった。このうち、女性の回答は関西圏で3件(13.6%)、鹿児島大学

で2件（8.0%）あった。これに対して、秋田大学では命令・禁止表現を含む回答は34件あり、そのうち女性の回答は13件（38.2%）である。

3地域のうち、秋田大学だけ全回答者数のうち、男性の回答者数が女性の回答者数よりも多い（表1）。にもかかわらず、秋田大学は他の地域より、女性の命令・禁止表現の回答数が多い。秋田大学では命令・禁止表現の使用は男性だけでなく女性にも多く、性差が小さいということになる。

図4で秋田大学の命令・禁止表現の出現率が他の地域よりも高いことは、女性が命令・禁止表現を多用することと強く関係しているのである。

命令・禁止表現が、この設定された状況で腹立たしさを表出する働きは、秋田大学の女性と、関西圏・鹿児島大学の女性とでは大きく異なっている。女性の命令・禁止表現の使用規制が強い、関西・鹿児島の話者には、女性が命令・禁止表現を頻繁に使用する秋田での様子は、違和感が強いであろう。

6. まとめと展望

今回の実験的な調査では、評価表出態度のバリエーションには、顕著な地域差を見いだすことはできなかった。むしろ、今回の設定された状況では、評価表出態度は地域間で共通していて、各地の大学生の間で共有されていた。日本語内で多様性を見いだしにくい言語行動の事象として注目される。

しかし、マイナス評価の表明態度に同一性を求めた場合の、選択される表現（態度表出方法）には地域差が確認される。

今回の試みによって、マイナス待遇表現行動について、以下のような地域差が存在することが仮説的に想定される。

  (17) 潜在的にはマイナス評価を表明する手段（表現）になるが、その手段（表現）を用いる習慣がある地域とない地域とがある。
    事例：評点2でも命令・禁止表現を多用する秋田大学〈特に女性〉とどの評点でもあまり使用しない関西圏。
    事例：問いつめ表現を、中高程度のマイナス評価表出で多用

する関西圏・鹿児島大学と、マイナス評価表出にあまり使用しない秋田大学。
（18） 特定の言語表現によるマイナス評価表出の規制の強さに地域差がある。

　　事例：腹立たしさ評点4、5でも、関西圏では問いつめ表現とマイナス評価語彙の出現率が上昇する。それ以下の評点では、出現が少なく規制されている。いっぽう鹿児島大学では、評点2以上で同程度に問いつめ表現とマイナス評価語彙は多用される。

　　事例：腹立たしさを表出しない（評点1）場合でも、マイナス評価語彙を使用する関西圏と、使用が抑制的である鹿児島大学・秋田大学。

（19） 特定の言語表現によるマイナス評価表出の規制の性差が、地域によって異なる。

　　事例：秋田大学では、女性がマイナス評価表出の有無を問わず、命令・禁止表現を使用する。

　このような特徴は、それぞれの地域の言語行動のイメージやステレオタイプを形成する要因になっていると考えられる。しかしこれら一部の現象のみを取り上げて、各地域のマイナス待遇表現行動のバリエーションを論じるべきではない。

　関西圏では、マイナス評価語彙の使用規制が他の地域に比べて弱いが、命令・禁止表現の使用については稀であった。また、秋田大学では、命令・禁止表現が多用されるが、問いつめ表現についてはそうではなかった。このように、類似するマイナス評価を表出するために、習慣的に多用される表現と、規制される表現とは、地域ごとの違いがある。

　近年、このような複数の特徴を総合して、各地域のマイナス待遇表現行動の特徴を認めようとする研究が見られる。小林・澤村（2009, 2010）は、挨拶や感謝などの言語行動、感動詞やオノマトペの使用といった多様な事象を視

野に入れ、「言語化」「定型化」「配慮化」「演出化」など7つの言語的発想法を認めるに至った。近畿や関東では、このような発想法が見られやすく、東北を中心とした東日本などでは、見られにくいという。

西尾 (2009) でも、「言語表現への依存性」「定型性」が言語行動の分類軸になることを、感謝言語行動の多角的な分析から示した。次の章では、これらに加えて、「画一化」という言語行動の特徴の捉え方と、「画一化」へのマイナス待遇表現行動の変容傾向についても指摘する。

このような主張は、言語行動の多様性についての事例研究に蓄積が得られてから可能になってきた (西尾 2008)。マイナス待遇表現行動の地域性についても多様な現象を確認しつつ、行動特性を抽出することが求められる。

第11章

マイナス待遇表現行動の契機に対する言語行動の変容
―愛知県岡崎市の『敬語と敬語意識』に関する経年調査から―

1. 本章の主張

　愛知県岡崎市では、国立国語研究所と統計数理研究所の主導のもと、敬語と敬語意識に関する経年調査(以下、岡崎調査)が行われてきた[1]。ここでいう経年調査とは、時間の間隔をあけて、同じ地域で、同じ質問を繰り返すものである。岡崎調査は1953年、1972年、2008年の3度にわたり、そのデータを用いれば同じ状況設定(刺激)に対する回答(反応)の変化を、半世紀以上の時間幅の中で分析することができる。回答者の生年で見れば、時間幅は1884年〜1993年となり、100年以上である。

　本章では、岡崎調査で設定された12の状況のうち、相手に非があり、話し手が迷惑を被るという共通点を持つ、2つの場面を分析対象とする。相手の非や話し手が迷惑を被ることは、相手を低く・悪く待遇する表現行動(マイナス待遇表現行動)の契機となる。この契機に対する言語行動[2]の変容を捉えることが、本章の目的である。具体的には、マイナス待遇の契機に対す

---

[1] 本章は、国立国語研究所の共同プロジェクト(日本語の大規模経年調査に関する総合的研究)による研究成果の一部である。筆者は、2008年調査で調査企画・実施に携わった。

[2] 事態をマイナスに評価する契機への対応のなかには、マイナス待遇表現行動以外の言語行動も含まれる。

る言語行動の変容を、次のように推定する。

1. 年を経るごとに、マイナス待遇表現行動に対する規制が強くなってきている。
2. マイナス待遇の契機があるにもかかわらず、明示的な言語表現で配慮や丁寧さを示そうとする傾向が強くなっている。
3. マイナス待遇表現行動の回避や発話文体の選択が、近年は徹底されるようになってきている。
4. 近年の待遇表現行動は、個人差や場面差が認められにくく、「画一化」する方向に変容している。
5. 1～4の現象は、近年、岡崎市社会が「他者警戒のコミュニケーション」を志向するようになってきていることを示すものである。

以上のことを指摘し、近年の待遇表現行動の特徴を通時的に位置づける。また、上の1～5のような考察の結果を、従来の敬語論や、ポライトネス理論と関連づけることを試みる。

2. 愛知県岡崎市における敬語と敬語意識の経年調査

岡崎調査には、住民基本台帳などからのランダムサンプリング[3]調査と、前回調査と同じ話者から回答を得るパネルサンプリング調査とがある（図1）。

---

[3] 第一次調査は物資配給表、第二次、第三次調査は住民基本台帳をもとにした等間隔抽出法による。つまり、回答者は必ずしも、地域の生え抜きの話者ではない。等間隔抽出法では、その状況も反映したサンプルが形成されることになる。

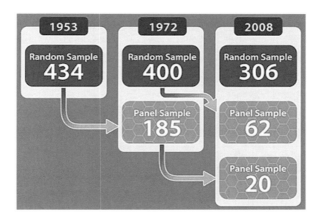

図 1　岡崎市敬語調査における話者のサンプリング
出典　http://www2.ninjal.ac.jp/keinen/okazaki/outline.html

　ランダムサンプリング調査とパネルサンプリング調査での質問項目は全く同じである。本章では、両方の調査の有効回答すべてを分析対象とする。
　岡崎調査での質問項目は多岐にわたるが、敬語行動の具体的な姿を分析する対象として、状況設定による発話回答を面接形式で得る 12 の質問項目群がある。このうち、本章では、相手に非があり、話し手が迷惑を被るという点で共通する 2 つの場面を分析対象とする。具体的な場面設定は次節に示す。

3. 分析の対象と言語行動論的な分析観

3.1　分析対象とする場面

　岡崎調査で実施された 12 の場面設定のうち、本章では「電燈料・新聞代場面」と「おつり場面」を分析の対象とする。「電燈料・新聞代場面」は、1953 年、1972 年調査では一度払ったはずの電燈料を二重請求されるという設定であったが、2008 年調査では社会変化を考慮し、新聞代を二重請求される設定に変更されている。ここでは、「電燈料・新聞代場面」を「二重請

求場面」と呼ぶ。

図2には二重請求場面、図3にはおつり場面の刺激図と刺激文を示した。

【二重請求場面】
この人は電燈料（新聞代）の集金人です。この人が先月の料金を取りに来ました。ところが，先月の分はもう払ってあるので，受け取りを見せながら，もう一度調べるように頼むのには，何と言いますか。

図2　二重請求場面の刺激文と刺激図

【おつり場面】
この店はあなたの買いつけの店です。あなたが，この店で買い物をして，おつり（かえし）をもらったら，おつりがたりません。あなたは何と言いますか。

図3　おつり場面の刺激文と刺激図

二重請求場面とおつり場面には、次のような共通点がある。

- 相手がサービス業者である。
- 相手は中年である。
- 相手に非がある。
- 金銭が絡む。
- 自分に迷惑がかかる。

これらは、二重請求場面とおつり場面とで共通しているため、場面間の言語行動を類似させる要因となる場面要素である。いっぽう、両場面には次のような相違点がある。

- ドメインは自宅（二重請求場面）／買いつけの店（おつり場面）
- 相手は男性（二重請求場面）／女性（おつり場面）
- 金額は数千円か（二重請求場面）／数十円か（おつり場面）
- 親疎関係は両場面とも不明で統制されていない。

以上の場面要素は、両場面の間で異なっているため、場面間の言語行動に違いを生じさせる要因となる。また、自宅という話し手側のドメインに来て、おつり場面よりも高額な料金を再請求する二重請求場面のほうが、事態へのマイナス評価付与の程度は著しくなると予想される。

3.2　回答の言語行動論的な分析観

本章では、上の2つの場面設定をもとに回答されたデータを、以下のような観点から分析する。

本章で分析対象とする場面には、相手や事態をマイナスに待遇する契機が含まれている。二重請求場面での料金の二重請求、おつり場面でのつり銭間違いは相手の非であり、これによって話し手が迷惑を被る。これらが話し手にとっては、事態をマイナスに待遇する契機となる。

マイナス待遇の契機に対する言語行動には、大きく分けるとその契機に対して「何をするか」という行動的側面と、「どのように言うか」という表現的側面とがある。言語・非言語で何かを伝えたり求めたりする側面と、その内容をどのような表現形式で表現するかという側面である。

ただし、卑罵語を使う、動詞の命令形を使う、「おかしいじゃないか」などの問い詰めの表現を使う、などといった表現形式の使用は、「どのように言うか」という表現的側面を持ちながら、「罵倒する」「問いつめる」といった「何をするか」という行動的側面をも持つ。行動的側面と表現的側面とは、必ずしも明確に分けられるものではない。

また、マイナス待遇の契機に対して、常にマイナス評価を表明する言語行動を行うとも限らない。両場面にマイナス待遇の契機が存在するにもかかわらず、マイナス評価を表出しなくなるという変容も考察の対象となってくる。

3.3 マイナス待遇の契機に対して「何をするか」

考察対象とする場面に対する発話回答では、マイナス待遇の契機に対して、様々なことが行われている（図4）。その内容は、語用論的に機能する発話の構成要素（機能的要素）によって表示される。

図4のうち、「改善等要求」の要素は、好ましくない事態（マイナス待遇の契機）にマイナス評価を表出しつつも、改善・解決を志向して、相手に働きかけるものである。これに対して「事態非難」「人物非難」は、好ましくない事態の解決よりも、マイナス評価を表明することそのものを重視する機能的要素群である。なお、この非難の中には、「ボヤボヤ　スルナ」など、文字通りには改善要求の要素と見られるものがある。しかし、このような要素は、語用論的には、好ましくない事態の改善・解決よりも、マイナス評価の表明を志向しているため「非難」と見なした。

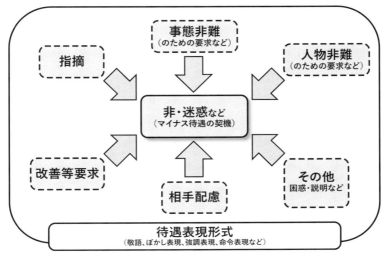

図4　マイナス待遇の契機への対応

　次に「指摘」については、マイナス待遇の契機の存在を指摘するもので、その行為自体が好ましくない事態の改善・解決、事態をマイナスに評価する効果を発揮する場合があるが、評価の方向性(プラス・マイナス)は明確ではない。

　「相手配慮」には、発話の前置きとして謝罪表現を用いて、表現を和らげる行為、訪問してきた料金の徴収員への慰労行動などが該当する。

　本章では、「改善等要求」の中の「再確認要求」、「相手配慮」、そして事態・人物への「非難」を分析対象とする。以下に、その回答例を掲げる。(　)内は場面と回答の整理番号である。

【解決志向の再確認要求（以下、再確認要求）】
　　… モーイチド　シッカリ　シラベテイタダキタイ。（電燈料11101）
【相手配慮】
　　スイマセン　チョット　オツリン　カンジョーオ…（おつり251）
　　セッカク　イラシタデスケド…（電燈料599）

【非難の 4 手法】
1. 解決志向ではない非難のための行為要求
    ボヤボヤ　スンナ（新聞 26010）
2. 拒絶
    ハラッテアルデ　ハラウ　ワケニワイカナイ（新聞 13004）
3. 評価
    コレ　チョット　オツリッテ　オカシクナイスカ（おつり 11）
    ソンナ　ナマケタ　シゴトシテ…（電燈料 47006）
4. 問いつめ
    ナニ　ヤットルダ（新聞 26010）
    モー　ハラッテアルジャナイカ（電燈料 195）

　非難の 4 手法のうち、4 に例示した「ハラッテアルジャナイカ」は、「ジャナイカ[4]」という表現形式がマイナス評価の表出機能を担っているが、相手を問いつめるという行動的な態度を語用論的な効果として明示的に表現している。第 10 章では、マイナス評価表出の強さを問題にしたため、幅広い強さの評価を表出する「ジャナイカ」を分析対象から除外したが、本章では非難の強さの分析に重きを置かないため、「ジャナイカ」についても問いつめとして分類し、分析対象とする。

3.4　マイナス待遇の契機に対して「どのように」言うか

　前節で述べたような「何をするか」を表現するための機能的要素を、どのような表現形式を用いて言うかということが、日本語では待遇上の役割を果たす（図 4 の外枠）。たとえば、改善行為要求を「どのように」言うかという点において、「モーイッペン　シラベテミナ」（電燈料 56022）と「モーイチド　シラベナオシテイタダケマセンデショーカ」（新聞代 0015）とでは、待遇性が異なるのは明白である。

---

[4] 非難のジャナイカとしたのは、三宅（1994）で提示された用法〈潜在的共有知識の活性化〉のうち、語用論的な効果として非難のニュアンスを持つもの。

二重請求場面とおつり場面では、「〜ヤガル」「バカ」などの卑語・卑罵語は全く出現しないが、マイナス待遇の契機への対応として、敬語などのプラスの待遇表現形式の使用がどのように変容するかという点についても関心がもたれる。そこで、本章では、次のような待遇表現形式について分析を行う。

【再確認要求の述部のクレ・クダサイ類とモラウ・イタダク類】
1. クレ・クダサイ類：クレ・クダサイが含まれるすべての主節述部。
　　イチド　シラベテクダサイマスカ（おつり 0808）
　　チョット　カクニンシテクレル（新聞代 0572）
　　モーイチド　ヨク　シラベテミテチョーダイ（電燈料 17103）
2. モラウ・イタダク類：モラウ・イタダクが含まれるすべての主節述部。
　　モーイッペン　シラベテモラエマセンカネー（新聞代 0581）
　　マー　イッペン　ヨー　シラベテモラエンカン（おつり 39）
　　チョット　シラベテイタダイテモ　ヨロシーデスカ（新聞代 0625）
　　チョット　イッペン　シラベテイタダキタイ（おつり 36）

【発話の文体：丁寧体・混合体・普通体】
3. 丁寧体発話：発話内の文のすべての主節述語に丁寧語[5]が使用されている発話。また、言いさし文の場合、「ですけど」など言いさす直前に丁寧語がある場合は、丁寧体と見なしている。
4. 混合体発話：2 文以上で成る発話のうち、丁寧体文と普通体文とが混在しているもの。また、1 文のみの発話の場合、従属節が丁寧体で主節が普通体の発話を混合体発話としている。
5. 普通体発話：発話内の文のすべてが普通体であるもの。また、丁寧語をともなわない言いさし文。

5　クダサイ形による依頼表現は、話題の人物を待遇せず、話し相手のみを上位待遇するため、丁寧語相当とみなしている。

【強調表現群】

6. 相手の確認が十分ではないこと、話し手に落ち度がないことを強調することで、相手へのマイナス評価を含意する。

<u>シッカリ</u> シラベテイタダキタイ（電燈料 11101）

<u>ヨク</u> タシカメテクダサイ（おつり 0541）

センゲツブン <u>タシカニ</u> ハラッテアリマスカラ（電燈料 63003）

3.5 回答者のカテゴリー

各回答は、調査次や生年が異なる話者から得られたものである。本章では、調査次と生年を表1のようにカテゴリー化した。（ ）の数値は、各カテゴリー内の回答者数である。＊を付したカテゴリーは、回答者数が少ないため、分析対象から除外している。

表1 各世代の調査時年齢〈18 歳刻み〉

（ ）はカテゴリーの回答者数。＊印は分析対象外。—は回答者なし。

生年（西暦）	生年（元号）	1953 年調査	1972 年調査	2008 年調査	合計
1884–1885	明治17– 明治18	*68–69 歳（ 3）	*87 歳（ 1）	—	4
1886–1903	明治19– 明治36	50–67 歳（ 82）	69–86 歳（ 55）	—	137
1904–1921	明治37– 大正10	32–49 歳（133）	51–68 歳（144）	*87–90 歳（ 4）	281
1922–1939	大正11– 昭和14	14–31 歳（211）	33–50 歳（206）	69–86 歳（ 87）	504
1940–1957	昭和15– 昭和32	—	15–32 歳（179）	51–68 歳（130）	309
1958–1975	昭和33– 昭和50	—	—	33–50 歳（102）	102
1976–1993	昭和51– 平成 5	—	—	15–32 歳（ 65）	65

表1では、年齢カテゴリーを18歳間隔に設定している。このように世代をカテゴリー化することによって、各調査の世代カテゴリーの年齢層がほぼ一致することになる。たとえば、どの年次の調査でも、最も若いカテゴリーは 14、15 歳から 31、32 歳となる。また、その上のそれぞれの年齢層も、各調査でほぼ一致する。

9歳間隔にしても同様の結果になるし、18歳間隔でのカテゴリー化では、1カテゴリー内に広い年齢層が含まれるため世代差を細かく観察することが

4. マイナス待遇の契機に対する発話回答の変容

4.1 マイナス評価を表出する要素の出現傾向
　　　　―規制されるマイナス待遇表現行動―

　マイナス評価を表出しうる表現要素として、先に述べた【非難の4手法】と【強調表現群】の出現率の推移を、図5と図6に示した。グラフの横軸は、回答者の生年を表す（以下同様）。

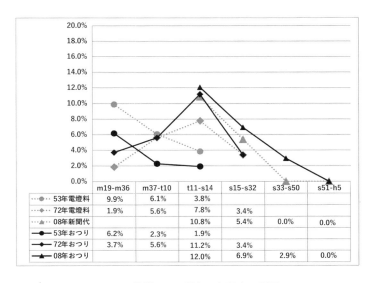

図5　非難の4手法の出現率の推移

非難の4手法(図5)は、3次調査の大正11年生まれから昭和14年生まれの話者で、最大12.0%の出現率である。低い出現率であるが、1953年調査、1972年調査、2008年調査の折れ線は、両場面で似た波形となる。3つの調査で両場面の出現率の世代構造がほぼ合致するのである。

このことから、出現率は低いが、世代ごとの出現率の違いは偶然ではなく、意味があるものとして考えられる。ただし、各調査結果の2場面のグラフは、波形は類似するものの、場面間の数値の違いは数%とわずかである。このため、グラフの波形のあり方には注目するが、場面差には注目しない。

この点を踏まえた上で、図5の特徴を見ると、1953年調査では若い世代ほど非難の4手法を用いないが、1972年調査では大正11年から昭和14年生まれ(33–55歳)の中年層でやや出現率が高い。そして2008年調査では再び若い世代ほど非難の4手法を用いなくなる。稀に使用されていた非難の4手法は、近年の中年層以下の世代では全く使用されなくなった。このような状況は、非難するという言語行動が、2008年調査時点で従来よりも、とりわけ若い世代で厳しく規制されるようになったことを示している。

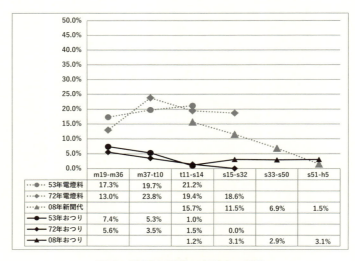

図6　強調表現群の出現率の推移

	m19-m36	m37-t10	t11-s14	s15-s32	s33-s50	s51-h5
53年電燈料	17.3%	19.7%	21.2%			
72年電燈料	13.0%	23.8%	19.4%	18.6%		
08年新聞代			15.7%	11.5%	6.9%	1.5%
53年おつり	7.4%	5.3%	1.0%			
72年おつり	5.6%	3.5%	1.5%	0.0%		
08年おつり			1.2%	3.1%	2.9%	3.1%

強調表現群（図6）においては、出現率に場面差が見られる。おつり場面では「ヨク　タシカメテクダサイ」のような強調表現の出現率は、3回の調査をとおして10％未満である。しかし、1953年、1972年調査の二重請求場面では、10–25％程度の出現率を見せる。この違いは、回答者がおつり場面よりも、二重請求場面で、より強いマイナス評価が事態に与えられるために生じるものであろう。

　二重請求場面では、2008年調査で若い世代ほど、強調表現群の出現率が低下することが明らかである。また、調査次ごとに見ると2008年の新聞代場面では、1953年、1972年調査と比べて強調表現群の出現率が低下している。そして1972年調査の明治37年から大正10年生まれの話者で、最大23.8％だった強調表現の出現率は、2008年の最も若い世代では、わずか1.5％の出現率となる。

　このような結果から、両場面では2008年調査から非難の4手法、マイナス評価を含意しうる強調表現群は、いずれも使用の規制が厳しくなっていることを読み取ることができる。

4.2　加齢変化を維持する再確認要求

　両場面のマイナス待遇の契機について、マイナス評価を表明しやすい非難の4手法や強調表現群は、約半世紀の間に使われなくなりつつある。またそれらは、若い世代ほど使われなくなる傾向が顕著であった。つまり、若い世代が社会全体の言語行動の変化を先取りしていた。

　しかし、若い世代の特徴が、常に言語行動の変化を示すとは限らない。図7（次頁）は二重請求やつり銭間違いに対して、相手に再確認を求める要素（再確認要求「モーイチド　シラベテイタダキタイ」など）の出現率である。

　二重請求場面では、刺激文自体が回答に再確認を求めている（図2参照）。このためか、おつり場面に比べ、再確認要求は出現率が高く世代差も目立ちにくい。いっぽう、おつり場面では、二重請求場面のように刺激文は再確認を回答者に求めていない。そして、顕著な世代差が見られる。

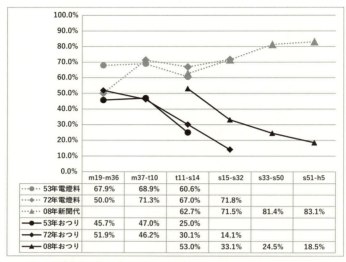

図7　再確認要求の出現率の変遷　（二重請求場面・おつり場面）

　興味深いのは、1972年調査から2008年調査にかけて、グラフがほぼ平行移動していることである。この様相は、再確認要求の出現に、1972年から2008年の間、大きな増減がなかったことを示している。つまり、若いうちは規制される再確認要求は、加齢するにしたがって規制が弱くなるという世代構造が、36年間維持しされ続けているのである。

　この場合の世代差は、社会全体での言語行動の変化を示しているのではなく、各話者の加齢による変化を示していることになる。

　なお、再確認要求を行わない場合、以下のような発話回答になる。

　　イク　イクラ　ダシマシタカラ　イクラ　ツリガ　クル　トオモイマスガ（おつり 18122）
　　エー　チョット　オツリガ　タリナイ　トオモウンデスケド（おつり 0034）

再確認要求は、これらの発話よりも、相手の非に言及する要素である。そのような要素の使用が、若い世代では規制されているのである。

4.3　相手配慮要素の増加

三宅（2012）では、待ち合わせに遅れるという知らせを携帯メールで受信した大学生が、そのことを快く思っていないにもかかわらず、相手を配慮する言語行動をとることを指摘した。このような言語行動は、マイナス待遇の契機が場面内に存在するにもかかわらず、マイナス評価の表明よりも、対人関係を維持することを優先するものである。

3.3で「相手配慮」とした、以下のような、相手の負担に注目し配慮する言語行動（3.3の例文を再掲）も、三宅の研究事例と同様の性質を持つものとして位置づけられる。

<u>スイマセン</u>　チョット　<u>オツリン</u>　カンジョーオ…（おつり 251）
<u>セッカク</u>　<u>イラシタデスケド</u>…（電燈料 599）

ここでは、そのような性質の言語行動の推移を、相手配慮要素の出現の推移から推定する。図8（次ページ）は、発話内に存在する相手配慮要素の出現率の推移を示したものである。

事態に付与されるマイナス評価が、二重請求場面よりも弱いと考えられるおつり場面で、「相手配慮」は多く出現した。また、おつり場面では、2008年調査で「相手配慮」要素の出現率が、全世代で1972年調査よりも上昇している。1953、1972年調査では、おつり場面での「相手配慮」要素の出現率は5%–20%程度であった。これに対して、2008年調査では30–40%程度の出現率を示すようになる。

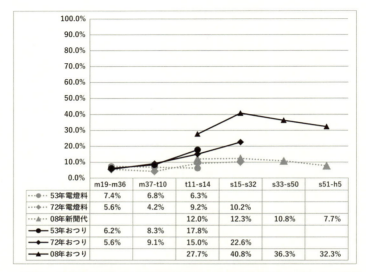

図8 相手配慮要素の出現率の変遷 （二重請求場面・おつり場面）

	m19-m36	m37-t10	t11-s14	s15-s32	s33-s50	s51-h5
53年電燈料	7.4%	6.8%	6.3%			
72年電燈料	5.6%	4.2%	9.2%	10.2%		
08年新聞代			12.0%	12.3%	10.8%	7.7%
53年おつり	6.2%	8.3%	17.8%			
72年おつり	5.6%	9.1%	15.0%	22.6%		
08年おつり			27.7%	40.8%	36.3%	32.3%

　1972年から2008年にかけて、岡崎市社会では、軽微なマイナス待遇の契機に対して、相手配慮を表示することが従来よりも多くなっている。この状況は、非難の4手法、強調表現群の使用が、2008年調査で規制されるようになったことと関連づけられる。

　マイナス評価を表示・含意して相手に伝える言語行動の規制強化は、相手と対立的関係になることを回避する志向性を示している。「相手配慮」の出現率が増すことも、相手の負担に配慮して、対立的な対人関係を避ける姿の反映であると考えることができよう。

　そして、その風潮が強まる時期は、1972–2008年という国内外で社会言語学が盛んになっていく時期と重なっている。日本語社会における敬語行動などの言語行動の特徴を捉えようとする研究が、このような変化の一局面で行われていたことには注意を払う必要があるだろう。ある言語の言語行動の特徴を把握するためには、変化する言語行動の姿を追い続ける必要がある。

4.4 再確認要求述部形式の交替

これまでの分析が行動的側面からのものであったのに対して、ここからは表現的側面からの分析を行う。マイナス待遇の契機に対する改善要求行為の大半は、「再確認要求」によって行われる。ここでは、この行動の表現的側面として、主節述部形式を分析対象とする。ただし、分析対象は、刺激文で再確認要求を回答者に求めていない、おつり場面での回答のみとする（図2、図3参照）。

また、この場面では図7に示したとおり、最近の調査の若い世代になるほど、回答に再確認要求が現れにくくなることに注意が必要である。再確認要求の中で用いられる主節述語形式のうち、3.4で示した「クレ・クダサイ類」と「モラウ・イタダク類」の出現率は図9のとおりである。

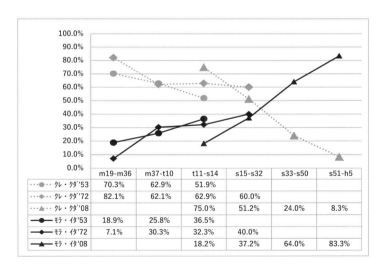

図9　再確認要求内のクレ・クダサイ類とモラウ・イタダク類の交替（おつり場面）

1953年調査、1972年調査では、クレ・クダサイ類の出現率が減少し、逆にモラウ・イタダク類が上昇することで、両者の出現率は差が小さくなって

いる。この差は、2008 年調査では昭和 33 年以降の生まれの世代で完全に逆転し、クレ・クダサイ類は再確認要求の中で 25% 以下の割合を占めるのみとなった。これに対して、モラウ・イタダク類は若い世代に向けて急激に出現率が高くなっている。

　つまり、1972 年調査までは、「クレ・クダサイ類」から「モラウ・イタダク類」を用いて再確認要求をするように徐々に交替していたが、2008 年調査ではその交替が急激に進んだのである。

　クレ・クダサイ類は、二人称の主語をとる。いっぽう、モラウ・イタダク類の主語は一人称である。ほとんどの場合、両者ともに主語は省略されるが、二人称を主語にして相手に直接的に行為要求をする形式から、一人称を主語とする、話し手自身の願望（イタダキタイ）や状況確認（イタダケマスカ）などで、再確認要求がなされるようになった。

　また、おつり場面におけるこの表現形式の交替は、モラウ・イタダク類のうち、イタダク類ではなくモラウ類の出現率が上昇したことによって生じたものである（章末図 11、12 参照）。つまり、クレ・クダサイ類からモラウ・イタダク類の交替は、尊敬語から謙譲語への移行ではなく、依頼表現から受益表現への移行であったことになる。ほかの場面で同様の結果が出るかは定かではないが、このような変化パターンが存在すること自体を指摘しておきたい。

　この依頼表現から受益表現への移行は、クレ・クダサイ類では接続できない可能の助動詞（モラ<u>エ</u>マスカ）、希求の助動詞（イタダキ<u>タイ</u>）などへの接続を可能にし、待遇表現形式を多様化させた（松田ほか 2012: 52、章末図 13）。さらに、同じ調査の二重請求場面で、再確認要求の述部に「シラベテ<u>モラッテイーデスカ</u>」といった許可表現が 2008 年の若年層で突如、用いられるようになったことが指摘できる（章末同図）。再確認要求の実現のために用いる表現形式が、相手に直接働きかけるクレ・クダサイ類から、自分のことを述べて相手に間接的に働きかけるモラウ・イタダク類に、さらには、要求する行為の成立を相手の許可に委ねる表現形式の使用へと、言語表現が間接性を強める方向に変化し続けている。

　2008 年の調査では、マイナス評価を含意する非難・強調表現群の使用の

回避、相手配慮要素の多用、クレ・クダサイ類からモラウ・イタダク類への変化が進んだ。同じマイナス待遇の契機に対して、マイナス評価を強く表出する要素は使用の規制が進み、逆に相手への配慮が求められるようになっている。

4.5 発話文体の画一化

3.4 の分類に基づいて、丁寧体発話の出現率の変遷を図 10 に示した。図 10 からは、2 つの意味での発話文体の画一化が確認できる。

一つは、2008 年調査の丁寧体発話の出現率に、二重請求場面とおつり場面との間で差がほとんどなくなっていることである。3.1 に示したように、2 つの場面にはいくつかの相違点がある。それらの相違点の影響が小さくなり、場面の共通点（のいずれか）が丁寧体発話の出現に強く作用するようになったと考えられる。つまり、言語行動の場面の違いによる多様性が小さくなり、画一化が進行したと考えられるのである。

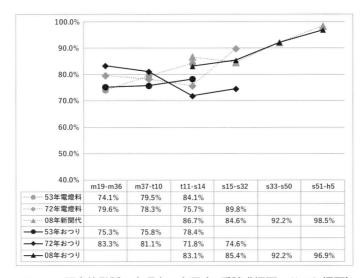

図 10　丁寧体発話の出現率の変遷（二重請求場面・おつり場面）

二つめの画一化は、発話文体の選択における個人差がなくなっていることである。最も若い世代では、丁寧体の出現率がほぼ100%となり、丁寧体発話以外の発話がほとんどなくなっている[6]。つまり、ほとんどの人が丁寧体発話を選択するという画一化が生じた。このような「皆が同じことをする」という意味での言語行動の画一化は、4.1で見た、非難の4手法や強調表現群が、若い世代で「徹底して」用いられなくなる状況からも見て取ることができる。

5. 総合的考察 ―分析結果の位置づけ―

サービス業者が相手で、かつマイナス待遇の契機が存在する2つの場面で、次のような言語行動の変容が見られた。

A. 非難の4手法や強調表現群などの顕著なマイナス待遇表現行動が、2008年の若い世代では完全に行われなくなった。
B. 1972年から2008年の間に、待遇表現行動の丁寧化や間接化が加速した[7]。相手配慮の要素が多用されることや、再確認要求の述語形式の交替などから、そのことが観察される。
C. 2008年調査では、マイナス待遇表現行動や丁寧体以外の文体の排除が徹底され、場面の違いによることばの使い分けや個人差が若い世代から消えつつある。つまり、待遇表現行動の「画一化」が起こっている。

これらの変容は、従来の待遇表現行動に関わる研究の中で、どのように位置づけられるであろうか。

井上ほか（2012）では、封建的固定的身分制度によって敬語が生じたこと

---

[6] 図10のほかに章末図14、15を参照。

[7] この時期は、日本で待遇表現の社会言語学的研究が盛んになった時期と対応している。

を踏まえると、近年の敬語(使用)が「民主化・平等化」していると述べられる。また、敬語は上下関係という縦の関係から、親疎関係などの横の関係で使い分けられるようになったとも指摘される。

　そのこととは別に、上のA、Bの変化を踏まえると、近年の岡崎市社会では、相手を待遇する際に、対立関係になることを強く回避し、慎重に関わろうとする「他者警戒」の姿勢が強まっていると捉えることができる。さらに、Cの変化(画一化)からは、対人関係を維持・配慮するにあたって、その方略決定に個々人の判断や人柄、詳細な場面の違いが反映されにくくなりつつある状況が看取できる。

　この「画一化」は、話し手が待遇表現行動の決定を社会規範に委ねる方向性の強化であり、待遇表現行動の意思決定から「話し手個人」(さらには、「聞き手個人」も)が不在になりつつあることを意味する。

　本章で扱った言語行動は、第1次調査時では個人差が大きく、実現させる言語行動は、個人が「選びとるもの」(本書第1章2節、滝浦2005a)としての性格が色濃いものであった。ところが、近年、そのような言語行動が画一化し、社会に半ば「選ばされるもの」(第1章、滝浦)という受動的なものへと変容している。

　また、滝浦(2005b)が、敬語とポライトネスのシステムの性格を言い表すために、「安心」と「信頼」という概念の区別を導入したこととも、今回の分析結果を関連づけたい。滝浦は、敬語というシステムは、ある対象には"こう言っておけば大丈夫"という形で、人間関係の不確定性を捨象する働きを持つという考えを示している。そして、その不確定性を縮小することが、人々に「安心」を与えるという。

　本章で分析されたマイナス待遇の契機に対する言語行動の「画一化」は、滝浦が述べる「不確定性」を排除する方向性を持った変化といえるだろう。「待遇表現行動のシステム」においても、"こう言っておけば大丈夫"と決まった形で、言語行動を行おうとする方向への変化が認められるのである。

　ただし、筆者はこの変化を、従来の身分制や家父長制が崩壊し、対人関係を規定する拠り所を失った社会状況によってもたらされたものと捉える。設

定された状況の相手は、店員であり集金人であるが、現代の店員も集金人も、伝統的・封建的な身分制の中に位置づけにくく、彼らを新しく位置づけなおすために依って立つ新しい社会制度も成熟していない。しかし、設定された状況では、マイナス待遇の契機に対応する必要がある。

　このような状況下では、どのように相手を待遇するかという方針が立てづらくなる。ここでの分析では、近年の回答者は、相手との対立を回避する方向で言語行動を「画一化」させていることを指摘している。この画一化は、相手へのマイナス評価を表出するよりも、対人摩擦を回避し、「安全」を優先したコミュニケーションを岡崎市社会が志向したために生じた変化であろう。岡崎市市民は、他者との摩擦回避という「安全」を優先して、「同じような言語行動」を行うようになった。"こう言っておけば安全"という言語行動を求めて、Cの「画一化」が生じた。そして、「安全」を保証してくれる言語行動を行うことで安心を得ようとする様相が、分析結果に表れたものと、筆者は考える。

　このようにして得られる安心は、敬語システムの運用のように、既存の社会制度に基づく行動をとることによる安心ではない。対人関係を支える社会制度が脆弱であるがゆえに、他者を警戒し、他者との摩擦を減じることで安心を得ようとするものである。そして、そこで選択される言語行動上の手法は、社会的に統制されたものである。社会に範を求め、それに従順であろうとする点においては、ここで観察された近年の待遇表現行動は、封建社会の敬語システムの運用と変わらない。公的なものに従順であろうとする点においては、敬語システムが重視されてきた封建的な時代と変わらないのである。

　このような知見は、Brown & Levinson のポライトネス理論（Brown & Levinson 1987）で円滑なコミュニケーションを行うために、相手のフェイスの侵害度を見積もり、対処する観点とは異なっている。円滑なコミュニケーションを行うためにフェイスの概念以外にも、注目すべき側面があることを指摘できる。

　話し手が、眼前の相手のフェイスよりも、社会規範に対人関係維持の責任を預けて、相手と関わることで、対人関係を維持するという言語行動が、岡

崎市社会で(そして、おそらく多くの日本の他地域でも)重視されている様相が指摘できるのである。この点については、第8章5節でも関連する見解を述べているので、参照してほしい。

6. おわりに

　本章では、相手や事態をマイナスに待遇する契機への待遇表現行動の変容を捉えることを試みた。契機に対する待遇表現行動の変容は、プラスとマイナスの両方向の待遇面から観察される。このような両方の方向性を持つ包括的な待遇表現行動の研究は、これまでになかった。

　相手に対する低い・悪い評価を表明するマイナス待遇表現行動を考察する場合、対人関係を維持・配慮するための言語行動の「規制」という観点が必要になる。この「規制」という観点を導入することによって、非難の要素や丁寧体発話の出現率が0％や100％に近づく状況を、それらの事象の消失・普及の完成といった変化の終着点と捉えるのではなく、使用・不使用の「徹底(すなわち規制の強化)」と捉えた。さらに、言語行動の「規制」「徹底」のあり様から、「画一化」「他者警戒」といった従来にない待遇表現行動の特徴を推定するに至った。これらは、もはやマイナスの方向だけでなく、待遇表現行動全体に関わる特徴である。

　また、本章では、発話内の複数の言語事象に注目して、言語行動の特徴を考察した。国立国語研究所(1957, 1983)では、発話文の長さや、敬語形式の使用の有無、種類などを考慮して、一つ一つの発話回答に3段階と5段階で丁寧度のランクづけをしている。これによって、言語行動から見た場面の丁寧度や、その変化を捉えるなどの成果を得ている。

　いっぽう、本章においても、表現レベルと行動レベルで複数の言語事象を分析対象としたが、それぞれの事象の変化を、いったんは個別に分析している。言語変異・言語変化の研究では、特定の事象を言語変項として、その言語事象の出現状況から言語変化の全体の方向性を推定する。しかし、発話という言語行動は、表現・行動レベルの様々な言語使用の複合体である。そし

て、図5〜図10で見たように、言語事象ごとに異なる使用や変化の傾向を呈する。したがって、一つの言語事象だけ（たとえば発話文体だけ）を取り上げて言語行動の変容を分析することには、考察が一面的になる危険がともなう。

　複数の言語事象を対象にして、それぞれの分析結果の間に共通点や関連する性質を見いだすことで、待遇表現行動やその変化の特徴をより緻密に捉えることができるであろう。

〈章末資料〉

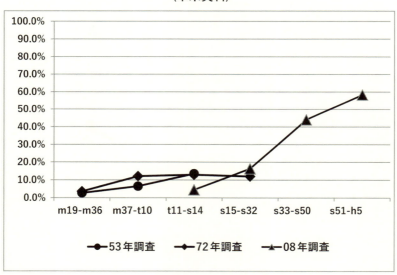

図11　モラウ類を含む回答（おつり場面：再確認要求内）

6. おわりに | 245

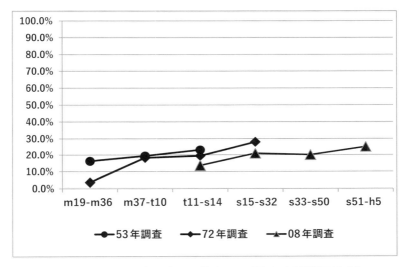

図12 イタダク類を含む回答（おつり場面：再確認要求内）

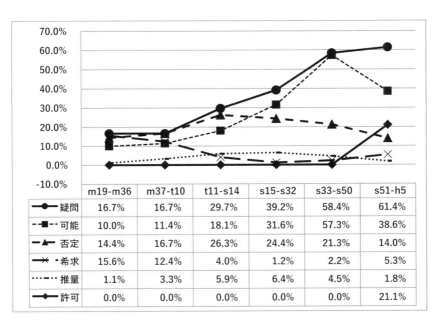

図13 生年別に見た主節行為要求述語内の待遇表現要素の出現率
（3調査全話者。二重請求場面のみ　松田ほか2012より）

246 | 第11章 マイナス待遇表現行動の契機に対する言語行動の変容

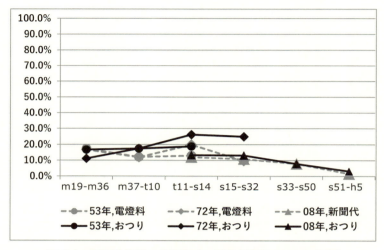

図14 普通体発話の出現率（二重請求場面・おつり場面）

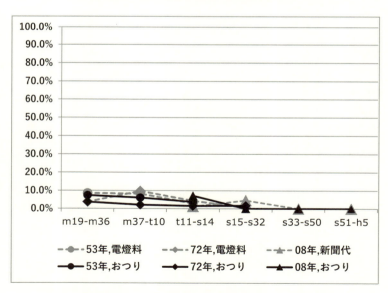

図15 混合体発話の出現率（二重請求場面・おつり場面）

第Ⅲ部
まとめ

1. マイナス待遇表現行動研究の方法論

　本書では、マイナス待遇表現行動を事態へのマイナス評価を表出するプロセスとして捉え、その事態把握や言語行動の特徴について、様々な観点から分析した。そして、話者属性（主として性別・世代）、地域、発話状況の違いを変数として、変数ごとのマイナス待遇表現行動の特徴を、データから帰納的に推定する研究方法をとった。

　このような研究方法では、言語行動の「普遍性」を検証することが難しい。しかし、データから言語行動の特徴を把握する帰納する方法では、予見しがたい言語行動の「多様性」を見いだすことができる。本書は、マイナス待遇表現行動の多様性を捉えることが目的であったため、このような方法を採用した。

　第3章3.3節でも述べたように、マイナスの待遇表現行動は、良好な対人関係を維持するための言語使用規則を「破る」ことによって行われることが多い。上下・親疎などの対人関係の中で、行うべきでない言語使用や、とるべきではない表現態度を明らかにすることで、言語社会ごとのマイナス待遇表現行動の特徴を把握できる。

　いっぽうで、上下・親疎などの対人関係と言語表現との対応関係のみからでは、マイナス待遇表現行動の様相に迫りきれないところがある。また、日常的なマイナス評価の表明は、「アホ」「バカヤロウ」のようなマイナス評価が明示的な言語表現によって行われることは多くない。

　そのうえ、これらのマイナス評価が明示的な言語表現は、話し手の感情的な表現態度次第で、上下・親疎などの日常の対人関係のあり方を問わず使用されることがある。さらに、言語表現だけを見るとマイナス評価が明示的でない、「ちょっとちょっと」などの感動詞を重ねる呼びかけや、敬語の使用によってさえも、マイナス評価は表明されうる[1]。

　このようなマイナス待遇表現行動の性質を踏まえ、本研究では「待遇表現

1　第1章3.3.3「慇懃無礼・皮肉─待遇的意味と効果─」や、第8章4節を参照してほしい。

行動」の概念とそのモデルを整備した。第2章や第4章で示したとおり、待遇表現行動のモデルは、事態に遭遇してから事態への評価を表出するための「プロセス」を示すものである。このようなプロセスモデルは、ある発話行動が、マイナス待遇表現行動かどうかを分析者が判断するために必要なものである。

第Ⅰ部では、マイナス待遇表現行動の多様性を明らかにするために、表現プロセスのモデル化を行い、研究上の枠組みを整備した。その結果、第4章で、以下のような分析の観点が浮かび上がった。

1) 言語社会または個人がもつ価値観。どのような状況に対して、どのような評価を下すか。
2) 言語社会におけるマイナス評価表明行動の回避意識の特徴。
3) 表現姿勢の選択の個人差、社会差、言語差。
4) 各表現運用の規制の強さ。表現運用を規制する要因。各表現運用の属性差。

1) については、たとえば第7章で、相手の非礼に対して、相手が親しい間柄である場合は、疎遠な間柄よりも非礼が許容されるという分析結果を示した。このような評価傾向は、親しい間柄では疎遠な間柄よりも、マイナス待遇表現行動が発動しない（無発動）ことが多いということにつながっている（第7章、表1）。

2) の観点は、関西方言の卑語形式ヨルが設定された状況の自由回答では出現しにくいが、潜在的には「言える」と考える回答者が多いことの解釈に導入している（第5章）。ある状況で卑語形式ヨルを用いることが、用法として適切であっても、マイナス評価を表出する行動自体に回避意識が働くことが明らかにされた。

2)3) の両観点を利用した分析には、第7章、第10章で行った評価表出態度に関するものがある。これらの章では、話者の言語行動意識を、「無発動（無評価無表出）」「直表出（一致型）」「抑制、無表出」「過剰表出（誇張型）」

などに分類した。これらは、マイナス評価の表明行動の回避することを含んだ、評価表出態度の分類である。そして、この分類をもとに、マイナス待遇表現行動意識の属性論的、地域的な多様性を検証した。

4）の観点については、第9、10、11章の分析に導入している。実年層の女性には卑語形式の使用が少ないが、機能的要素の種類や量でマイナス評価を表出すること（第9章）は、属性ごとに、規制される表現要素が異なることを示している。また、第11章では、愛知県岡崎市でマイナス待遇の契機に対する言語行動に対する規制が強まっているという分析結果を提示した。

以上のような分析例は、表現プロセスモデルから得られる分析の観点を導入したものの一部である。

第Ⅱ部では、第Ⅰ部の考察を利用した調査・実験の結果に基づいて、日本語のマイナス待遇表現行動の多様性について論じた。多様性を捉える観点は、次のようなものであった。

地域的多様性
　　第5章　関西方言の卑語形式ヨルの運用法
　　第10章　東北、関西、九州における同一状況に対するマイナス評価付与とその表出傾向の地域差

話者属性による多様性（世代差、性差）
　　第5章　大学生における関西の卑語形式ヨルの使用の性差
　　第6、7章　表現態度のあり方による卑語形式の使用の世代差、性差
　　第8、9章　発話レベルのマイナス待遇表現行動の世代差、性差

通時的多様性（時代ごとのマイナス待遇表現行動の多様性）
　　第11章　マイナス待遇の契機への対応の通時的変遷

第5章から第7章では言語形式の選択レベル、第8章から第11章では発話行動レベルのマイナス待遇表現行動を中心に取り上げた。これらの異なる言語単位の分析においても、いくつかの成果と課題が見いだされた。

明らかになったマイナス待遇表現行動の性質と課題について、本章2節

で「対人関係性」の観点から、3節で「評価表出の態度」の観点から整理する。また、マイナス待遇表現行動の多様性についての研究成果と課題について、4節で各章の考察を以下の観点から横断的にまとめる。

  4.1.　マイナス待遇表現行動の日本社会における共通性
  4.2.　待遇表現形式の用法に見る地域社会の対人把握
  4.3.　マイナス待遇表現行動の性差
  4.4.　マイナス待遇表現行動の世代差 ―加齢変化として見た場合―
  4.5.　マイナス待遇表現行動の地域差
  4.6.　マイナス待遇表現行動の通時的変化

　これらのまとめそのものが、日本語社会におけるマイナス待遇表現行動の多様性についての本書の結論である。なお、この4節では2節、3節よりも、やや具体的な今後の研究課題についても触れる。

2.　対人関係から見たマイナス待遇表現行動

　マイナス待遇表現行動は、対人関係を問わず行われる感情性待遇の性格を持つ。しかし、前節で述べたように、マイナス待遇表現行動にも上下や親疎という対人関係の影響を受けて変化するという関係性待遇の性格がある。
　第5、6章では、卑罵的表現、命令表現などの卑語が、同等の相手よりも、目上に使用されにくいことを明らかにした。第5章では、関西方言の卑語形式ヨルが、待遇対象が目下であることを指示する用法を持つこと、第6章では、特に男性で、命令表現などの卑語形式が、目下には同等の相手よりも多く用いられることが示された（第6章図1、図3）。このような言語要素による、マイナス待遇表現行動は目下に対して行われやすい。
　ただし、関西方言の卑語形式ヨルは、目下であれば常に使用されるものではない。目下に対するヨルは、実際に使用しなくても「言える」という判断が多くなされる。この判断をもとに、第5章では、ヨルの用法について考

察した。

　目下に卑語を用いないことは、目上に敬語を用いないことよりも、対人関係に大きな影響を与えない。このため、聞き手や話題の人物が目下であることを示す言語行動は、その言語行動を遂行する義務性が低い。このような見方を第6章では示した。

　そして、この見方によって、第5章でヨルが実際に発話回答で用いられなくても、「言える」と回答された場合、その回答に重要な意味を持たせることができた。対人関係と使用される表現形式の単純な対応関係だけでは、マイナス待遇表現形式の運用法は十分に説明できない。表現のプロセスで話者に働く、評価表出の意識に注目することが、ヨルの分析においても有効であった。

　また、第8章では、相手の非礼に対して、「問いつめ」「非礼停止」といった過剰関与型のマイナス待遇表現行動が、相手が目下のときと相手が同等のときとで、使用頻度が変わらないことを示した（第8章、表6、7）。いっぽう、相手の非礼に対する「指摘・非難」は、目下だけに多くなされる（同章、表8）。

　マイナス待遇表現行動は、「目上に規制され、目下に行われやすい」という単純なものではない。ほかにも、第7章で見たように、中学生は目下には聞き手へのマイナス評価をそのまま表出するという表現態度をとる傾向があるが、実年層では親しい目下には、マイナス評価の表出を抑制する傾向が見られる。目下であればいつもマイナス待遇表現行動が行われやすくなるとは限らないのである。

　実年層の場合は、想定される目下が社会人であることが多いが、その場合、目下といえども容易くぞんざいに扱うわけにはいかない。そのような「目下」の扱い方が、実年層では見て取ることができた。今回は検証が及ばなかったが、同じ目下でも、実年層にとっての「子ども」や「息子・娘」といった目下は、マイナス待遇表現行動を行う際に、教育的配慮が働く対象であることが多いであろう。こういった点についても関心がもたれる。

　目下に対しては、関係的にマイナス（目下）に待遇しながらも、目上に対す

る場合とは異なる配慮が求められる。上下関係の力に任せて目下をマイナスに待遇することは、日本語社会ではその行為を否定的に評価されかねない。

　親疎関係については、本書で示した調査結果では、敬遠型のマイナス待遇表現行動を行う場合に影響が大きく、過剰関与型についてはあまり影響がないことが示された（第8章、表9、10）。疎遠な間柄の相手には、敬遠型の待遇表現行動が多くなる。さらに、疎遠な間柄の相手に対しては、相手の非礼（マイナス待遇の契機）への許容度が低いが、マイナス評価を抑制する待遇表現行動意識を持つ傾向にあるという結果も見られた（第7章3.3）。これらの結果から、日本語社会における「疎遠な間柄」とは、マイナスの評価を表明することに抑制的で、表明するなら相手を遠ざけるマイナス待遇表現行動をとるような間柄であることが推定される。

　このように、待遇表現行動の詳細な実情把握から、「目上」「目下」「親疎」などの対人関係自体が、どのようなものであるかが説明される。アンケートの回答者たちに漠然と意識・想定された「目上」「目下」「親疎」などの対人関係は、仮説的なものであり、それらの相手に行われる待遇表現行動の特徴から、再帰的に「目上」「目下」「親疎」などが、どのような相手であるのかが説明されるのである。待遇表現行動と対人関係のあり方についての理解は、相互補完的な関係にある。他にも、性別や世代などについての分析も行ったが、詳細は本章4節を参照してほしい。

　このような考察は、他言語との対照に適用することも可能であろう。その対照によって、日本語社会の言語行動の特徴がより鮮明に浮かび上がることも期待できる。たとえば、第7章3.3.3では、実年層が目下を言語行動上、ぞんざいに扱うことが安易に許容されないという状況と、その言語行動の具体的な姿が観察された。その様相は、他言語では異なるものであるかもしれない。今後、こういった検証を行えるようにするためにも、対照可能な形で分析結果を提出する必要があった。

　さらに多くの状況や言語社会での実情把握を行うことによって、各社会の待遇表現行動の多様性と特徴が明らかになるであろう。

3. 事態評価と評価表出の多様性と研究課題

3.1 表現態度と表現形式との結び付きの多様性

　第9章4.2.1では、表現態度のあり方から、「卑罵」という言語行動と卑罵的な待遇性を担いうる表現形式との関係について指摘した。命令表現は、実年層や女子中学生にとって、強いマイナス評価を表出する場合以外には、ほとんど使用されない表現であった（第9章、表3～表6）。このような評価表出のあり方と表現形式との結び付きは、卑罵語と呼ばれる「ボケ」「アホ」などに見られるものである（西尾2007）。つまり、実年層や女子中学生にとって、命令表現の使用は卑罵的なものである。いっぽう、男子中学生にとって、命令表現の使用は、表出するマイナス評価の程度が強くなるにつれ、徐々に出現率が高くなり卑罵的ではない。

　このような分析結果から、強いマイナス評価を表出するため以外には使用されにくい表現形式を卑罵表現として、他の卑語表現と区別が可能であることを指摘した。つまり、ここで述べた「卑罵表現」とそれ以外の卑語表現との区別は、表現態度の特徴との関係から規定される、言語行動論的な区別である。表現形式に備わった待遇的意味の違いによる区別ではない。

　表現形式の待遇的意味は、その対人的な使用法から記述されることが多い。しかし、言語行動は社会的行動であり、性別や世代などの社会的属性や各地域社会には、それぞれの対人的な行動の規範が存在する。命令表現形式などのマイナス待遇表現形式の使われ方も、社会的属性や地域社会によって異なっていた。それゆえに、全話者属性に適用できる汎用的な命令表現形式の待遇性を記述することは難しい。

　とはいえ、社会的な振る舞いとして、命令表現形式はどのような使われ方をするかという、社会言語学的な観点からの待遇性の記述は無意味ではない。こういった社会言語学的な待遇性の記述をする場合に、上で述べた卑罵表現とそれ以外の卑語を区別するような、表現態度と言語形式との結び付きを、話者の社会的属性ごとに捉えるという方法がありえる。このことは、日

本語社会の言語行動の多様性を明らかにすることにつながる。

　待遇表現行動の地域差は、第10章で分析された。秋田の大学生にとっては、命令・禁止表現は、表出するマイナス評価の程度が強くない場合でも男女を問わず使用されるものである。この状況は、命令・禁止表現が強いマイナス評価を表出するために使用される、関西や鹿児島の大学生とは異なっている。表現態度と命令表現との結び付きには、地域的な多様性が存在していた。

　表現態度と表現形式の結び付きについて、第10章では、命令表現だけでなく、問いつめの表現や、「ジャマ」「メーワク」などのマイナス評価を表出する語彙についても分析対象とし、その地域的多様性の一端を示した。

　待遇表現行動の多様性は、「どのような評価・態度・意図を」「どのように表出するか」という点についての語用論的な変異現象とも言える。しばしば、「関西人は愛情を持って〈アホ〉を使う」といった類の感覚が、関西内外の話者から聞かれる。このような気づきは、表現態度とその表出形式との関係の多様性、すなわち発話行動のスタイルについての気づきとして位置づけられるであろう。

　日本語社会内には、マイナス待遇表現形式の使用をめぐる、いくつかの発話行動のスタイルが存在するようである。

3.2　待遇表現行動の多様性研究の意義

　対人関係に応じた言語使用だけではなく、ある種の表現態度を表出するために適切な言語表現が使用されることも、対人関係を維持・構築する上で重要な意味を持つ。とりわけ、対象にマイナス評価の表出する言語行動については、規範から逸脱すると、コミュニケーション摩擦を生じさせたり、話し手の社会的評価を下げたりしやすいであろう。

　先に述べたように、「命令表現」「ジャマ」「メーワク」などの言語表現が、マイナス評価をどの程度表出するものであるかという点については、地域差がある。しかし、言語表現を選択する手前の、評価の表出する態度のあり方には、大学生の間で地域差が確認されない。つまり、同じような評価表出の

態度をとる傾向にあるのに、選択される表現が異なっているのである。

このような状況が、各地域の話しぶりに対して、別の地域の話者が、「忍耐強く主張を抑える」「話し方がきつい」などといった印象を持つきっかけになっている可能性が考えられる。しかし、本研究の調査結果を見る限りは、表層的な言語表現の選択が違っているだけで、評価をどのような姿勢で表出するつもりで話しているかという点については、地域差は確認されないのである。このような現象が、異なる地域言語話者間での誤解やコミュニケーション摩擦を生じさせる可能性がある。

表現プロセスと選択される表現形式の関係性について、その実情を、日本語話者だけでなく、日本語学習者や他言語話者との対比で明らかにしていくことは、言語教育研究としての意義も認められるのではないだろうか。また、マイナス待遇表現行動を言語行動の一種として見た場合、日本語行動の多様性の成立や変容が、どのように意味づけられるかという社会言語学的な関心にもつながる。この点については、4.5 で触れる。

4. 本研究の横断的まとめ

4.1 マイナス待遇表現行動の日本社会における共通性

上で述べたように、秋田、関西、鹿児島の大学生の間で、設定した状況に対するマイナス評価を表出する態度、すなわち評価表出態度には、ほぼ共通する傾向が見られた(第10章)。

この共通性は、地域差を超えた日本の大学生の待遇表現行動意識の一貫性を示すものである。ただし、地域差は見られなくとも、性差や体育会系・文化系のクラブ・サークルといった社会集団間では、評価表出態度の違いがわずかに見られた。

本書では、日本語のマイナス待遇表現行動の特徴を、その多様性のあり方から明らかにすることを主眼とした。しかし、多様性を見せず、日本語社会内で一貫して行われる特徴があれば、それもまた、日本語行動の特徴を説明

するために有用である。本章1節で述べたように、今回の調査や分析の方法では、本来、日本語社会全体で共通する現象を見いだすのは難しい。そのような研究方法であったにもかかわらず、設定した状況での評価表出態度の地域を問わない一貫性が見られたことが注目される。

4.2　待遇表現形式の用法に見る地域社会の対人把握

　第5章では、関西の卑語形式ヨルに、目下を直示する関係性待遇の用法と、対人関係とは異なる感情的なマイナス評価を表出する感情性待遇の用法の両方が見られた。同様の用法は、関西方言のハル敬語（岸江1998）や、ヤル形式（村中2010）にも見られる。

　一つの待遇表現形式に、関係性待遇と感情性待遇の両方の用法が見られるということは、立場の相違（目上、目下など）だけではなく、感情的な評価も反映させて、対象を待遇するという地域社会の対人関係把握の習慣があることを示唆する。他地域においても、地域社会の対人把握に根差した待遇表現形式の用法が存在すると推測される。しかし、その実態把握は今後の課題である。

4.3　マイナス待遇表現行動の性差

　本書で検証した調査結果から得られるマイナス待遇表現行動の性差は、以下のようなものである。

　関西方言の助動詞ヨルやアホ、ボケ、ムカツクなどの卑語形式の選択は、女性には選択されにくい（第5、6章）。この傾向は、女性の中でも中学生などの若い世代よりも、実年層に顕著である。また、第9章で分析した、非礼場面における言語行動の意識調査では、非礼改善要求に用いられる命令表現は、男性にとっては怒りの程度に応じて徐々に多く用いられる表現であるが、女性にとっては強い怒りを表出するときにのみ使用されるものであった。このことは、本章3.1で述べたように、女性にとって命令表現は卑罵的な表現であることを示している。

　しかし、卑罵表現を含む卑語形式は女性に使用されにくいが、実年層の女

性は、マイナス評価を表明していないというわけではなかった。設定状況の中で、実年層女性の回答者は、実年層男性と同程度に攻撃的な口調になると内省される（第6章4.2）。実年層女性は、卑語形式の使用は強く規制されるが、第9章で見たように、男性よりも、「問いつめ」「批判」などのマイナス評価が明示的な機能的要素を多く用いたり、発話量（機能的要素の使用数）を多くして相手に強く関与したりするという状況が確認された。

つまり、マイナス評価を表出するにあたって、卑語形式・機能的要素・発話量などの言語要素のうち、どの要素の使用が規制されるかということに性差が存在している。そして、実年層の女性のように、卑語形式に使用規制がかかっていても、その他の要素でマイナス評価の表出を補償するというケースが確認されたのである。

いっぽう、女子中学生は、設定状況に同程度のマイナス評価を下しながら、男子中学生よりも攻撃的口調にならないと内省される傾向がある。そして、卑語形式の選択も男子中学生よりも有意に少ない（第6章4.2.2）。女子中学生は、攻撃口調にならなくとも、モーシラン、ジブンデ　サガシテなど、相手との接触を回避し、敬遠することで、マイナス待遇の契機に対応している（第9章5節）。このような女子中学生のマイナス待遇表現行動の手法も、特定の言語表現・言語行動によるマイナス評価表出の規制に対する、補償的表現スタイルと考えてよい。

本書の調査では、男性と女性は、同じ設定状況に対する「怒り」というマイナス評価の付与傾向は変わらない。しかし、評価の表明態度決定や卑語形式の使用という表現プロセスの段階で、話者の性差が確認できた。

4.4　マイナス待遇表現行動の世代差　—加齢変化として見た場合—

中学生よりも実年層のほうが、卑語形式、卑罵形式の使用頻度が低い（第6章4.1.3）。このうち、卑語形式の使用は世代差よりも性差が大きいが、卑罵形式の使用は、実年層は全く見られず、世代差が目につく。

加齢にともなう社会進出とともに、卑語・卑罵形式の使用は規制が厳しくなる。ただしこのことは、第7章で示したように、同一の状況をアンケー

トに設定しても、実年層のほうが、中学生よりもマイナス待遇の契機を許容し、怒りを強く抱かなくなることが一要因とも考えられる。さらに、男子中学生は、マイナス評価の表出を抑制する表現態度をとる相手にも、卑語形式を多用する傾向があった（第6章図1）。

卑語形式の使用を、加齢とともに抑制するようになるまでのプロセスには、表現態度を抑制していても、卑語形式の使用が規制されないという段階が存在するようである。男子中学生はそのような段階にいる。

逆に、第11章で示したデータには、若い世代ほど、マイナス待遇の契機に対して、マイナス評価が明示的な待遇表現行動をとらない傾向が示されているものがある。このような相反する傾向が見られるのは、第6、7章と第11章とでは、設定された状況が異なるためであろうか。あるいは、第6、7章のデータの若年層が中学生であったのに対して、第11章では若年層のほとんどが高校生以上であったこととも関係があるかもしれない。本書では、このようなより細やかな世代差についての検証は課題として残った。

また、実年層になると、親疎上下を問わず、ほとんどの相手の非礼に対して下したマイナス評価を抑制して表出するようになる。ただし、親しい同年の間柄では、中学生は実年層よりもマイナス評価の表出に抑制的な態度をとり、実年層はそのままマイナス評価を表出する態度をとる傾向が強くなる。親しい同年は、中学生にとっては親しいがゆえに気を遣う相手であるのに対し、実年層は気の置けない相手である。「親しい相手」として想定される相手は、世代によって、マイナス待遇表現行動の行われ方が違っているし、そのことは、各世代にとっての「親しさ」の意味が、異なっていることを示唆している。

次に、本章2節で述べた、目下に対する評価表出態度にも世代差があることについて、触れておく。中学生は、目下を殊更目下として扱い、露骨にマイナスに待遇する傾向にあるが、加齢とともに、目下への配慮も求められるようになる。

ただし、こういった中学生の傾向は、実年層に比べてはっきりとしたものではない。第7章4.3で見たように、設定された状況に対してとる表現態度

は、中学生よりも実年層のほうで個人差が小さい。実年層では、とるべき表現態度や、規範とすべき表現形式の運用が、中学生よりもはっきりしているのである。このことは、中学生から実年層にかけて、マイナス待遇表現行動の規範を鮮明にさせていく様子として捉えることができる。そして、分析された世代差を、加齢変化として解釈することの妥当性を補強している。

4.5　マイナス待遇表現行動の地域差

　マイナス待遇表現行動の地域的多様性については、第10章で検討し、本章4.1でも述べたように、設定した状況に対する評価表出態度には、地域差がほとんど見られない。

　地域差は、どの程度の強さでマイナス評価を表出するかという表現態度の強弱と、選択される言語表現と結び付きのあり方に見られた。関西・鹿児島の大学では、命令・禁止表現を使用する女性は、全体の1割程度であったが、秋田大学では4割程度の回答がある（第10章、表8）。女性の命令・禁止表現の使用には、このような地域差があった。いっぽうで、秋田大学では、問いつめ表現を他の地域よりも使用しない。

　他に関西では、マイナス評価が明示的な語彙（ジャマ、メーワクなど）を、状況をマイナスに評価しなくても用いることが他地域よりも多いが、命令・禁止表現の使用は、他の地域よりも使用されにくい。

　第10章の調査で設定された状況に対するマイナス待遇表現行動には、地域的な特徴がありそうである。個別の分析を積み重ねることで、各地域のマイナス待遇表現行動を含めた言語行動の特徴が、より類型的に捉えられる可能性はある。

　小林・澤村（2009、2010）では、言語的発想法として、言語化・定型化・分析化・加工化・客観化・配慮化・演出化といった7つの発想法が設定されている。そして、それらの発想法の有無は、地域の社会構造や言語環境・言語態度によるところがあると主張される。また、西尾（2009）では、地域社会の都市化と、自分が利益を受ける状況での言語行動の特徴との関係を指摘した。

これらのような議論をより確かなものにするには、まだ多くの事例研究が必要である。また、言語行動の類型化や社会背景から受ける影響を論じるなら、マイナス待遇表現行動はその分析素材の一部である。

4.6 マイナス待遇表現行動の通時的変化

言語行動の長いタイムスパンでの通時的研究は、文学作品などが分析対象となり得るが、それでは、話者の属性や使用場面などが統制されたデータを得にくい。その中で、国立国語研究所と統計数理研究所による、愛知県岡崎市の敬語と敬語意識についての経年調査は貴重である。

第11章では、この調査の中で、マイナス待遇の契機を持つ場面での発話データを分析した。この分析からは、マイナス待遇の契機に対して非難する言語行動が近年、全く行われなくなっていることが明らかになっている。また、「ヨク　タシカメテクダサイ」などの発話で、相手に対して過剰な関与になりうる強調表現「ヨク」などの使用、「タシカメテクダサイ」などの再確認要求も、ほとんど行われなくなってきた。

微弱なマイナス待遇表現行動であっても、その遂行を回避することが社会的に期待されるようになってきていることを示唆している。また、言語形式レベルでも、再確認要求の述語部分が〜テクレ・テクダサイから〜テモラエマスカや〜シテモラッテイイデスカのようになり、文字どおりの意味としては、相手への関与がより弱い表現形式が使用されるようになっている。

さらに、この調査で設定されたマイナス待遇の契機は、話し手が相手から過失を被るものであるが、過失を被っているにも関わらず「スミマセン　シラベナオシテクダサイ」のように、相手に配慮して謝罪をするようなケースが増えてきている。

同じマイナス待遇の契機が設定されているにも関わらず、近年は従来よりもなるべく相手に関与する機能的要素や言語形式の使用を避けるようになってきている。最近では、マイナス待遇表現行動に対する規制が、従来よりも厳しくなってきているようである。このような状況では、相手への関与を少しでも強めると、その言語行動はマイナス待遇表現行動として、強いマイナ

スの待遇性を持ってしまうことになる。

　また、発話内での丁寧体と普通体、そしてそれらの混合体の選択についても、丁寧体以外での発話がほとんど見られなくなった。回答のほぼすべてが、丁寧体で発話されるようになったのである。非難の機能的要素などが全く使われなくなったことなども考え合わせると、近年の大多数の回答者は、設定されたマイナス待遇の契機に対して、画一的な反応をするようになってきていると特徴づけられるであろう。

　自分が過失を被った場合でさえ、近年は、相手へのマイナス評価が明示的な関与をできるだけ避け、個性のない、個人差が少ない画一的な言語行動を行うようになっている。

　このことは、他者との摩擦を極力避けるために、誰にでも対応できる一般性の高い言語行動を、人々が志向する姿として捉えられる。他者との関係が複雑・曖昧になり、具体的に把握しきれないがゆえに、一般性の高い言語行動を行うことで、対人不安を減じているとも考えられる。穏やかで、相手を尊重することを志向するなら、画一化する必要はなく、むしろ個々人の詳細な関係を考慮して、言語行動が多様化する姿が見られるはずである。

5. むすび

　以上のように、本書ではマイナス待遇表現行動の性質と多様性について、明らかにしてきた。

　しかし、さらなる調査によって、分析結果の検証が必要であろう。本研究よりも大規模な調査によって、量的分析の妥当性を検証することや、もっと多種多様な状況の中でのマイナス待遇表現行動のあり方を明らかにする必要がある。また、本研究と同様の（あるいは、もっと洗練された）手法を用いて、他言語との対照研究が行われることも期待される。

　方言研究では、方言が変化し成立するメカニズムや、方言の社会的評価の解明などが研究の目的になる。方言研究が、日本語の多様性研究の重要な分野であることは言うまでもない。これに加えて、待遇表現行動を含めた「こ

とば遣い」の地域的・属性論的特徴について、その特徴や変化のメカニズムや社会的評価を解明することもまた、日本語の多様性研究に自然に位置づくところであろう。

　方言の変化や形成のメカニズムが明らかにされていくように、マイナス方向に限らず待遇表現行動が背景社会といかに関わって、いかなる特徴をなすのかが明らかにされていくことが、日本語の多様性研究として望まれる。

　また、背景社会の変化にともなって、どのような傾向を持って待遇表現行動は変化していくのか。

　こういった待遇表現行動の多様性を解明するには、言語使用者の常識や行動規範、対人関係への対応の仕方といった要因を考慮しなければならない。複雑ではあるが、それらを要因として、待遇表現行動を考証することは、言語形式の多様性研究とは異なる角度からの、社会・時代・言語についての理解をもたらすものと考えられる。

あとがき

　方言の命令・依頼表現の多様な述語部分は、どのように使い分けられているのかという関心が、この研究を始める最初のきっかけだったように思う。それは、筆者がまだ学部学生の頃であった。拙い考えを巡らせていくうちに、どのように使い分けるかというよりも、そもそも命令表現は誰に対しても使うこと自体が強く規制されていることに注目するようになった。
　そして、ぞんざいなことば遣いを研究対象にするならば、単純な話し手と聞き手との対人関係だけでなく、話し手の場面に対する認識の仕方や、対人関係を悪くさせるリスクへの対応のあり方を考慮するべきだと考えるようになった。さらに、こういったことば遣いには、個人差が大きいことも気になりだした。
　それから、およそ20年を経て、ようやく本書をまとめるに至った。事態把握と事態への評価付与、そして評価表出のプロセスは複雑である。様々な研究分野の概念を取り入れ、アレンジし、日本語のマイナス待遇表現の多様性を明らかにするために、多くの時間を費やしてしまった。
　新しいモデルや分析方法は、認知度も低いため、本書のなかでは何度か同じ概念を説明しなおしている。そのことで記述内容がややくどくなっているように思う。しかし結果的には、研究を進めるにつれ、言語行動の多様性を従来よりも詳細に説明するための問題点や方法論を、ささやかながら提出できたのではないかと考えている。
　そのようなわけで、本書を世に出す前に、言語行動の多様性に関するほかの研究も手がけるようになった。この寄り道も、出版に至るまでに時間がかかった理由だろう。このテーマで博士論文「マイナス待遇表現行動の言語行動論的研究」を大阪大学に提出したのが2003年なので、それから11年以上の年月が経過している。
　いたずらに時間をかけたが、多くの改善すべき点を残しながらも、マイナ

ス待遇表現行動の世代差・性差・地域差・通時的変化についての研究事例をそろえることができた。多様な言語行動のあり様に、言語記号の多様性からは見えにくい、人々の言語生活の息遣いや社会の多様性を見いだし、その知見を活用していただけるなら幸いである。

　長い間に、多くの方々にご指導をいただいた。真田信治先生、渋谷勝己先生には、大阪大学大学院時代に研究面でも精神面でも支えていただいた。お二人のご指導がなければ、本書だけでなく、研究者としての筆者も存在していない。ここに改めて感謝の意を記したい。また、大学院時代に日高水穂氏、姜錫祐氏をはじめとする諸先輩のほか、朝日祥之氏、阿部貴人氏、オストハイダ・テーヤ氏、簡月真氏、金美善氏、高木千恵氏、松丸真大氏、余健氏らと共に学び、ご指導をいただけたことは、この上ない幸運であった。

　さらに、変異理論研究会のメンバーの故宮治弘明氏、中井精一氏、ダニエル・ロング氏、岸江信介氏、金澤裕之氏、永田高志氏、沖裕子氏らからも教えを受け、叱咤激励をいただいた。大阪府立大学で同僚であった野田尚史氏には、幾度となく本書の出版について背中を押していただいた。諸学兄の学恩に謝意を記しておきたい。

　2009年の第23回社会言語学会研究大会でシンポジウム発表をした後、くろしお出版の池上達昭氏には、すでに出版を勧めていただいていた。5年も前のことで1、2分のやり取りだった。その時は、生返事しかできなかったが、本書の出版の企画を始めるにあたって、この時のことを覚えてくださったことには、驚き、感銘を受けた。急ピッチの編集を実現いただいた池上氏に感謝申し上げる。

　最後に、おぼつかない足取りで研究の道を歩む筆者を見守り、支えてくれた全ての家族に感謝し、とりわけ本書の最終の校正が終わったその日、旅立った父に本書を捧げたい。

2015年2月
西尾純二

参考文献

穐田定樹（1976）『中古中世の敬語の研究』清文堂
浅田芳子（1979）「悪口の社会言語学的一考察」『ことばの諸相』F.C. パン編　文化評論出版、pp.103–123
荒井芳廣（1981）「悪態行為論－戦略的相互作用としての悪態－」『講座日本語学9・敬語史』明治書院、pp.66–87
荒木雅實（1994）「悪態表現の意味分類について」『拓殖大学論集　人文・自然科学』2–1　拓殖大学、pp.1–17
荒木雅實（2001）「「ぞんざい表現」について」『拓殖大学日本語紀要』11　拓殖大学国際部、pp.35–44
李　吉鎔（2003）「韓・日両言語の反対意見表明行動の対照研究 ─場の改まり度による表現形式の使い分けを中心に」『阪大日本語研究』15、大阪大学大学院文学研究科日本語学講座、pp.67–88
李　善姫（2006）「日韓の不満表明に関する一考察」『社会言語科学』8–2、社会言語科学会、pp.53–64
井出祥子・荻野綱男・川崎晶子・生田少子（1986）『日本人とアメリカ人の敬語行動─大学生の場合─』南雲堂
井出祥子・申恵王景・川崎晶子・荻野綱男・Ake Daun Beverly Hill（1988）「「わきまえ方式」による敬語行動の国際比較─日本、韓国、タイ、アメリカ、スウェーデンの場合─」日本言語学会第97回大会（神戸市外国語大学）発表資料
井出祥子（2006）『わきまえの語用論』大修館書店
井上史雄（1999）『敬語はこわくない 最新用例と基礎知識』（講談社現代新書）講談社
井上史雄・金順任・松田謙次郎（2012）「岡崎100年間の「ていただく」増加傾向 ─受恵表現にみる敬語の民主化─」『国立国語研究所論集（NINJAL Research Papers）』4　国立国語研究所、pp.1–25 http://www.ninjal.ac.jp/publication/papers/
井上文子（1993）「関西中央部における「オル」「～トル」卑語化のメカニズム」『阪大日本語研究』5　大阪大学大学院文学研究科日本語学講座、pp.19–32
井上文子（1998）「卑語化形式へのメカニズム」『日本語方言アスペクトの動態』秋山書店、pp.153–166
宇佐美まゆみ（2002a）「ポライトネスという概念」『月刊言語』31–1　大修館書店、

pp.100–105
宇佐美まゆみ（2002b）「ディスコース・ポライトネス理論構想（2）―発話行為レベルの絶対的ポライトネスから談話レベルの相対的ポライトネスへ―」『月刊言語』31–9　大修館書店、pp.100–105
江川　清（1990）「場面接触態度」『場面と場面意識』国立国語研究所報告 102　三省堂、pp.69–95
大石初太郎（1975）『敬語』筑摩書房
岡田正美（1900a）「待遇法」『言語学雑誌』1–5　言語学会　富山房、pp.32–39
岡田正美（1900b）「待遇法（続）」『言語学雑誌』1–6　言語学会　富山房、pp.18–29
沖　裕子（2001）「談話の最小単位と文字化の方法」『人文科学論集〈文化コミュニケーション学科編〉』35　信州大学人文学部、pp.55–72
沖　裕子（2006）「談話型から見た喜びの表現―結婚のあいさつの地域差より―」『日本語談話論』和泉書院、pp.313–324
尾崎喜光（1998）「待遇表現としての機能負担量の地域差」『国語学会平成 9 年度秋季大会要旨集』（山形大学）　国語学会、pp.150–157
加藤正信（1973）「全国方言の敬語概観」『敬語講座 6　現代の敬語』明治書院、pp.25–83
姜　錫祐（1997）「大学応援団の待遇行動」『言語』26–6　大修館書店、pp.50–55
菊地康人（1997）『敬語』（講談社学術文庫）講談社
岸江信介（1998）「京阪方言における親愛表現構造の枠組み」『日本語科学』3　国立国語研究所、pp.23–46
岸江信介・阿部貴人・石田基広・西尾純二（2011）「地域言語のデータ処理の批判的検討と新展開」『日本語学会 2011 年度春季大会稿集』神戸大学、pp.41–58
金水　敏（2002）「平安時代の「をり」再考―卑語性の検討を中心に―」『大阪大学大学院文学研究科紀要』42　大阪大学大学院文学研究科、pp.1–25
金水　敏（2006）『日本語存在表現の歴史』ひつじ書房
工藤真由美（2001）『方言のアスペクト・テンス・ムード体系変化の総合的研究』平成 11 年度～12 年度　科学研究費基盤研究(B)(1)研究成果報告書（代表：工藤真由美）
工藤真由美（2002）「京阪奈を中心とする地域のヨル・トル形式調査の目的・方法と結果の概要」『方言における動詞の文法的カテゴリーの類型論的研究』平成 13 年度　科学研究費基盤研究（B）(1)（代表：工藤真由美)、pp.215–220
熊谷智子（1997）「はたらきかけのやりとりとしての発話特徴の束という形でみた「発話機能」」『対話と知―談話の認知科学入門―』新曜社、pp.21–46
熊谷智子・篠崎晃一（2006）「依頼場面での働きかけ方における世代差・地域差」国立国語研究所編『言語行動における「配慮」の諸相』くろしお出版、pp.19–54
国立国語研究所（1957）『敬語と敬語意識』秀英出版
国立国語研究所（1983）『敬語と敬語意識　岡崎における 20 年前との比較』三省堂

国立国語研究所（1971）『待遇表現の実態－松江24時間調査資料から－』秀英出版
国立国語研究所（1986）『社会変化と敬語行動の標準』秀英出版
小林隆・澤村美幸（2009）「言語的発想法の地域差と社会的背景」『東北大学文学研究科研究年報』59　東北大学文学研究科、pp.162-127
小林隆・澤村美幸（2010）「言語的発想法の地域差と歴史」『国語学研究』49　国語学研究刊行会、pp.73-86
真田信治（1973）「越中五箇山郷における待遇表現の実態―場面設定による全員調査から―」『国語学』93　国語学会、pp.48-64
真田信治（1983）「最近十年間の敬語行動の変容―五箇山・真木集落での全数調査から―」『国語学』113　国語学会、pp.69-82
真田信治（1995）「謙譲表現の現在―尊敬語とダイクシスにかかわることなど」『国文学解釈と教材の研究』40-14　学燈社、pp.46-52
真田信治・友定賢治編（2011）『県別　罵詈雑言辞典』東京堂出版
真田信治・宮治弘明・井上文子（1995）「紀伊半島における方言の動態」『関西方言の社会言語学』世界思想社、pp.81-102
柴田　武（1995）「折れ曲がる十代のことば」『日本語はおもしろい』（岩波新書）岩波書店、pp.199-204
渋谷勝己（1992）「言語習得」『社会言語学』おうふう、pp.135-158
渋谷勝己（1998）「連載　社会言語学のキーテーマ3　言語行動」『月刊言語』27-3　大修館書店、pp.114-119
杉戸清樹（1983a）「〈待遇表現〉気配りの言語行動」水谷修（編）『講座　日本語の表現3　話しことばの表現』筑摩書房、pp.129-152
杉戸清樹（1983b）「待遇表現としての言語行動－「注釈」という視点」『日本語学』明治書院、pp.32-42
杉戸清樹（1989）「言語行動についてのきまりことば」『日本語学』8-2　明治書院、pp.4-14
杉戸清樹（1993）「言語行動における省略」『日本語学』12-10　明治書院、pp.4-10
杉戸清樹（1994）「お礼に何を申しましょう？―お礼の言語行動についての定型表現―」『日本語学』13-8　明治書院、pp.55-62
杉戸清樹（1996）「メタ言語行動の視野―言語行動の「構え」を探る視点―」『日本語学』15-11　明治書院、pp.19-27
杉戸清樹（1998）「「メタ言語行動表現」の機能―対人性のメカニズム―」『日本語学』17-11　明治書院、pp.168-177
杉戸清樹・塚田美知代（1991）「言語行動を説明する言語表現―専門的文章の場合―」国立国語研究所103　『研究報告集12』　秀英出版、pp.131-164
杉戸清樹・塚田美知代（1993）「言語行動を説明する言語表現―公的なあいさつの場合―」国立国語研究所報告105　『研究報告集14』　秀英出版、pp.31-79

関崎博紀(2013)「日本人学生同士の雑談に見られる否定的評価の言語的表現方法に関する一考察」『日本語教育』155　日本語教育学会、pp.111–125

高橋太郎(1956)「「場面」と「場」」『国語国文』25–9　京都大学国語国文学研究室、pp.53–61

高山善行(2012)「日本語の配慮言語行動の歴史的研究―これからの発展に向けて―」三宅和子・野田尚史・生越直樹(編)『「配慮」はどのように示されるか』ひつじ書房、pp.113–129

滝浦真人(2002)「敬語論の"出口"―視点と共感と距離の敬語論に向けて―」『言語』31–6　大修館書店、pp.106–117

滝浦真人(2005a)『日本の敬語論―ポライトネス理論からの再検討』大修館書店

滝浦真人(2005b)「安心のシステムと信頼のシステム―敬語とポライトネスはどう違うか？―」『日本語学』24–11　明治書院、pp.36–44

塚原鉄雄(1963)「場面とことば」『講座現代語』1　明治書院、pp.228–250

辻加代子(2001)「京都市方言・女性話者の「ハル敬語」―自然談話資料を用いた事例研究―」『日本語科学』10　国立国語研究所、pp.56–79

辻村敏樹(1958)「待遇語法」『続日本文法講座』1　明治書院、pp.323–344

筒井康隆(1967)「悪口雑言罵詈讒謗私論」『ことばの宇宙』8月号　東京言語研究所ラボ教育センター、pp.23–30

時枝誠記(1941)『国語学原論』岩波書店

中井精一(1986)「奈良盆地中・南部における待遇表現形式の分布について」『第43回日本方言研究会　発表原稿集』日本方言研究会、pp.28–37

中井精一(1992)「関西共通語化の現状」『阪大日本語研究』4　大阪大学文学部、pp.17–32

中井精一(2002)「西日本言語域における畿内型待遇表現の特質」『社会言語科学』5–1　社会言語科学会、pp.42–55

中田智子(1990)「発話の特徴記述について―単位としてのmoveと分析の観点―」『日本語学』9–11　明治書院、pp.112–119

中田智子(1991)「発話分析の観点―多角的な特徴記述のために―」国立国語研究所報告103『研究報告集12』秀英出版、pp.279–306

永野　賢(1952)「「相手」という概念について―宇野義方氏「国語の場面」への反批判―」『国語学』9　国語学会
　　(永野賢(1970)『伝達論にもとづく日本語文法の研究』東京堂出版所収)

永野　賢(1957)「場面とことば」『講座現代国語学Ｉことばの働き』筑摩書房(永野賢(1970)『伝達論にもとづく日本語文法の研究』東京堂出版所収)

西尾純二(1997)「マイナス待遇表現行動における規範意識の属性差」『地域言語』9　天理・地域言語研究会、pp.1–14

西尾純二(1998a)「マイナス待遇表現行動分析の試み－非礼場面における言語行動規範

について−」『日本学報』17　大阪大学文学部日本学研究室、pp.57–69

西尾純二（1998b）「マイナス待遇行動の表現スタイル―規制される言語行動をめぐって―」『社会言語科学』1-1 社会言語科学会、pp.19–28

西尾純二（2000a）「言語行動における遂行義務と回避義務」『阪大日本語研究』12　大阪大学大学院 文学研究科 日本語学講座、pp.57–69

西尾純二（2000b）「大学生における表現行動のバリエーション」真田信治、宮治弘明、ダニエル・ロング、日高水穂、西尾純二（編）『20世紀フィールド言語学の軌跡 "徳川宗賢先生追悼論文集"』変異理論研究会、pp.143–156

西尾純二（2001）「マイナスの敬意表現の諸相」『日本語学』20-4 明治書院、pp.68–77

西尾純二（2005）「大阪府を中心とした関西若年層における卑語形式「ヨル」の表現性―関係性待遇と感情性待遇の観点からの分析―」『社会言語科学』7-2 社会言語科学会 pp.50–65

西尾純二（2007）「罵りとその周辺の言語行動」岡本真一郎（編）『ことばのコミュニケーション』ナカニシヤ出版、pp.194–208

西尾純二（2008）「言語行動の多様性に関する研究の射程」山口幸洋博士古希記念論文集『方言研究の前衛』桂書房、pp.161–177

西尾純二（2009）「再検討・日本語行動の地域性」『言語』38-4　大修館書店、pp.8–15

西尾純二（2010）「卑罵表現の地域差」小林隆、篠崎晃一（編）『方言の発見―知られざる地域差を知る』ひつじ書房、pp.116–136

西尾純二（2012a）「日本語の方言形成と言語行動の多様性」シンポジウム「方言形成論の展開」『日本語学会2012年度秋季大会予稿集』（於：富山大学）、pp.15–20

西尾純二（2012b）「日本語の配慮言語行動の社会的多様性」三宅和子・野田尚史・生越直樹（編）『「配慮」はどのように示されるか』ひつじ書房、pp.71–90

西尾純二（2014）「アンケート調査の発話回答から言語行動の傾向性を探る」岸江信介・田畑智司（編）『テキストマイニングによる言語研究』ひつじ書房、pp.39–57

初鹿野阿れ・熊取谷哲夫・藤森弘子（1996）「不満表明ストラテジーの使用傾向―日本語母語話者と日本語学習者の比較―」『日本語教育』88　日本語教育学会、pp.128–139

浜田麻里（1988）「言語行動としての罵り―日本語と中国語の罵り表現の対照から―」『待兼山論叢 日本学篇』22　大阪大学文学部、pp.77–93

林　四郎（1978）「敬語行動のタイプ」『言語行動の諸相』明治書院

比嘉正範（1976）「日本語と日本人社会」『岩波講座日本語1　日本語と国語学』岩波書店、pp.99–138

日高水穂（2013）「待遇表現の地域差」木部暢子、竹田晃子、田中ゆかり、日高水穂、三井はるみ編著『方言学入門』三省堂、pp.72–75

藤森弘子（1997）「不満表明ストラテジーの日英比較」『言語と文化の対話』刊行会（編）『言語と文化の対話』英宝社、pp.243–257

文化庁（1971）『日本語教育指導参考書2　待遇表現』大蔵省印刷局
彭　国躍（2000）「松下文法「待遇」の本質とその論理的可能性―「価値の意味論」の枠組み―」『世界の日本語教育』10、pp.191-206
星野　命（1969）「悪態の文化とその機能―心理の絡み合いの中での位置づけ―」『科学朝日』7月、pp.95-101
星野　命（1971）「あくたいもくたい考」京都大学人類学研究会（編）『季刊人類学』2-3、社会思想社、pp.29-52
星野　命（1978）「現代悪口論―けんかことばの諸相と原理―」『言語生活』321、筑摩書房、pp.18-33
星野　命（1989）「マイナス敬語としての軽卑語・卑罵語・悪口」『日本語教育』69　日本語教育学会、pp.110-120
松下大三郎（1901）「体詞の待遇」『日本俗語文典』（1980『校訂　日本俗語文典 付遠江文典』勉誠社、pp.67-85）
松田謙次郎・阿部貴人・辻加代子・西尾純二（2012）「岡崎敬語調査報告―継続サンプルの分析―」『日本語学会2012年度春季大会予稿集』（於：千葉大学）、pp.37-54
松本　修（1996）『全国アホ・バカ分布考―はるかなる言葉の旅路』新潮社
南不二男（1974）『現代日本語の構造』大修館書店
南不二男（1977）「敬語の機能と敬語行動」『岩波　講座日本語4　敬語』岩波書店、pp.1-44
南不二男（1987）『敬語』岩波書店
三宅和子（2012）「電子メディアを介した日英の配慮言語行動」『「配慮」はどのように示されるか』ひつじ書房、pp.211-233
三宅知宏（1994）「否定疑問文による確認要求表現について」『現代日本語研究』1、大阪大学文学部日本学科現代日本語学講座 pp.15-26
宮治弘明（1985）「滋賀県甲賀郡八田方言における待遇表現の実態―動作の主体に対する表現をめぐって―」『語文』46　大阪大学国語国文学会、pp.33-49
宮治弘明（1987）「近畿方言における待遇表現運用上の一特質」『国語学』151 国語学会、pp.38-56
宮治弘明（1992）「方言敬語の現在―近畿方言を中心に―」『日本語学』11-11 明治書院、pp.124-133
村上敬一（2001）「神戸市とその周辺域における若年層のアスペクトについて」『方言のアスペクト・テンス・ムード体系変化の総合的研究』平成11年度～12年度　科学研究費基盤研究（B)(1)研究成果報告書（代表：工藤真由美）、pp.191-198
村中淑子（2010）「大阪方言の助動詞「ヤル」の使用条件について」『国際文化論集』42、桃山学院大学、pp.91-111
望月　嵩（1967）「わかればなし」『ことばの宇宙』8月号　東京言語研究所ラボ教育センター、pp.38-44

柳田征司（1990）「近代語の進行態・既然態表現」『近代語研究』8　武蔵野書院、pp.1–28
柳田征司（1991）『室町時代語資料による基本語詞の研究』武蔵野書院
山崎久之（1963）『国語待遇表現体系の研究―近世編―』武蔵野書院

Brown, P. & Levinson S. C. (1987) *Politeness: Some universals in language Usage*. Cambridge University Press.
Hyms, D. (1974) *Foundaitions in sociolinguistics*. 唐須教光訳（1979）『ことばの民族誌』紀伊国屋書店
Culpeper, J. (1996) Towards an anatomy of impoliteness. *Journal of Pragmatics*, 25, pp.349–367
Miyake, K. (2001) Politeness in British English: How to enjoy rudeness in the polite society of England. Workshop: Norms of Linguistic behaviour in British, American and Australian English and Japanese　日本英語学会第 19 回大会
Levinson, S.C. (1983) *Pragmatics*. Cambridge University Press　安井稔・奥田夏子訳（1990）『英語語用論』研究社出版
Olshtain, E. & Weinbach, L. (1993) Interlanguage Features of the Speech Act Complaing. *Interlanguage Pragmatics*. Oxford University Press. pp.108–122.
Labov, W. (1971) *Language in the inner city*. University of Pensylvania Press.

索引

あ
悪態 23, 33–37, 59, 60, 75, 137, 157, 158
悪口 33–36, 267, 270, 272

い
言いさし文 229
一般言語表現 9, 10, 12, 13, 17
井出祥子 177
意味体系 17
意味的同一性 196
慇懃無礼 25, 26, 37, 59, 60
インポライトネス 58, 59, 161

う
運用効果 27

お
岡崎調査 221–223

か
下位待遇表現使用の原則 100
回避義務 98–101, 103, 104, 114, 271
回避義務性 99, 100, 114
画一化 220, 222, 239–243
過剰関与型 161, 162, 168–170, 174–176, 254
過剰表出 137–139, 141, 144, 145, 250
価値承認 42, 43, 46, 47
価値評価 24, 42, 43
価値付与 42, 43, 72, 155
加齢変化 133–135, 145, 147, 153, 155, 185, 192, 233, 252, 259, 261

関係性待遇 46, 48, 49, 51, 53, 83, 87–89, 92, 98, 99, 102–104, 105, 114, 121, 131, 147, 167, 173, 258
関係卑語 48, 49, 87, 99, 111–113
感情性待遇 46, 47, 49, 52, 53, 72, 83, 87–90, 92, 96, 98, 102–106, 114, 116, 121, 131, 158, 167, 252, 258
感情卑語 47, 49, 53, 87–90, 100, 102, 103, 112, 113, 121, 123, 135, 158, 187
間接性 17, 238

き
菊地康人 41
気配り 19, 20, 40
記号系 11, 18
機能的要素 20, 56, 57
機能的要素重視型 191
機能的要素＋要素量活用型 191
機能負担量 153
規範意識 115, 116, 148
規範的コード 7
基本状態 59, 60
逆転型の皮肉 26
狭義の敬語形式 23
狭義の待遇表現形式 10, 12, 18, 26
許可表現 238
儀礼的悪態 35, 157

く
くどい呼びかけ 169

け
敬遠型 161, 162, 169, 173–176, 193, 254

敬語行動　31, 52, 223
経年調査　221, 222, 262
軽卑　9, 10, 86, 88
軽卑語　22, 88
軽卑表現　77
言語過程説　11
言語形式重視型　191
言語形成期　120, 199
言語行動集団　76
言語的発想法　220, 261
言語表現への依存性　220

こ
広義の待遇表現形式　12
恒常的評価　94
行動的側面　226, 237
高マイナス待遇タイプ　212–214
『国語待遇表現体系の研究』31
コミュニケーション上の効果　57
コミュニケーション摩擦　256
語用論的　7, 8, 16–18, 120, 135, 158, 159, 226, 228
語用論的な変異　19, 20, 256
語用論的能力　192
顧慮　19, 21, 39, 43, 47, 49, 50, 89
コレスポンデンス分析　137, 138, 141, 142
混合体発話　229, 246
コンテクスト　6, 7, 26, 84, 121

さ
さげすみ表現　131
真田信治　50

し
直表出　137–147, 155, 250
事態　6, 9, 11, 21, 26, 38, 40–42, 49

事態認識　21, 46
事態把握　32, 37, 39, 46, 79, 83, 95, 108, 109, 112–114, 147, 153, 195, 203, 206, 210, 249, 265
事態非難　226
事態評価　24, 71, 85, 92–95, 101, 119, 145, 195, 197, 202, 255
失礼現象　43–45
失礼な誤用　45, 46
社会言語学的なコード　4, 8
社会言語能力　116, 192
社会語用論　36
社会的ダイクシス　42–44, 46
18歳刻み　230, 231
受益表現　238
述語部分　16, 20, 118, 119, 128, 183, 262, 265
受動性　7, 8, 60
純客体世界　38
純主体的な志向作用　38
情意性　110, 112, 114
昇華作用　61
所属集団　117, 158, 200, 205
人物非難　226

す
遂行義務　98, 99
遂行義務性　99, 100, 114
推論　16, 70, 160
杉戸清樹　40
ストラテジー　55, 56, 157

せ
ゼロの言語行動　19
専用言語要素　9, 10, 12, 13, 15, 17, 32, 40

そ

創出的行為 7, 8
素材待遇場面 99
粗暴な言語行動 61
ぞんざい表現 34
尊大 9, 10, 99

た

待遇意図 20, 21, 26, 27, 37, 134, 179, 181, 194
待遇行動形式 12
待遇行動様式 12
待遇主体 42, 43
待遇象徴 42, 43, 47
待遇対象 24–26, 36, 42–44, 49, 50, 71, 83, 84, 89, 94, 99, 102, 104, 106–109, 112, 114, 161, 252
待遇的意味 13–15, 17, 22, 24–27, 36, 37, 43, 46, 51, 60, 83, 85, 168, 249, 255
待遇表現形式 10, 14–16, 18, 20, 21
待遇表現行動のモデル 5, 37, 61, 63, 250
待遇表現のモデル 6, 37
ダイクシス 42–46, 49, 269
他者警戒 222, 241, 243

ち

地域的バリエーション 131, 195, 202
中低マイナス待遇タイプ 211–213
超分節的要素 119

て

定型性 220
丁寧さの意味 51
丁寧体発話 229, 239, 240, 243
丁寧度 14, 15, 118, 243

適正距離 160, 161, 168

と

問いつめ 161, 164, 171, 172, 174, 175, 181, 182, 189, 207–209, 211, 213, 215, 216, 218, 219, 226, 228, 253, 256, 259, 261
唐突な関与 167, 169
時枝誠記 11
都市社会 49

な

永野賢 38

に

日本語の標準的規範 45

の

農村社会 49
能動性 7, 8, 60

は

発話行為論 7, 36
発話の切り出し 164–166, 168
パネルサンプリング調査 222, 223
場面接触態度 118
場面論 37
パラドックス 79
罵詈雑言 131, 269
ハル敬語 14, 52, 98, 99, 114, 258
汎用型マイナス待遇タイプ 213, 214

ひ

非言語表現 9–13, 16, 17, 23, 32
卑語 12, 13, 25, 29, 32, 33, 36, 37, 42, 46–49, 53
卑語形式 13, 49, 83, 115, 120, 121

否定的評価 3
非難の4手法 228, 231–233, 236, 240
皮肉 25–27, 58, 60, 73, 74, 76, 84, 85, 119, 159, 160, 198, 202, 249
卑罵的なマイナス待遇表現行動 187
卑罵表現 77, 123, 131, 185, 186, 255
評価段階 75, 79, 94, 100, 113, 187
評価的態度 21
評価表出態度 21, 76, 133, 134, 136–142, 144, 145, 147–150, 153–155, 197, 198, 202–206, 210, 218, 250, 251, 257, 258, 260, 261
表現意図 7, 19, 75
表現形式決定段階 79
表現形式のイメージ 24, 25, 61
表現行動のバリエーション 196–198, 206, 219
表現産出(の)プロセス 11, 14, 21, 26, 32, 40, 41, 75, 77–79, 84, 100, 113, 114, 117, 119, 125, 136, 195
表現姿勢 26, 37, 66, 73, 74, 76, 79, 134, 250
表現姿勢決定段階 79
表現スタイル 179, 180, 188, 191, 192, 194, 259, 271
表現選択 40, 53, 54, 69, 75, 77, 119, 154, 195, 200
表現態度 11, 21, 35, 67–70, 72, 73, 77
表現的側面 226, 237
表現内容 56, 160, 161, 182
表現欲求 65, 110, 115, 179, 188, 192–194
標準偏差 148–150, 152
表明程度 72, 73, 76, 78, 79
表明程度決定段階 73, 79

ふ
フェイス処理行動 57, 61
不確定性 241
普通語 22
普通体発話 229, 246
不満感情表出 55, 56
不満表明 4, 36, 55, 56, 75, 157, 197
プラス(の)待遇表現 3, 5, 10, 12, 26, 49, 54, 77, 78, 90, 148, 159, 167, 168, 180, 229
プラス待遇表現形式 12, 26, 90
フラストレーション 62
プロセスモデル 65–67, 70, 195, 251
文化行動様式 52

へ
変異 18–20, 195, 196, 243, 256

ほ
彭国躍 22, 42
星野命 22
補償的表現スタイル 179, 180, 192, 194, 259
ポライトネス 7, 55, 57, 58, 60, 61, 161, 175, 176, 222, 241, 242, 267, 268, 270

ま
マイナス敬語 3, 13
マイナス待遇の契機 123, 125, 129, 131, 133, 134, 136, 137, 139, 140, 143, 145–149, 152, 221, 222, 226–229, 231, 233, 235–237, 239–242, 251, 254, 259, 260, 262, 263
マイナス待遇表現形式 12, 13, 49, 64, 77, 78, 90, 103, 110, 114, 123, 215, 253, 255, 256

マイナス待遇表現行動のプロセスモデル 65, 66
マイナス評価無相関タイプ 215
マイナス・ポライトネス 58, 59

み
みせかけのマイナス待遇表現行動 61, 77, 78, 145, 159
南不二男 22, 39
三宅和子 61

む
無言 20, 70, 77
無発動 136, 138–147, 155, 203–205, 250

め
メタ言語行動表現 53, 164

や
ヤル形式 258

ゆ
ユーモア 62

よ
ヨル卑語 14, 87

ら
ランダムサンプリン調査 222, 223

り
理由述べ 20

R
rudeness 61

【著者】

西尾 純二（にしお じゅんじ）

兵庫県生まれ。大阪大学大学院博士前期課程日本学専攻修了，同後期課程中退。博士（文学）。大阪大学助手などを経て、現在大阪府立大学准教授。単著に、『関西・大阪・堺の地域言語生活』（大阪公立大学共同出版会，2009）。分担執筆に、『日本語の配慮表現の多様性』（くろしお出版 2014）、『ことばのコミュニケーション』（ナカニシヤ出版 2007）、『日本のフィールド言語学』（桂書房 2006）、『社会言語学の展望』（くろしお出版 2006）、『ケーススタディ　日本語のバラエティ』（おうふう 2005）、『応用社会言語学を学ぶ人のために』（世界思想社 2001）など。

マイナスの待遇表現行動
──対象を低く悪く扱う表現への規制と配慮──

2015年 3月1日　第1刷発行

著　者　　西尾　純二

発　行　　株式会社　くろしお出版
　　　　　〒113-0033　東京都文京区本郷 3-21-10
　　　　　電話：03-5684-3389　FAX：03-5684-4762　WEB：www.9640.jp

装　丁　　大坪佳正　　印刷所　　藤原印刷

©NISHIO, Junji 2015, Printed in Japan

ISBN978-4-87424-645-0 C3081

本書の全部または一部を無断で複製することは，著作権法上での例外を除き禁じられています。